企业的人力资本生产

——对企业教育功能的相关研究

赵立卫　著

中国财政经济出版社

图书在版编目（CIP）数据

企业的人力资本生产——对企业教育功能的相关研究/赵立卫著．—北京：中国财政经济出版社，2010.12

ISBN 978-7-5095-2600-2

Ⅰ.①企…　Ⅱ.①赵…　Ⅲ.①企业管理-职工培训-研究　Ⅳ.①F272.92

中国版本图书馆CIP数据核字（2010）第215500号

责任编辑：赵　力　　　责任校对：张　凡
封面设计：天女来　　　版式设计：兰　波

中国财政经济出版社 出版

URL：http：//www.cfeph.cn

E-mail：cfeph@cfeph.cn

社址：北京市海淀区阜成路甲28号　邮政编码：100142

发行处电话：88190406　财经书店电话：64033436

北京中兴印刷有限公司印刷　各地新华书店经销

787×960毫米　16开　17.25印张　268 000字

2010年10月第1版　2010年10月北京第1次印刷

印数：1—1 000　定价：34.00元

ISBN 978-7-5095-2600-2/F·2214

（图书出现印装问题，本社负责调换）

本社质量投诉电话：010-88190744

学术研究的一个重要任务是在老问题中发现新问题并提出新见解。老问题之所以还是问题，一是因为它依然重要，二是因为围绕它进行的研究还远未达到解决它的地步，还有巨大的研究空间和价值，还可能生出许多新问题，而往往探索和解决这些新问题，意义重大。本书就是这样一种尝试。

企业的人力资本生产问题是一个典型的老问题。在以往学者的语境中，这一概念被表述为“在职培训”，即在开始职业生涯后的工作中接受的各种形式的教育和培训。这其中，即有专门的“培训”，也有通过“干中学”积累人力资本的过程。有关实证研究表明，就劳动者个人而言，职业生涯开始后所接受的继续教育在时间和知识量上远远超过其在职业生涯开始前所接受的正规教育，对其职业发展的影响也往往更大；而就整个社会而言，“在职培训”所消耗的资源量、所占据的时间、所涵盖的地域空间、所包容的知识量以及对社会产出的影响力要远远超过正规教育。正因为“在职培训”如此重要，才吸引了无数学者在这一领域进行了大量卓有成效的研究，其中不乏成为人力资本经典理论的研究成果。但这些研究成果对许多问题的解释，仍与现实存在的状况有较大的出入，难以令人信服。比如，“贝克尔假说”指出，以传授在企业内外均有同等价值的知识和技能为目标的“一般培训”将增大被培训者流出企业的可能性，因此，企业将不会为“一般培训”投资。但实证研究表明，大量企业为

“一般培训”投资。而围绕这一违反“贝克尔假说”的现象进行的更多讨论和解释，往往也难以从本质上完全解决问题。再比如，现实中，大量存在企业传授一般性知识、联合办学、企校合作办学等问题，企业和正规教育机构在职能上出现交叉，对这一现象如何解释。凡此种种，都需要深入研究。而对这些问题的解决，不仅有学术上的价值，也有重大的现实意义。这里的现实意义在于，一是它涉及如何合理地分配社会的教育资源，以实现资源的最优利用，二是社会应如何建立激励机制，以使企业培训资源这一重要和巨大的教育资源更好地运用于人力资源开发这一关系到社会可持续发展的伟大而艰巨的事业中去。

自 20 世纪 70 年代以来，拉美部分国家在经历令人羡慕的经济增长之后开始停滞不前，陷入所谓“中等收入陷阱”。而以“四小龙”为代表的东亚新兴经济体却成功实现了经济的持续发展，步入发达经济体行列。学术界主流的观点认为，导致这种发展状况差异的重要原因是前者未能解决好经济发展对人力资本不断增大的需求与实际供给能力不足的矛盾，而后者成功地解决了这一矛盾。也就是说，人力资源开发政策的差异是导致这种发展状况差异的重要原因。除正规教育外，占据着巨大的教育资源的企业在全社会人力资源开发事业中无疑扮演着十分关键的角色。而无论日本还是东亚“四小龙”等东亚新兴经济体对企业培训的重视和政策之完备，企业在这些经济体的人力资源开发中发挥的支柱作用都是有目共睹的。当前，刚刚经历金融危机的中国经济正处于一个重要的转型发展时期，这就是由主要靠外需和政府投资支撑的粗放型经济发展模式向依靠消费和民间投资的集约型发展模式。不断的技术进步和产业升级是必然趋势。从世界经济发展的正反两方面的经验出发，充分整合全社会资源，全面做好人力资源开发，是一项具有战略意义的重大任务。早在 2008 年，党中央就站在全局高度，提出了建立“面向全体劳动者的职业培训体系”的战略构想。而企业所进行的“在职培训”在这一体系中无疑将占有突出地位。这更突显了当前在我国围绕“在职培训”问题进行深入研究的重要性。也是本书的研究的价值所在。

总体看来，本书是从一个相对较新的视角研究“在职培训”问题的。在这一视角上，笔者力图回答以下有关问题：企业进行人力资本生产的动因是什么？为什么与正规教育机构在生产内容上有重叠，二者的功能边界在哪里？企业的人力资本生产量、有关利益方的投资比例、收益分享比例如何确定，都有哪些因素在影响上述变量。从逻辑上来看，上述三类问题不仅有联系，而且是逻辑递进的关系。作者在书中从人力资本的属性分析和企业理论回顾入手，采取层层递进的方式，逻辑一致地论证了针对上述问题的观点。当然，有些论点是隐含的，有些论点是直白的。在分析方法上，本书采用了新古典经济学效用最大化、新制度经济学的交易费用和产权理论、博弈论、事实陈述、计量经济学分析等分析范式和工具。力图使视野相对更广阔、分析更深入、理论基础更坚实。

本书的尝试创新之处在于：一是对人力资本的概念认识有所突破。经典的人力资本概念是：凝结在人身上的知识、技能及类似的属性（舒尔茨）。这一概念将人身上相互独立的知识或技能都视同为人力资本本身，并未强调人针对具体劳动领域的能力这一根本属性。而本书认为，人力资本是人针对具体劳动领域的综合能力，由多种知识和技能与人自身的某些生理属性结合而成。进而提出了人力资本的“层次和结构”观点，为后续分析奠定了基础；二是将企业制度与企业人力资本的生产行为联系起来，“内生地”考察企业人力资本的生产行为，内生性地回答了企业人力资本生产的内在动因，特别是企业投资于一般培训的问题。三是将企业的人力资本生产放置到全社会人力资本的大分工格局内，廓清了企业人力资本生产的功能边界。在此，本书采用了新制度经济学的分析范式，从“交易费用”和“生产成本”共同权衡的角度解释了企业具有教育功能的制度原因，并据此分析了哪些人力资本要素应纳入企业内部生产，哪些应交给市场，哪些又需要企业和市场（学校、其他企业）联合生产；四是在分析企业的人力资本决策时（生产量、有关利益方的投资比例、收益分享比例）将制度因素引入分析，从而解释了大企业提供培训更多、承担的投资比例更大等现实，对有关学者关于企业培训的投资决策的相关模型进行了扩展和发展。从现实意义来看，后两方面，对合理整合全社会的教育资源，建立相关激励机制，提供了理论依据和指导。

在学术研究中，要做到在老问题中发现新问题，提出新见解，除了相关分析方法和工具的进步，更重要的是更宏大的视野，更犀利的眼光和更独特的路径，当然还有进取的勇气和可遇不可求的灵犀。由于对问题的认识深度、学养和视野的局限性，作者在书中作出探索的还只是一种尝试。

从其对提出的问题的论证和分析上看，还远未达到完备的程度。同时，在实证研究上，本书还更显出不足之处，针对提出的观点，所提供的实证分析和支持还是初步的，缺乏坚实性。对于书中的错误和偏差，笔者自负其责。恳请读者批评指正，不吝赐教，以期共同加深对企业培训理论所涉及问题的认识，并有益于企业的培训实践。更惟愿作者在努力尝试中提出的问题和针对问题的见解，可以起到抛砖引玉的作用，吸引更多学人更深入地思考和探索。

是为序。

赵立卫

2010 年 9 月于北京海淀区家中

目
录

第一章 导 论

> 理论是不可能从一些象牙塔似的理论家的前额生长成熟的，能够预言未来和解释过去的理论更有可能从那些关注于逻辑的理论家与解释过去的历史学家之间的相互影响的点滴与片段中形成。在对解释经济演进过程的理论的探索中，学者们必须不断地从理论到事实，再回到理论。
>
> ——*L. E.* 戴维斯、*D. C.* 诺斯《制度变迁理论：概念与原因》

第一节 理论背景

人力资本是企业生产经营活动的核心要素之一。企业要维持生存和发展，必须持续不断地进行人力资本积累。企业积累人力资本的途径有引进（聘用或租赁）和内部生产，综观企业历史，无论在何种条件下，内部生产都是企业积累人力资本的重要方式，是企业与生俱来的核心功能，是企业制度的基本要素。因此，企业既是产品和服务的生产和提供者，也是人力资本的重要生产和提供者。

由于在空间、时间、规模和收益方面相对其他生产方式具有的独特优势，企业所从事的人力资本生产活动在全社会整体的人力资本生产活动中占据重要地位，也是人力资本理论研究的重点领域之一。自从20世纪60年代人力资本理论诞生以来，对企业的人力资本生产的研究受到学者的高度重视，有关学者对此进行了深入研究，在一定意义上形成了“在职培训经济学”（当然这一研究领域在一定意义上超出了企业人力资本生产的范围）。对这一领域作出奠基性贡献的，是两位对整个人力资本理论体系的构建作出开创性贡献的经济学家加里·贝克尔与雅各布·明瑟尔。贝克尔在《人力资本》一书中，系统分析了企业最主要的人力资本生产活动，他将其称为在职培训。他把培训区分为一般培训和特殊培训。一般培训是指对社会通用技能和知识的培训，特殊培训是指对特定企业专用的技能和知识的培训。他分析了两种培训的性质差别及影响，特别是对员工职业转换率和工资收益的影响，并在此基础上，运用新古典经济学的投资分析方法，讨论了员工和企业在进行两种培训时围绕投资量、收益和投资分担等因素的决策选择，构造了新古典意义上的企业人力资本生产决策的基本分析框架。明瑟尔提出并完整构造了涵盖在职培训因素的“挣得剖面”和“挣得函数”的概念，完整描述了在职培训在个体整个人力资本积累活动中的重要作用。他通过大量的实证研究，比较完整地估计了从20世纪30年代末到80年代中期美国在职培训的投入量和收入率，验证了培训对职业转换率的负向影响和对工资剖面斜率的正向影响，还证明了正规教育与在职培训互补关系。两位学者研究，实际上提供了企业人力资本投资的理论分析的基本框架。此后，大量中外学者围绕培训投资收益率、培训投资与收益分担对均衡培训量决策的影响等问题展开了深入探讨，其中最重要的讨论集中于后者，例如Hashimoto（1981）成功地把贝克尔关于特殊培训的论述模型化，证明不存在事后谈判时，事先双方对特殊培训投资的分担比例与事后对收益的分担比例要相等。

20世纪90年代以来，关于企业培训的大量讨论围绕由企业投资的一般培训为什么大量存在的问题展开，起因是按照贝克尔的理论，由于提供一般培训增加员工的流动性，企业一般不负担培训成本或不直接提供一般培训，但这与现实明显不符。其中比较著名的讨论有Katz和Ziderman（1990）、Acemoglu和Pischke（1998）、Autor（2001）、Morita（2001）、

Stevens（1999）、Mmunoz - Bullon（2003）、Mone 和 Rosen（2004）、Lazear（2003）等，他们从信息不对称、筛选理论、不完全市场竞争、劳资关系、人力资本权重理论等视角论证了企业投资于一般培训的可能性。其中 Autor 不仅通过实证研究证明劳动力市场存在私人信息，还论证了企业培训具有筛选功能，从而对企业提供一般培训的原因作出了解释。Edward Lazear（2003）给出了另外一种解释，在他看来，任何特定企业需要的人力资本都主要是各种一般性人力资本因素的组合，在不同的企业，由于这些一般性人力资本因素被赋予不同权重，因此每种人力资本因素的定价存在差异，这在一定程度上限制了员工的流动。产生于 20 世纪 70 年代初的“内部劳动力市场”理论（Doringer and Piore 1971，Baily 1974，Azaroadis 1975，J. Salop and S. Salop 1976，Williamson，Wachter and Harris 1975，Milgrom and Roberts 1990，Lazear 1995，Wachter and Wriht 1990，M. L. Wachter 1997，Ohashi and Tachibanaki 1998 等）从一个更宽泛的视角对企业人力资本的积累进行了研究，该理论在一定程度上将企业人力资本的内部生产（或积累）与企业制度、内部治理结构、企业文化等因素结合起来，探讨了内部生产的内生性问题，对企业一般培训大量存在间接地给出了解释。

第二节 问题的提出

尽管上述关于企业人力资本生产的研究已进行得比较深入，但与纷繁复杂的企业人力资本生产的实践相比，仍存在局限性，完整的企业人力资本生产理论的框架还远未形成。

综观企业发展历程，企业人力资本生产功能处于不断的强化中，其内容、方式及制度也不断变化，许多相关问题需更深入的研究。

首先是从历史的发展趋势来看，企业的人力资本生产功能不断强化，人力资本生产与企业经营业绩和长远发展的关系日益紧密。在日本，从单一车间到综合性的大公司，无不把员工培训当作经营活动的重要组成部分。日本劳务省职业培训局在20世纪90年代末期进行了一项调查，在调查的1000家大中型企业中，对全体员工实施教育培训的企业占96.5%[①]。在美国，不少大中型企业均设有专职主管全员教育与培训的副总经理，企业用于教育培训的开支像设备、厂房一样成为硬指标。近年来，美国企业每年仅用于员工培训的开支就达到400亿美元，参加人数达到800万人，相当于全美四年制研究生院经费总额及注册总人数[②]。

其次是从国际范围来看，企业内部办学成为企业人力资本生产制度变迁中呈现的新趋势。在美国，同行业兴资办学的模式甚为流行，第二次世界大战以前，可以授予学位的企业学院只有4所，到1987年仅可授予硕士学位的学院就达到121所，如享有声誉的弗吉尼亚州的夏博兹维尔纺织技术大学、IBM学院、科罗拉多的全美市场信息技术学院都是有多家企业联合出资兴办，共同培训内部员工的企业学院。企业跨国联合办学的趋势也十分引人注目，1996年10月，原欧共体国家（现欧盟）已联合成立了125个企业培训中心和学校，正在执行400个培训交流项目，美、法、德等23个国家联合签署了“相互承认高等企业教育资格公约”，规定签约国必须对其他签约国提出的关于承认其高等企业教育文凭或资格的申请予以公正的审批或评估[③]。德国、美国等诸多国家培养青年雇员的学徒制中，大量采取企业教育与学校教育紧密结合的方式进行。企业之间及企业和大学联合办学的趋势也日益明显。企业教育正日益呈现出与学校教育共同的特征，二者的界限日益模糊。

1989年国家教委提出先在全国100家大中型企业开展企业教育改革实验。伴随着我国社会主义市场经济的发展和现代企业制度的建立，企业的教育功能（即人力资本的生产功能）的构建和完善越来越多地引起政府、社会和企业的重视，岗位培训制度，职业资格证书制度，继续教育制度等与企业人力资本生产密切相关的制度建设正不断地在更多的企业建立和完善起来。建立现代企业教育制度已纳入国家面向21世纪的教育振兴计划之中。这也在客观上要求我们从理论角度进一步深化对企业人力资本

①③ 佘逸群：“国外企业办学热”，《中国人才》1998年第5期，第48页。

② 陈凯摘编：“美国企业对在职员工的职业教育”，《上海企业》1998年第1期，第48页。

生产制度的研究①。

上述情况对人力资本理论提出了新的课题和要求，特别是企业人力资本生产与企业制度及技术经济环境的关系，影响人力资本生产决策的因素，正规教育与企业教育的社会分工以及与此相关的许多问题值得进一步研究。

第三节 论文的目标

在中国，关于企业人力资本生产的研究面临两个层次的任务，一是有重点的研究，即对一些已做过研究的重要问题进行更深入的理论和实证研究，并且对一些以往未涉及的问题进行开发性研究，同时针对中国企业存在的与人力资本生产相关的问题进行考察、解读和提供政策建议；二是在第一个层次研究的基础上，构建一个具有现实指导意义的企业人力资本生产理论体系框架。本书的目的是在第一个层次的范围内就重点问题进行一些创新性研究，以期对第二个层次任务的完成做一些基础性工作。

具体来说，本书试图对下列问题作出回答或进一步解读：

一、企业为什么要进行人力资本的生产活动，特别是为什么要进行一般人力资本的生产

企业什么要进行人力资本的生产活动，这初看起来是一个不是问题的问题，因为企业的经营活动本身就在客观上通过“干中学”增加人力资本，但实际上确是一个带有根本性意义的问题。

首先，企业实现人力资本的积累的途径有引进、租赁和生产。所谓租赁是指以支付报酬的形式利用企业外人力资本为企业服务；生产是指企业通过对员工有计划的培训和“干中学”的制度安排实现人力资本增殖。在教育发达、外部人力资本市场供给充裕的条件下，企业的人力资本生产

① 江永洛：“论企业教育的内涵、本质与功能”，《继续教育》1999年第5期，第18—21页。

（以下简称内部生产）作为一个有意识、有计划的活动安排，为什么不断强化，对这一问题的回答是整个企业人力资本生产研究的根本意义所在。然而，在已有的关于企业培训的研究中，虽然从实证的角度证明了在职培训的高收益率的存在，从而证明在职培训和“干中学”的重要性，但很少直接从理论上论证在职培训投资（即在企业内部进行生产）高收益率的内在原因。内部劳动力市场理论框架内的已有研究虽然在一定程度上将企业人力资本的内部生产（或积累）与企业制度、内部治理结构、企业文化的形成因素结合起来，在一定程度上揭示了企业人力资本生产功能与企业制度的内在联系，但该理论的主旨不是揭示企业人力资本生产的内生性问题，因此相关研究是间接的、零散和不充分的，对企业人力资本生产内生性的揭示是隐含的，而不是直接的。

其次，以贝克尔为开端的关于企业培训决策的讨论中，将企业培训分为对许多企业均有价值的一般培训和仅对培训企业自身有价值的特殊培训，认为当员工的流动性较强，培训与预期收益倒挂的情况下，企业将不会出资提供一般培训，我们可以将其称为贝克尔假说。但事实上，许多企业在都出资提供一定数量的一般培训。有关学者特别指出了德国的学徒制和美国的临时帮工企业的现实。在德国“二元”培训制度下，大量企业不仅免费培训大量学徒工人，并且还在学徒期间为他们发放工资。而在美国的“临时帮工”企业，员工的流动率超过350%，但在员工在从事工作之前企业仍免费提供一般培训，培训期间的生产力为零[①]。这种现实与贝克尔的理论（也被称为贝克尔——奥依模型或假说）明显不符。大量关于企业培训问题的研究文献均围绕贝克尔假说与事实不符的原因进行探讨，虽然Katz和Ziderman（1990）、Acemoglu和Pischke（1998）以及Autor（2001）、Morita（2001）、Lazear（2003）等许多学者运用信息不对称及交易成本理论、人力资本组合和权重理论作出了重要的尝试性解释，但这些探讨存在的一个重要不足是忽视了企业教育功能与企业制度本身的内在联系，或者说忽视了其内生性，仅仅将企业培训看作有利可图的投资项目，将其置于可以根据直接收益与成本的比较来任意取舍的地位来进行探讨。

---

① David H. Autor (2001), “Why Do Temporary Help Firms Provide Free General Skills Training?”, The Quarterly Journal of Economics, 116 (4): 1409 - 1447.

针对以上问题，本书试图从人力资本的生产成本、治理（交易）成本及组织学习的角度系统探讨企业制度与企业人力资本生产的内在联系，在更深层的意义上解读人力资本生产的内生性和培训供给刚性问题。

二、同样作为人力资本生产装置（或教育装置）的企业与学校等其他教育机构在功能上的边界在哪里

这一问题可以看作第一个问题的继续，既然企业具有教育功能，那么它发挥作用的范围多大，或者说，哪些人力资本要素应该在企业内部生产，哪些要素应当由社会其他的人力资本生产单位进行生产（比如学校、家庭等等），是一个有必要深入探讨的问题。对这一问题探讨的兴趣来自我的导师赖德胜教授的启发，他在授课中首先提出了“企业与学校在教育功能上的边界在哪里”这一具有重要思考价值的问题。毫无疑问，企业的人力资本生产体系是整个社会人力资本生产体系的重要组成部分，企业在承担着为社会提供产品和服务的同时也承担着社会的教育功能，但企业在教育功能上与学校等其他人力资本生产单位的边界在哪里，对这一问题的解读不仅具有纯理论意义，更具有指导一个社会教育政策和制度安排的现实意义。特别是在当今世界，企业或企业和学校联合办学盛行，企业教育与学校教育正日益呈现出共同的特征，二者在教育内容和形式上的区别日益模糊，仅仅从教育形式和内容上作出这种区分是难以充分说明问题的。本书试图将企业的人力资本生产放在全社会整体的人力资本生产的大分工中去重新认识和解读这一问题，主要围绕企业教育功能在经济效率上的边界进行讨论。研究所采取的基本视角和方法来自于产权和交易成本理论。

三、制约企业人力资本生产决策（特别是一般培训的）的因素有哪些，均衡的人力资本生产决策如何实现

这一问题也是第一个问题的继续，是目前企业培训理论的核心问题。围绕这一问题比较深入的研究有：（1）贝克尔的研究。贝克尔运用新古典的投资理论对企业人力资本投资决策的研究。贝克尔的模型表明，企业提供在职培训的根本动力在于在未来获得更大收益，人力资本的流动性和双方的收益的对比决定了企业人力资本的投资量和双方的成本分担比例。

流动性越强，工人的分担比例就越高，当培训为完全一般性（即具有充分的流动性）时，则成本完全由工人承担。情况相反时，成本由企业承担。介于两者之间时，由双方的收益对比决定成本分担比例。（2）Hashimoto 等人的研究。Hashimoto 和 Yu（1980）研究了雇佣合同中关于工资弹性的规定对培训双方（雇主和工人）收益及培训决策的影响，提出了基于培训收益和成本分担的培训决策模型；Hashimoto（1981）运用上述模型进一步分析了企业特殊人力资本的（生产性）投资的决策问题，得出的结论是：在不存在事后谈判的条件下，当工人与雇主的事前投资分摊比例与事后收益分摊比例相同时，均衡的培训规模才能实现，从而将贝克尔假说模型化。该模型还特别讨论了在不同谈判地位下均衡的人力资本投资分摊比例问题，并同时讨论了经验——工资剖面的走向问题。上述研究虽然比较深入，但仍然存在以下不足：一是仍然没有将企业培训决策放到特定的制度和技术环境中去考察，没有将制度因素纳入培训决策；二是没有考虑到企业间在产品市场和劳动力市场的竞争对企业人力资本生产政策的影响。而以上两点，恰恰是现实经济中对企业人力资本生产决策起关键作用的因素。因此有必要进一步研究。本书尝试将企业培训决策放到企业制度环境中去考察，在培训决策中引入制度因素和市场竞争因素，运用博弈论的分析方法，考察企业人力资本生产的决策问题。

第四节 逻辑思路及结构框架

本书首先明确相关概念、范畴、理论及相互联系，所研究问题的视角和范围，从而给出一个进行研究的坚实的背景和环境，并对全书的讨论提供一个理论基础和铺垫。

在上述基础上，进入论文的核心部分：一是企业人力资本生产功能（教育功能）的内生性问题，即探讨企业的人力资本生产职能是如何被企业合约的性质决定的，或者说企业的人力资本生产职能是如何成为企业制度的一个必然的属性的。二是企业作为全社会人力资本的生产系统的一个子系统与其他子系统，特别是学校教育在功能或者职能上的边界在哪里。三是均衡的人力资本生产的投资决策如何实现。我们将企业人力资本的生产看作包含特殊人力资本因素和一般人力资本因素的综合生产过程来考察，探讨人力资本生产结构（即一般与特殊人力资本生产的投资比例）的决定和影响因素及达成对策均衡时，成本和收益如何在雇主和雇员之间进行分割的问题。在上述分析的基础上给出相关政策建议。

除导论部分和第十章外，全书共分为三部分：

第一部分包括第二章至第四章。主要是提出问题，对相关概念、理论和研究方法进行解释、综述和讨论，以便为本文论述的正式展开做好的铺垫。

第二章对本书的分析所涉及的相关的概念、范畴、原理和理论进行了界定、概述和讨论。首先讨论了人力资本概念的内涵和外延，随后简要介绍了人力资本理论及教育筛选理论和教育社会化理论，目的是为以后的讨论提供一个坚实的理论背景。

第三章对理论界围绕企业人力资本生产问题的已有研究进行了一个重点回顾，并进而作出评价和提出本书需要研究的问题。回顾的已有研究包括：(1) 关于企业人力资本生产重要性的研究，包括：以阿罗等为代表的内生经济增长理论对企业人力资本生产与经济发展关系的揭示；明瑟尔挣得剖面与挣得函数所揭示的企业人力资本生产的重要性；以明瑟尔为代表的相关学者关于在职培训及干中学与工资剖面的关系及在职培训收益率的大量实证研究；(2) 贝克尔和奥依关于培训与员工流动性负相关的假说（企业一般不承担一般培训成本）以及明瑟尔的相关检验；(3) 部分学者围绕现实情况与贝克尔—奥依模型不相符的情况（企业为一般培训投资的现象大量存在）所做的分析和解释。作出的评价及提出的研究课题是：上述研究是一种外生视角，没有与企业制度建立联系，因此缺乏普遍的解释力。需要进一步从企业制度与企业教育功能的内在联系入手，分析企业的教育功能不断增强，范围不断扩大，重要性日益突出以及影响企业人力资本投资决策的因素等问题。

第四章是一个关于企业理论的综述。综述的企业理论主要是：企业契约理论，包括间接定价理论中科斯、张五常、杨小凯和黄有光的思想，资产专用性理论中威廉姆森、克莱因等人的观点，团队生产理论中阿尔钦和德姆塞茨等人的观点；委托—代理理论；企业的企业家理论；企业的管理者理论；巴泽尔的企业理论。在上述综述的基础上，给出了一个综合评价，廓清了关于企业制度的基本认识。这一基本认识可以概括为：（1）企业是一种特殊的经济交易组织形式，其特点在于具有比市场交易和自给自足经济更高的交易效率。（2）企业是一种特殊合约，这种合约的特点是以要素的产权交易替代产品的产权交易。部分具有专用特征的要素的被纳入企业生产。要素的市场交易成本和企业治理成本的比较决定企业的边界。（3）企业是一种反映企业家特质和愿望的人格化组织。（4）企业是一种基于产品或投入物的部分属性具有公共性而采取的一种合约，其功能在于限制私人产权从而限制个人对公共利益的攫取（依靠权威分配而不是产权）。上述理论的共同基础是不确定性和交易费用的存在。

第二部分包括第五章到第八章，是本书的核心内容之一。着重讨论了企业的人力资本生产功能与企业制度的内在联系以及企业人力资本生产的效率范围问题。

第五章对企业人力资本的构成与属性以及企业人力资本生产的范围、目标、风险和收益进行了系统分析。核心观点是：（1）企业所需的人力资本（作为企业生产要素）是由不同元素构成的具有专用性的综合性人力资本。这些元素可以分为三种类型：一般性（通用性）人力资本、半一般性（或兼具一般性和特殊性）的人力资本和特殊性人力资本。上述人力资本因素的不同组合又可以在纵向上形成三个层次的企业人力资本：第一个层次的人力资本是作为所有知识和技能要素集合的最终人力资本。第二个层次的人力资本是直接构成第一个层次的人力资本的能力要素。第三个层次的人力资本是构成第二个层次人力资本的基础性要素。（2）企业人力资本投资收益包括人力资本收益和非人力资本性收益，前者是指人力资本增殖给企业及个人带来的直接和间接收益，后者是指通过人力资本投资（特别是培训）使企业的制度、文化和特色得以延续，企业的遗传性征得以保留以及实现组织变革平稳安全的收益。（3）企业人力资本生产面临的最主要风险是人力资本的载体——工人流动出企业造成的双方的人力资本产权损失。

第六章运用交易成本的方法分析了具有专用性特征的人力资本在企业内部进行生产相对于在企业外部进行生产并通过市场获得所具有的生产成

本和治理成本优势。要点是：

所谓人力资本的生产成本是指在人力资本生产过程中所花费的技术性费用，如生产人力资本所花费的人工（教育费）费、场地费、设备、能源和材料消耗费，因进行人力资本生产所放弃的劳动产品等等。所谓治理成本是指在人力资本的产权交易中，因获取人力资本的信息、为人力资本进行定价以及界定及保障交易各方相关权益所花费的成本。在资产具有专用性（专用性程度可以不同）的情况下，人力资本的生产与企业特殊的制度和技术要求紧密相关，并且具有小规模和非规范性，因此在企业内部生产具有生产成本优势。同时，由于：（1）企业内部具有的团队生产特征，使得个体的人力资本产权之间，存在利益的互补性，因此可以提高知识的交流积极性，促进交流效率。（2）企业的内部劳动力市场的存在，为人力资本的供需双方提供了长期合作的制度基础和保障，缓解了由于专用性人力资本的双边垄断造成的双方的不安全感，提高了双方在内部进行人力资本生产的积极性，降低了双方围绕人力资本权益所进行的讨价还价成本。由于以上优势，部分具有专用性特征的人力资本在企业内部进行生产具有内在合理性。

第七章从组织学习的角度分析了企业的人力资本生产制度对企业发展的重要性及与企业制度的内在联系。组织学习是企业保持组织记忆和实现组织变革的过程，而组织记忆和实现组织变革是企业实现组织制度特征的延续，并且在外部环境和内部环境的不断变换下，实现组织制度的不断演化和调整的基本要素，是企业维持生存和发展、保持生命力的基础，是参与市场竞争的核心能力。企业的人力资本生产过程是企业组织学习的具体实现过程，并且人力资本生产的具体制度安排可以作为促进组织学习效率的策略发挥作用。企业的人力资本生产过程通过促进员工个体的知识积累和群体的知识交流和互动，以及知识在代际之间的传递，促进了组织整体的知识积累和知识延续，构成了企业组织学习行为的基础和基本实现途径。同时，企业还可以通过采取一些强制与非强制性的激励措施，增加个体的知识互补性，促进个体的知识交流，提高组织学习的效率，比如集体培训制度、师徒制、强化专业分工、对培训效果实行“集体奖励或惩罚”等等。

第八章是在第六、第七章的基础上，继续运用交易成本的分析方法对企业人力资本内部生产的效率范围进行界定，并在此基础上讨论了企业的人力资本生产功能在整个人力资本生产的社会分工中的位置和作用演变以及企业进行一般性或半一般性人力资本生产的制度合理性，进而解释了现实中存在的企业办学，企校合作等现象存在的原因，并讨论了学校教育与企业教育的功能区别及个体对学校教育与企业教育的组合选择问题。要点是：

(1) 从生产和治理成本的角度看，企业的人力资本生产功能存在效率边界。第一个层次的人力资本由于具有较强的专用性而必须在企业内部进行生产，而第二、第三个层次的人力资本作为生产第一个层次的人力资本要素，只有部分适宜在企业内部进行生产。在企业内部进行生产的人力资本要素与其他适宜在企业内部生产的要素一起，构成了企业生产的效率范围。(2) 企业人力资本生产的效率范围不是一成不不变的，而是受技术进步和专业分工水平变化的影响不断演变的。(3) 部分一般性和半一般性人力资本在企业内部生产是由于与特殊性（或专用性）人力资本一样，具有生产和治理成本优势，比如部分人力资本的要素具有持续生产的特性，不能一次生产完成，并且对这部分人力资本要素的生产具有小规模和非规范性，或者必须通过理论和实践相结合进行生产等等，由于这些特性，在企业内部生产可以节约谈判、价值识别和技术性成本。(4) 随着技术进步的加快和人力资本要素层次的增多和日益复杂化，企业和学校教育在功能上出现了部分重合，因此，社会上企业与学校联合办学或企业独立办学的现象具有不断增加的趋势。(5) 总体来看，学校教育不仅具有人力资本的生产功能，还同时具有消费功能和筛选功能，而企业教育则更侧重于人力资本生产功能，在一定范围和程度上也具有筛选功能；学校教育通过筛选功能促进了人力资本产权的私人性，而企业教育则通过人力资本收益的共享和外溢，扩大了人力资本产权的公共性。对个体教育投资者来说，选择学校教育和企业教育产品组合的依据是市场投资风险和个人的学习能力。

第三部分包括第九章，是本书的第二个核心内容。主要是在充分讨论了企业人力资本生产的内生性的基础上，借鉴有关学者的相关研究，分析均衡的人力资本生产性投资决策达成的条件和重要的影响因素。认为企业的人力资本的生产是在企业既有的制度结构和技术结构下的包含一般培训和特殊培训的混合生产，人力资本的生产性投资决策包括对投资量、一般培训与特殊培训的占比、企业与工人对投资的分担份额和培训收益分享的决策。决策状况是企业与接受培训的工人之间利益博弈的均衡结果。决定双方收益和成本划分的因素有企业治理结构复杂度、技术等级，培训的实际效果或企业的实际培训能力、培训形成的人力资本的外部价值等等。部分一般人力资本因素不仅作为专用性人力资本生产的要素被纳入企业的人力资本生产，而且这种生产作为企业吸引优秀人才和淘汰不合格人才的重要策略被企业运用。从某种意义上说，大企业之间联合开展培训活动是双方在产品市场和劳动力市场上进行竞争中的均衡策略选择，通过联合，避免了过多的资源消耗，实现了人力资本的集约化生产，降低了生产成本，实现了利润最大化，是多赢的结果。

第四部分是第十章主要是对全书观点的总结，同时指出了本书研究的政策含义和需要进一步研究的问题。

第五节 研究角度与方法

本书力求将研究放在企业制度特别是企业内部劳动力市场的背景下进行研究，力求使分析更具有一般性。突出制度、产权结构、环境、信息、交易成本对人力资本生产决策和生产方式的影响和作用。在研究问题时，采用逻辑分析和实际考察相结合的方式进行，从理论和实践两个层面审视、分析和论证问题。在逻辑分析过程中，综合运用新古典经济学、新制度经济学、博弈论和组织行为学和管理学的分析方法，从最优化、信息不对称和交易成本以及策略均衡的角度分析不同环境、制度安排和行为习惯对企业内人力资本生产行为的影响。涉及企业理论、筛选理论、知识论、组织学习理论的部分观点。

第六节 论文主要创新

论文在把握企业人力资本投资理论已有观点、不足和问题的基础上，围绕企业人力资本的内部生产这一子环节中存在的理论和实际问题，实现了如下创新和突破：

1. 明确提出了人力资本的核心属性是人针对某一特定工作专业或岗位的劳动能力这一基本命题（以往关于人力资本的所有定义都是围绕人所具有的知识和技能来阐述的，没有上升到能力这一层次）。并且从人力资本的能力属性出发，对人力资本的构成要素和层次进行了明确的区分和界定。具体来说，按照流动性大小将人力资本的构成要素划分为一般、半一般和特殊人力资本；按照对能力构成的作用将人力资本要素分为三个层次：即能力层次，能力要素层次和知识与技能要素层次，后两个层次是第一层次的基础。三者是有机结合的关系而不是简单加总的关系。在此基础上，结合企业制度下的治理结构特征，解释了一般培训对工人工资和工作稳定性起到正向作用的问题。

2. 从企业制度下的人力资本产权互补性、内部劳动力市场对人力资本投资的保障、组织学习三个视角揭示和论证了企业制度与人力资本生产的内生关系，揭示了企业进行人力资本生产的动因问题；在此基础上，结合人力资本的层次理论，而内生性地回答了企业投资于一般培训的问题。同时深化了对人力资本结构和属性的认识。

3. 将企业的人力资本生产放在全社会整体的人力资本生产的分工格局中，运用新制度经济学的交易费用分析范式，重新认识和解读了企业人力资本生产的范围及企业教育与学校教育在功能上的边界问题。

4. 对有关学者关于人力资本生产决策问题的研究成果进行了改进。特别是改进了 Hashimoto 模型。探讨了在存在制度性收益、劳动力市场竞争和人力资本的通用性（外部价值）连续变化条件下，均衡的人力资本投资决策问题，对决定和影响投资结构及企业与员工人力资本投资成本与收益分摊比例的因素进行了深入分析，并运用博弈论的分析方法对不断增多的企业联合办学现象进行了分析，给出了经济学意义上的解释。

第七节
相关说明

一、企业的概念和范畴

关于企业的概念，并没有一个定论。从我参阅的文献来看，多数经济学家在考察企业的性质时，主要持四类观点：

第一类是技术视角。这种观点源自新古典经济学的传统，将企业仅仅看作是一个生产函数，是由技术或物质条件因素决定的一种合作生产方式，是一种纵向一体化的自然秩序，这种观点未考虑信息因素对生产参与者行为和秩序的影响，即未采取制度分析的视角。

第二类是企业家视角。以奈特为首的经济学家将企业看作是企业家承担不确定性、实现其企业家职能的工具或装置，这种工具或装置是以企业家指挥工人的权利结构为特征的，这种权利分配是对企业家承担不确定性风险的补偿。

第三类是交易成本视角。以科斯、张五常、杨小凯、黄有光、威廉姆森、克莱茵、格罗兹曼、哈特、莫尔等为代表，总体来看，该派观点认为企业是一种为消除市场的交易成本而采取的以要素市场代替（或补充）产品市场的一种特殊合约。市场（生产参与者根据自愿协商的产品合同界定权利和责任）和企业（生产参与者被统一纳入一个由权威或由各种生产要素签订的契约当中，形成一种特定的治理结构）是一种相互替代或互补的关系。在科斯看来，决定二者规模的是市场交易中的交易成本（即发现机会和消除市场交易者的机会主义倾向的成本）和企业实行纵向一体化运作中的治理成本（因消除信息不完备而发生的各种生产要素的机会主义倾向的成本），二者表现为相互替代的关系；部分学者（杨小凯、黄有光等）认为，市场交易成本的下降也同时促进劳动分工，导致企业管理成本下降，从而企业和市场形成一种互补或同步扩张的关系。

第四类是“团队生产视角”。以阿尔钦、德姆塞茨、詹森、麦克林、张维迎等为代表，该派观点认为企业是一种由于劳动分工性质不同而导致的治理与被治理的合作生产结构（也是一系列契约的联结形成的最优激励结构)。由于在这种结构中，生产需要合作进行，但区分个体的贡献需要信息成本，由于企业经营者所进行的工作与生产者比较起来，其工作绩效更重要也更难以衡量，因此由经营者索取剩余并实行对其他人的监督是最有效率的。

在这四类视角中，都没有清晰地说明一个问题，即作为组织的一种，企业与其他组织的严格界限在哪里。因为上述四种导致企业得以存在的因素，也基本适用于解释其他类型组织存在。从某种意义上说，所有的组织作为效率追求主体，都面临统合技术流程、承担不确定性、克服交易成本、实行团队生产的问题，并且有些非经济组织虽然不以追求财务盈余为目标，但也同样存在其他物质与非物质利益的分配问题（由于本书的目的不是专门考察企业的性质界定问题，因此在此不再赘述)。由此，部分经济学家在讨论企业问题时，对企业内涵往往采取了一种比较模糊的态度，我称之为大企业概念的概念，即将一部分非赢利性组织也囊括进“企业”概念之中，这类企业的概念被企业经济学家普遍称为“产业组织”、“经济组织”、“商业组织”等等。值得注意的是，按照菲吕博腾和配杰威齐的划分①，企业可以分为四类：现代公司、管制性企业、非盈利性企业、社会主义企业。部分文献中提到的企业，实际上涵盖了一切组织，而企业家的概念，也泛指一切具有特殊洞察力、风险承受力和组织才能的人士，因此有时甚至将杰出政治人物称为“政治企业家”。

本书中的企业概念，基本上是在这类大企业概念。但在论述人力资本

---

① 菲吕博腾和配杰威齐：“产权与经济理论：近期文献的一个综述”，《财产权利与制度变迁——产权学派与制度变迁学派论文集》，上海三联书店、人民出版社 1994 年 11 月第 1 版，第 201—232 页。

生产与企业内部治理结构的关系时，突出强调了新制度经济学（即第三、第四类定义）对企业的定义。

二、在职培训、职业培训与企业人力资本生产

明瑟尔将“在职培训”（on - the - job - training）的范围定义为“包括在工作场合的各种正式与非正式的培训计划，以及被称为‘从经验中学习’的内容”[①]。我们注意到，明瑟尔关于“职业培训”的研究文献中，“职业培训”的概念范围与其先期使用的“在职培训”并没有明显区别。而在其他学者关于“职业培训”研究的大量文献中，这一概念更加宽泛，似乎包含了一切正规教育之外的社会教育与培训项目。相对这一概念，本书探讨的“企业人力资本生产”在范围上更为狭窄一些，主要包括经济组织在内部进行的、由经济组织自身主导的正式与非正式的人力资本培训活动与“干中学”的安排，也包括经济组织联合或委托外部教育机构进行的教育与培训活动。但在对相关文献进行综述和讨论时，我们有时仍然使用“在职培训”或“职业培训”的概念，在这里，我们将上述概念等同于“企业人力资本生产”的概念。

三、从生产角度研究企业人力资本投资行为的原因

以往的研究往往从“人力资本投资”的视角探讨人力资本积累问题，“投资视角”比较宽泛，便于展开视野进行研究和讨论，但由于：(1) 这一视角是一种外生视角，只关注了人力资本积累的来源，没有关注人力资本投资是生产中的一种引致需求的特性，因此在考察人力资本作用于生产并被生产过程和制度决定的过程方面难以很好把握。(2) 对于一个特定的企业来说，投资是一系列相互独立的行为的笼统称呼，如购买、租赁、生产行为，从投资角度对每一种行为做分析将使分析过于庞杂，难以深入。(3) 从产出的角度考察人力资本投资具有考察投入与产出的双重便利性。基于以上考虑，本书选择从企业人力资本的内部生产的角度展开研究。

---

① 雅各布·明瑟尔：《人力资本研究》，张凤林译，中国经济出版社 2001 年版，第 141 页。

第二章

人力资本生产：相关概念与理论

所以谓，名也，所谓，实也。

——《墨经·经说上》（引自冯友兰《中国哲学简史》）

本章略费笔墨对人力资本及相关概念和理论进行概述，是要阐明本书研究的立足点和方法论背景，并为本书的研究构建一个概念、范畴和原理构成的理论参照系。

第一节 人力资本理论：相关概念与范畴

一、关于人力资本概念的界定

关于人力资本的概念，理论界的理解略有不同。从定义的角度来看，大致可分为外生角度的定义、内生角度的定义和双重视角的定义，从定义的范围来看，大致可分为狭义角度的定义和广义角度的定义。

外生角度的分析主要关注的是人力资本的存量及其来源。在《新帕尔格雷夫经济学大词典》中对人力资本的解释[①]是：体现在人身上的技能

① ［英］约翰·伊特韦尔等编：《新帕尔格雷夫经济学大词典》（第二卷），经济科学出版社1996年版，第736页。

和生产知识的存量。普利赛和斯坦纳认为[①]，人力资本是以较大的技术、知识等形式体现于一个人身上而不是体现于一台机器身上的资本。上述定义是一种狭义的外生人力资本定义。舒尔茨认为，人力资本是人的“技能、知识以及影响人类从事生产劳动的专门能力的类似属性”，同时指出，人力资本是由卫生保健、教育（包括正规教育、在职培训、社会成人教育等）、个人和家庭的迁移等方面的投资形成。从他的论述中可以看出，其中“类似的属性”显然指人的智力、体力、健康状况、阅历、经验等[②]。贝克尔则将市场信息的收集和掌握也纳入人力资本范畴[③]。舒氏和贝氏给出的显然是一个广义的外生人力资本概念，主要包括人的体质、智力、性格、知识、技能、信息等方面。

内生角度的定义更关心人力资本的产生和作用于生产活动的过程。朱丹博士认为，仅仅依靠人力资本的形成途径来定义人力资本是不够的，对人力资本本质的全面把握，既要考虑人力资本投资者所承担的风险及相应的决策方式，又要关注非知识和技能因素与知识和技能因素的互动，即人的道德等意识形态对生产率和组织成本的影响。因此，完整的人力资本概念是：通过劳动力市场工资和薪金决定机制进行间接市场定价的，由后天学校教育、家庭教育、职业培训、卫生保健、劳动力迁移和劳动力就业信息收集和扩散等途径获得的，能提高投资受体未来劳动生产率和相应劳动市场工资的，凝结在投资受体身上的技能、学识、健康、道德水平和组织管理水平的总和[④]。王建民从资本的本质属性出发，在对物质资本和人力资本的对比分析基础上，认为人力资本是生产于经济过程之中，并用于进一步生产，由人的使用产生的力量推动生产进行，以实现产出最大化目标的生产要素[⑤]。曲恒昌教授和曾晓东教授认为，应从质和量的双重角度看待人力资本的概念，比较完整的人力资本概念应当是：“体现在劳动者身上的、以劳动者的数量和质量表示的资本……或者更确切地说，人力资本

---

① 转引自冯子标：《人力资本运营论》，经济科学出版社 2000 年版，第 40 页。

② 西奥多·W. 舒尔茨：《人力资本投资》，蒋斌、张衡译，商务印书馆 1990 年版，第 30 页。

③ 加里·贝克尔：《人力资本》，梁小民译，北京大学出版社 1987 年版，第 4 页。

④ 转引自赵宏斌博士论文《人力资本投资风险与决策方法》，北京师范大学，2004 年，第 15 页。

⑤ 王建民：《人力资本生产制度研究》，经济科学出版社 2001 年版，第 48—50 页。

是人们在自己身上投资所获得的、能够增加个人未来收入、促进国民经济增长的知识和能力①。

就笔者有限的阅读范围来看，双重视角的定义中比较有代表性的是冯子标的观点。他认为，人力资本是内在因素和外在因素的统一体，就其本质来说，劳动力是其内核和基础，投资是外因和约束。他将劳动力概念进行了分割，认为劳动力中的一部分以体力的形式存在，其使用可称为简单劳动，它对价值创造的作用越来越小。另一部分主要以智力的形式存在，由知识、技术、信息和能力构成，称之为人力资本，它在与物质资本的结合中，创造的价值越来越大，具有增殖能力，其可被称为高级劳动力。在此基础上，他给人力资本下的定义是："所谓人力资本就是指在知识、技术、信息和能力同劳动力分离成为独立的商品，且在市场交换中起主导作用的条件下的高级劳动力，它主要由知识、技能与信息组成"②。就其定义的范围来看，该定义仍属于双重视角下的狭义定义。该定义将人的全部体力属性排除在人力资本范围之外，也未涉及人的非体力的自然属性如性格、天然智力水平、精力因素，并且未涉及非智力、体力因素，如文化、意识形态因素。这一定义虽在许多方面值得商榷，但最重要的价值在于在一定程度上廓清了人力资本与劳动及劳动力概念的关系，为涉及人力资本概念的研究进一步克服了对象和范围不清晰的问题。

综合以上的观点和分析，笔者认为，从投入的角度看，人本身所具有的一切生产性的、可以提供异质劳动的能力属性，都可以纳入人力资本的范畴。从产出的角度看，人力资本是在一定的制度和文化环境下，通过与物质资本的结合实现自身增殖和作用于生产过程的，是物质和服务生产的引致需求的产物。对人力资本概念的理解和使用，必须从投入和产出双重意义上着手。从这一意义上说，一切生产需求的并通过投资和生产活动创造的、可提供异质劳动的人的能力属性就是人力资本。而所谓异质劳动是指超出社会生产中需要的最简单劳动（或最低体力和智力要求）的劳动属性。

需要指出的是，采取什么样的定义，完全取决于研究的着眼点。而本

① 曲恒昌、曾晓东：《西方教育经济学研究》，北京师范大学出版社 2000 年版，第 26 页。

② 冯子标：《人力资本运营论》，经济科学出版社 2000 年版，第 39—47 页。

书中的人力资本概念，是在投入和产出的双重角度意义上使用的。

二、人力资本属性、类型

关于人力资本属性的讨论主要是建立在与物质资本属性进行对比基础上的。冯子标教授认为，与物质资本相比，人力资本具有私有性、依附性、递增性、可变性、层次性、不可视性和难以度量性、投资主体多元化、投资收益多样性等特征。私有性是指人力资本的所有者只能是个人，其所有权不可以让渡，可以让渡的只能是使用权；依附性一是指人是人力资本的天然载体，人力资本与人的生命相伴随并随着生命的结束而消失，二是指在目前条件下人力资本必须与一定的物质资本相结合才能实现其价值；递增性是指人力资本与物质资本不同，使用量越大，增殖越多；可变性是指人力资本必须不断投资和运用，才能保持价值，否则将贬值；层次性是指人力资本所包含的能力呈现不同的层次和类型；不可视性和难以度量性指由于人身依附性的特征，了解某一个体人力资本的价值存量需要较高的信息成本；投资主体多元化指人力资本伴随人的成长和流动经由家庭、学校、工作单位、所有者个人等不同主体投资形成；投资收益多样性指人力资本除可带来货币收益外，还可给所有者个人及其他相关主体带来安全、乐趣、荣誉、地位等非货币收益。

上述归纳基本反映了人力资本的特性，但所有权私有性的归纳并不完备，可变性、层次性、不可视性和难以度量性、投资主体多元化、投资收益多样性的概括并非人力资本的独有个性。在某些情况下，人力资本所有权可以被他人独占或分享，比如在奴隶制下奴隶的人力资本在名义上被奴隶主占有并可以出卖和占有其全部收益，只是实现产权的成本（监督、定价成本等等）较高，而在发达的市场经济、知识经济条件下，后五种特性也并非人力资本独有。因此，在笔者看来，人力资本的独有特性主要表现为人身依附性和收益递增性。其中人身依附性是核心特性，正是由于它的存在，使人力资本产权的实现具有高成本性，即人力资本的识别、定价、监督和控制需要较高的交易成本，也正是由于这一特性，使得人力资本的投资、生产和取得都必须由人力资本的载体来参与，任何无视其载体而生产、使用人力资本的行为都是难以行通的。巴泽尔指出，在奴隶制后期，奴隶主为防止奴隶“偷懒”等机会主义行为的成本过高，为降低交易成本，而不得不提供给奴隶一定的自由和财产权利，从而逐步导致奴隶制度瓦解[①]。关于人力资本收益递增性存在的原因和机理，汪丁丁教授运用心理学研究中的"艾宾浩斯"记忆曲线给出了一个精辟的分析，在他看来，"'干中学'以及分工和专业化所引起的全部学习过程，都可以表述为'通过重复同一动作来克服遗忘曲线'的学习过程……专业化程度越深，遗忘曲线的影响就越小。"从而人们掌握的知识呈加速增长，知识带来的收益也呈加速增长。显然，在这里，人力资本的生产同时被理解为人对知识的记忆和积累过程，用他的话说，是人力资本的"知识论含义"[②]。

基于对人力资本概念和性质的认识，许多学者对人力资本的类型进行了区分。

王建民博士[③]认为，从知识的分类出发，人力资本可分为知识型人力资本和技能型人力资本，前者又可分为科学知识人力资本，技术知识人力资本，制度知识人力资本和意识形态知识人力资本，后者可分为思维技能人力资本和操作技能人力资本；按使用范围区分，人力资本可分为通用型人力资本和专用性人力资本，"前者指常识性、基础性、一般性、普遍实用性知识和技能构成的人力资本，后者指专业性、特殊性和行业部门或组织可用性知识和技能构成的人力资本"；按存在的范围，可分为共有性和专有性两类，前者是指一个特定群体中的个体都具有的人力资本，如国家共有、民族共有、组织共有、家庭共有等等，后者是指一个个体或特定群体特有的人力资本，如个体专有、性别专有、民族专有等等，实际上，按存在的范围进行的分类是对同一种人力资本的两种特性的区分。

李忠民博士[④]从能力的角度对人力资本进行了分类。他认为，人的能力可以划分为四种类型：一般能力，主要指人参与生产活动所具有的分

① Y. 巴泽尔，费方域等译：《产权的经济分析》，上海人民出版社、三联出版社 1998 年版，第 105—116 页。

② 汪丁丁：《制度分析基础——一个面向宽带网时代的讲义》，社会科学文献出版社 2002 年版，第 228—244 页。

③ 王建民：《人力资本生产制度研究》，经济科学出版社 2001 年版，第 64—68 页。

④ 李忠民：《人力资本——一个理论框架及对中国一些问题的解释》，经济科学出版社 1999 年版，第 35—36 页。

析、计算、学习和适应能力；完成特定意义工作的能力，如特定产品、服务品的生产和营销能力；组织管理能力，即对给定资源的优化配置、组合、协调的能力，即驾驭人的关系、实现人力资本与物质资本最佳组合、降低特定组织内部交易成本的能力（赵宏斌博士将其解释为求解生产函数的能力①）；资源配置能力，根据我的理解，是敏感地搜寻和恰当地解读信息、把握市场机会、将资源运用于最合适用途的能力，即克服不确定性、降低市场交易成本的能力。这些种类的能力往往是长短不齐、千差万别地综合存在于一个个体身上，形成综合的能力。不同的能力结构组合代表了不同的人力资本。李忠民博士将其概括为为四种类型：一般人力资本，即具有社会平均的知识存量和一般能力水平，对应的社会分工是一般劳动者；技能型人力资本，即具有特殊技能的人力资本，对应的社会分工是专业技术人才；管理型人力资本，是具有组织内部管理能力和外部资源配置能力的人力资本，对应的社会分工是各类管理人员；企业家型人力资本，按照赵宏斌博士的解释，是在不确定的市场中，构建新生产函数的人力资本，如企业家、教育家、经济学家等等，在我看来，是具有突出的组织内部管理能力和外部资源配置能力的人，如政治领袖、卓越的企业家、社会活动家等等。

李忠民博士对人力资本的分类是具有科学性的。但一是上述分类忽视了人的天然体力、性格和意识形态因素；二是关于各种类型的人力资本对应某种社会分工的观点过于机械，与他关于个体人力资本是各种能力的综合的观点②有矛盾之处。事实上，许多人具有多种能力，可以胜任不同的工作。

上述研究为我们提供了分析和认识人力资本类型的维度和视角，丰富了我们对人力资本本质的认识。

在以上分析的基础上，本人认为，还可以从内在品质上对人力资本进行如下分类：

1. 体力型人力资本：包括：力量、耐力、精力、反应速度、协调性

---

① 赵宏斌：《人力资本投资风险与决策方法》，北京师范大学博士论文，2004 年，第 17 页。

② 李忠民：《人力资本——一个理论框架及对中国一些问题的解释》，经济科学出版社 1999 年版，第 35 页。

及其他感官功能等等，当然，只有比较超常的体力资源才可以称为人力资本。如运动员、艺术家等等所具有的生理资源。在某些特殊的领域，人的外貌也可以成为人力资本，如对演员和模特来说，出众的外貌和身材是其从事职业的基础性人力资本。

2. 智商类人力资本，包括：

学习和筹划型能力：包括逻辑推理、分析和综合归纳能力，记忆能力，识别能力。

筹划型能力：统筹规划能力和协调能力。

3. 情商类人力资本，包括：

控制能力：包括人的性格、品质、情愫等等。

沟通能力：包括驾驭和协调人际关系的能力。

三种人力资本在属性上都体现为：体能、知识和技能三种范畴。各种人力资本在个体身上的不同组合构成了个体选择社会分工的内在条件。

体能的概念似乎不必要特别解释。我们在此着重讨论一下知识和技能的概念及它们之间的区别。

“知识究竟是什么”是一个深奥而古老的哲学命题，在哲学界有着持久和广泛的讨论而没有定论，但为深入认识人力资本及其结构的概念，我们还是有必要简略回顾一下有关学者的思想。

我们注意到思想大师哈耶克和波普尔关于知识的“适应”属性的思想。在他们看来，自然和人类社会都是一种自然演进的系统，人类不可能依靠自身的“理性”创造一种“终极”的秩序并加以控制，人类所能做的，是对生存世界的“无知”的适应性。这种适应性是通过我们的感官和器官对外部信息的特定存储和处理结构来实现的，在他们的思想中，知识似乎是被纳入某种结构中的信息或者是关于结构的信息。波普尔将知识划分为“无意识知识”和“有意识的知识”① 后者是包含从遗传性中继承的知识。罗素认为，一个人所具有的知识可以划分为三大类，一是个人直接经验所得的知识，二是通过其他人间接体验所得的知识，三是内省所获得的知识②。另一类哲学家则更强调知识的主观性，美国著名哲学家奎尼

① 汪丁丁：《永远徘徊》，社会科学文献出版社 2002 年版，第 199—210 页。

② 罗素著：《人类的知识》，张金言译，商务印书馆 1983 年版，第 421—540 页。

认为，你认为你知道的东西就构成了你的知识①。

我国著名经济学家（笔者认为他同时也是一位思想史学者）汪丁丁认为，知识的定义介于“主观知识”和“无意识的知识”之间的地方。他在总结哈耶克、波普尔、罗素和亨利·乔治的思想基础上，进一步讨论了知识的结构问题。认为“知识结构是按照逻辑推理的顺序从一个人所相信的最高层的假设依次向下排列的多层次假设的体系”，具有局部不可拆分性，知识的结构体现了知识之间的互补性和互为依存性。在汪丁丁看来，迄今为止，人类的一切知识都可以被划分为关于生产技术的知识和关于协调生产的制度的知识，后者是“人们……关于相互合作的知识”，其功能在于降低由于劳动分工的存在而导致的协调成本，这种协调成本是由于劳动分工而导致的技术性知识的“局部化”而产生的。在两类知识中，每一类又可以细分为三种知识：（1）不可交流的知识；（2）可交流但经济上不适于交流（成本很高）的知识；（3）可交流并且在经济上适于交流的知识。他认为，第一种知识主要靠学习者自身的体悟，难以用语言来传授，主要是感官的运用，第二种知识是可以传授但传授起来十分费力的知识，而第三种知识是可以传授并且具备规模经济的知识，如学校或企业培训中可以讲授的知识。在我看来，不可交流的知识不仅仅存在于感官运用的范围，凡是基于人的智力和体能上自我体悟和习惯而存在的操作性技巧，都属于不可交流的知识的范围。

似乎很少有人给出关于技能的明确定义。在笔者看来，技能是人在有目的的具体的生产过程中表现出的特定能力，是体能和知识融会贯通和人与物质资本的适应过程中表现出的能力，是知识、体能和物质资本相互作用的产物。技能的获取过程是个体的特殊体验、领悟和适应过程，对不同个体来说，同一类型的技能也是千差万别的，具有强烈的个体性，不同小提琴家演奏同一首乐曲，具有不同的风格和特色。王建民博士认为，技能是不可交流知识，具有一定道理。但同时应该看到，与知识相比，技能更具有明显的实际操作的属性。

①② 汪丁丁：《永远徘徊》，社会科学文献出版社 2002 年版，第 199—210 页。

第二节 人力资本理论概述

一、人力资本思想的源流

关于人的知识和技能对社会和经济发展的重要意义的认识，中外久已有之。2000多年前中国的孔子最早提出“有教无类”（见《论语·卫灵公》）的观点，即提倡所有的人不分国别、民族、阶级、贫富、年龄、性别都应接受教育。管仲提出了著名的“十年树木、百年树人”（见《管子·权修》）的思想。与孔子几乎同时代的柏拉图在其著作《理想国》中论述了教育和培训的经济价值，认为可以通过基础教育来发展人的先天能力从而决定其社会阶层。亚里士多德和阿奎那也认识到在一个社会中教育对促进经济发展和增进公共福利的重要性。

学术界一般认为，现代人力资本思想发端于17世纪英国政治经济学的创始人威廉·配第，他在1676年首次明确提出了“人力资本”的概念①，并在分析生产要素创造劳动价值的过程中，把人的“技艺”列为除土地、物质资本和劳动之外的第四大要素。

亚当·斯密在其1776年出版的《国富论》中，对人力资本及教育的经济意义作了较为深刻的阐述②，他将“固定资本”分为四种形式，即土地、物质资本、劳动及“社会所有居民或成员获得的有用才能”，指出学习才能需要花费较高的投入，形成了“好像是固定并实现在他身上的资本”，实际上是一种投资，“虽然要花费一定开支，却能偿还支出并带来利润”。

马克思关于人力资本的思想十分丰富，他在对资本和劳动力做明确区

① ［英］约翰·维斯特尔等编著：《新帕尔格雷夫经济学大词典》（第二卷），经济科学出版社1992年版，第736页。

② 亚当·斯密《国富论》（上卷），杨敬年译，陕西人民出版社2001年版，第319页。

分时指出：劳动力可以“理解为人的身体即活的人体中存在的、每当人生产某种使用价值时就运用的体力和智力的总和[①]”，实际上将物质资本、人力资本和劳动做了区分；但在马克思的语境中，人力资本与劳动力并没有明显的区别。

马歇尔虽然反对将人作为资本的观点，但仍然十分强调对人进行投资是一种创造物质财富的重要手段，建议对经过教育和训练的人加以重视[②]。

在马歇尔之后，德国历史经济学家李斯特在考察教育在经济发展中的作用时[③]，将资本划分为“物质资本”和“精神资本”，他将后者定义为人类时代通过发现、发明、改进和努力的结果，暗含着“精神成本”是人类积累的知识和技能，对“精神资本”的定义被认为较为接近现代经济学，其对“人力资本”概念的界定。费雪和沃尔什在各自的研究中也涉及人力资本问题，其中费雪在1906年发表的《资本的性质和收入》一文中，明确提到了“人力资本”的概念，并将其纳入自己的理论分析框架。沃尔什在1935年发表的《人力资本观》中则首次采用试图测定正规教育投资的收益率，明确了投资成本包括投资费用和学生就学时放弃的收入，注意到了人力资本研究中放弃的机会成本。

上述思想和研究为现代人力资本理论的诞生起到了启发和理论铺垫的作用。

二、现代人力资本理论的发端和发展

经济学家对人力资本的系统研究，开始于20世纪50年代末。激励因素主要是对经济增长剩余的解释。50年代以后，部分经济学家在对发达国家的经济增长的研究中，发现经济增长中有一部分是无法用土地、劳动和资本等传统意义上的要素投入来加以解释，这一经济增长中找不到解释因素的部分被称为“残差”。“残差”的客观存在使传统的经济学关于劳动投入均质性的假设受到根本性的挑战，吸引了大量学者进行相关研究。

---

① 马克思：“资本论（第1卷，1867）”，《马克思恩格斯全集》第23卷，人民出版社1975年版，第219页。

② 马歇尔：《经济学原理》（上卷），朱志泰译，商务印书馆1964年版，第229页。

③ 李斯特：《政治经济学的国民体系》，陈万煦译，商务印书馆1964年版，第124页。

舒尔茨于1960年在美国经济学会年会上发表题为《人力资本的投资》的长篇演说，并于1963年发表了《教育的经济价值》等论著，系统地阐述了“人力资本”的概念和范畴，推出了基本的理论框架。理论界通常认为，这些著作的发表，标志着系统的现代人力资本理论的正式诞生。人力资本理论在整个60年代和70年代引起了经济学界的广泛关注并迅速发展，并且在经过70年代末到80年代前期的短暂沉寂之后，从80年代后期到90年代开始重新获得更热烈的讨论和研究。

三、人力资本理论发展概述

人力资本理论的发展呈现了三条路径：

（一）人力资本与经济增长的研究

这一研究路径将注意力放在人力资本对财富产出增长的作用上面。作为人力资本增长观的思想，无疑是由西奥多·舒尔茨最早提出的。其基于对“增长剩余”问题的思考，在对发达国家和发展中国家大量问题的经验观察和实证研究的基础上，批判了传统经济学关于资本同质性的隐含假设，率先明确界定了现代意义上的人力资本的概念和范畴，科学性地将人力资本融入从总体资本的概念中（1960），实际考察和充分论证了人力资本对经济增长和增进收入分配平等的突出贡献（1961），指出重视和加强人力资本投资，提高人口质量，是一国经济发展的关键，从而确立了人力资本投资在经济发展中的核心地位。在人力资本对经济增长贡献的实际考察方面，还有丹尼森（1962）、琴诺（1980）和乔根森（1984）等人，他们主要是分别考察了美国20世纪20年代末到70年代中期之间某些时间段内美国教育对经济增长的贡献。

但上述研究充其量还只是一种思想和实证检验，并未在人力资本和经济增长之间建立严密的逻辑联系。而真正建立起这种联系的是以索洛（1956，1957）、阿罗（1962）、宇泽（1965）、罗默（1986，1987，1990）、卢卡斯（1988）等为代表的增长经济学研究。在他们的模型中，将人力资本要素直接和间接地引入经济增长模型，为研究、解释和比较各国经济增长提供了有力的理论分析工具。这些研究中，关于知识增长的“外溢”效应和“干中学”效应的研究，已经间接涉及企业培训重要性及企业之间分享培训收益的问题。这为本书的讨论提供了第一个立足点。

（二）人力资本的积累研究

这一研究的核心是将人力资本视为能够带来收益的资产来进行具体分析。他们更关注人力资本的形成规律的研究，如人力资本与收入分配的关系、影响人力资本的形成要素、成本、收益率、人力投资决策等。特别是围绕人力资本的形成主体——正规教育、在职培训问题进行了大量深入研究，逐步发展成了完整的理论分析框架，并以此为基础，形成了经济学的分支——教育经济学。关于人力资本与经济发展关系的研究虽然也构成人力资本理论的重要部分，但主要是在发展经济学框架内的研究，而关于人力资本积累的研究才真正构成人力资本理论范式的核心。

李忠民博士将对人力资本的积累的研究称为“人力资本财富论”[①]，并指出其基本框架为：

一是人力资本生产或供给理论，主要回答生产的目的和均衡的标准问题；二是人力资本收益理论，探讨人力资本收益分配的规律；三是人力资本与职业匹配问题。

按照这一划分，我们可以大致对人力资本理论的发展做一个简单概括。

人力资本的供给研究是人力资本理论的核心问题。人力资本理论将人力资本看作一种在现期投入形成而在未来获得收益的资产，并以投资的成本收益原理进行研究。对这一研究作出基础贡献的是加里·贝克尔和雅各布·明瑟尔。贝克尔的贡献在于：按照新古典经济学的分析模式，提出了由比较各项活动的收益流量的贴现值来计算投资收益率的方法；在“经济人”的假设下，证明了人们在合理行为的追求下，将使投资达到边际收益等于资金的边际成本的水平上，并据此初步建立了人力资本投资的均衡分析框架。在他看来，约束人力资本投资行为的，除了个人先天禀赋决定的成本函数外，还有家庭环境方面的差异。运用这一分析框架，贝克尔分析了正规教育、在职培训、家庭人力资本生产行为，并且通过实证分析证明了上述方式在人力资本生产中的重要地位。明瑟尔的贡献

① 李忠民著：《人力资本——一个理论框架及对中国一些问题的解释》，经济科学出版社1999年版，第7—12页。

在于：一是将人力资本投资的均衡分析框架进一步精密和完善化，借助斯密的“补偿原理”建立了人力资本的收益率模型。该模型与受教育（培训）量（年数）作为人力资本投资量，其延迟的收入作为投资的一部分，在均衡条件下，人力资本投资量与个人的终生挣得流的贴现值相等。因此，投资量越大，其年收入越高，这种收益不平等是对人力资本投资在收益上的补偿。二是最先提出了“挣得函数”（earning function）的公式，对“挣得剖面”（earning profile）给出了数学和经济计量学的表达。所谓“挣得剖面”是个人收入随年龄变化运动的轨迹。由于挣得函数囊括了学校教育、学校后教育（在职培训）等方面，并以教育年数和工作经验年限来代表，建立了影响收益的多元函数关系，成为进行实证分析的可操作性工具。三是用新的家庭经济学解释了家庭规模、出生率变化、劳动供给和家庭迁移决策。四是在实证考察的基础上系统分析了工资变化、培训与职业转换和劳动力市场流动的关系（1981，1986，1988），许多学者在贝克尔和明瑟尔框架的基础上对人力资本的供给进行了进一步的研究，这些研究将人力资本投资行为的约束从个人禀赋和家庭差异扩展到代际关系和公共政策因素，并将分析范围扩展到医疗保健、信息评估等方面。

关于人力资本的制度分析开辟了一个新的视角，舒尔茨较早采用制度分析方法解释了人力资本要素价格的提高与人力资本投资的关系①，而最近的一个关于人力资本生产制度的分析是王建民博士作出的（2001）。一个值得注意的研究方法上的创新是将博弈论和信息经济学的思想引入对人力资本的供给决策的研究。在这方面比较典型的研究有：Hashimoto 和 Yu（1980）研究了雇佣合同中对工资弹性的规定对培训双方（雇主和工人）收益及培训决策的影响，提出了基于培训收益和成本分担的培训决策模型，Hashimoto（1981）运用上述模型进一步分析了企业特殊人力资本的（生产性）投资的决策问题。李忠民运用博弈论思想建立了一个人力资本形成的一般模型（2001）。此外国内外大量关于企业培训决策和医疗保险制度安排方面的研究文献也大量使用了这样的分析方法。这一研究视角和方法上的改进是具有合理性的，因为人力资本不同于物质资本，人力资本

① 《美国农业经济学》第50期，1968年12月。

的投资和生产过程不是单向的加工和创造过程，而是人与人的利益分配的互动过程，人力资本投资的效果和收益的实现必须经由人力资本投资的主体和客体的共同参与才能实现。其中，信息不完备（共同缺乏信息或知识及信息不对称）的情况是参与者之间关系的常态，因此均衡的投资水平必须是一个信息不完备条件下策略组合基础上的均衡，这样的分析方法才能对现实问题具有更深刻的解释力。

人力资本与收益分配关系的研究是人力资本理论的另一个重要分支。关于人力资本与收入分配关系的研究文献是大量的。早在 1958 年 8 月发表在《政治经济学》杂志上的《人力资本投资与收入分配》一文中，明瑟尔已经提出了完全用个人间所受劳动培训量的差异来说明个人收入分配特点的模型，得出了人力资本积累将导致收入分配平等化的结论，舒尔茨也持类似的观点（1990）。明瑟尔提出的挣得剖面和挣得函数（1979）把人的整个生命周期与净投资变化过程联系起来，解释了一个人不同时期的收入变化。其提出的个人收入"追赶时期"（overtaking）的概念[①]。在正规教育、职业选择和在职教育之间建立了互补关系，增强了对收入分配差距问题的解释力。"歧视"问题吸引了众多学者的研究兴趣，这一问题的研究主要是经验统计分析研究，如明瑟尔用工作经历的间断性导致的经验年限减少来解释妇女工资相对男性偏低的原因，纠正了关于"歧视"导致妇女收入较低的观点（1970）。利拉德和威利斯（1978 年）提出了个人收益的结构理论。他们把个人收入划分为三部分：一是人力资本收益，二是个人收益如健康、偏好及能力等，它持久地影响一个人的获利能力，三是随机因素。本—波拉斯（1967）和罗森（1972）运用资本理论建立了有关分析框架，前者将资本控制构造成在工作和投资之间分配个人时间的选择，后者将其进一步扩展为在一系列提供不同的学习环境和机会的职业当中的选择。这一思想通常被认为是通过职位晋升阶梯来实现的。韦尔奇（1978）将人口变量引入人力资本的收益分析，研究了劳动力市场上各种人力资本的竞争与年龄的关系。得出了收益率与工资率与按年龄分组

① 所谓"追赶时期"是指具有同样正规教育背景的部分个体基于对高经验积累效应的职业的选择，在收入上呈现的"先慢后快"效应，这一效应体现为单个人之间的收入方差在达到"追赶点"之前先递减后上升，从而拓展了挣得函数的解释力。

的人口规模负相关的结论。比较近期的研究有：赖德胜教授（1997）结合中国的实际，对教育与个人收入分配关系进行了研究，提出并证明了伴随教育扩展，收入分配呈倒U型变化的观点，等等。

关于人力资本与劳动力市场配置能力的研究是人力资本收益分配领域的又一个重要研究方向。舒尔茨（1968）将人力资本的市场配置能力称为“处理不均衡状态的能力”，赖德胜教授（1997）将其称为“发现机会、抓住机会，使既定资源得到最有效配置从而使产出增加的能力”，并指出和证明了配置能力与个人收入分配的正相关性。

人力资本与职业匹配的研究也是人力资本理论的重要组成部分。对这一问题最早进行研究的是弗里德曼和库兹涅茨[①]（1954），他们研究了司法、医药等行业的人力资本供给与工资率的关系。得出某一特定职业的供给相对现行工资率来说是具有弹性的结论。说明人力资本的积累导致人们有相当大的流动性和重新调整空间。出现于20世纪70年代末80年代初的职业匹配理论（Jovanovic 1979a，1979b，1984）及人力资本信息理论（Hartog 1981；Macdonald 1980，1982；Davies and Macdonald 1984），探讨了在信息不完备的条件下，个体生产性特征信息的形成、传递及投资决策问题，是人力资本理论新的发展方向。目前上述理论还处在发展中，尚未完善，但却正在吸引越来越多人的研究兴趣。

人力资本积累理论中，关于教育和培训收益率的理论和实证研究为本书的研究提供了第二个立足点。但更重要的是，研究人力资本投资和决策的一系列方法论为本书的研究提供了基本的理论工具和参照系。

（三）人力资本产权理论

人力资本产权的讨论近年来具有越来越热的趋势[②]，对这一问题的讨论大多数是在组织经济学或企业经济学的框架内进行的。从某种意义上说，有关人力资本产权的讨论先于现代人力资本理论的产生（当然大部分是隐含的讨论）。在我看来，自科斯以来的企业经济学家展开的对企业性质的讨论，在很大程度上是围绕人力资本产权实现形式如何满足降低交

---

① Friedman, M. and Kuznets, S. 1954. Income from Independent Professional Practice Princeton: Princeton University Press.

② 这里的人力资本产权在某些时候指人对自身人力资本收益的占有权，在某些时候，是对某些外在财富或利益的占有权，如剩余控制权、剩余收益权等等。

易成本需要的问题展开的。在这些讨论中，人力资本是以“人作为要素”的面目出现的。在张五常看来，企业是用要素市场替代产品市场，对人力资本等要素的交易按照以合约确定产权的方式进行生产，是低成本的；在威廉姆森、克来因、格罗兹曼、哈特看来，包括人力资本在内的资产的专用性特征的存在使得采取合约保证下的垂直一体化的合约安排是合理的；在阿尔钦、德姆塞茨、詹森、麦克林、张维迎等看来，基于信息不对称和人力资本（或者说人本身）的机会主义特征，在需要劳动分工和合作生产的情况下，采取一种基于监督成本和人力资本性质差异的治理与被治理的制度结构（如企业家雇佣一般劳动者）是必然的。在这里，人力资本的产权，更多地体现为对剩余收益的占有权和与之相应的剩余控制权。从人力资本要素价格和交易成本的角度解释制度变迁的理论研究众多，除去已经提到的舒尔茨的研究外，一个比较精彩的研究是巴泽尔教授关于奴隶制度瓦解的讨论（1997）①，在他看来，奴隶制瓦解的真正原因在于由于监督成本越来越昂贵，奴隶主为对奴隶的劳动（或人力资本）施加激励，不得不允许奴隶享有部分自由和少量财产收益，天赋较高的奴隶因此积攒下了赎买自身自由的财富，奴隶制度由此逐步瓦解。关于教育产权的研究是近年来的热点，讨论最多的是学校和个人对教育产品（对受教育者来说是人力资本增殖，对施教者来说是为增殖提供的服务）享有的收益权的实现问题。对这一问题的研究无疑应纳入人力资本产权理论的框架。

人力资本产权理论，为本书研究企业人力资本生产功能的内生性提供了基本的着眼点和方法。

毫无疑问，有关人力资本的研究并非严格遵循三条路径，各研究路径的交叉和融合是大量存在的。比如众多的关于教育扩展与经济增长及收入分配的研究，既关注教育本身的政策和制度问题，也关注教育投资对经济增长的关系问题，其研究视角是多向的。

---

① 见 Y. 巴泽尔：《产权的经济分析》，费方域等译，上海三联书店、上海人民出版社 1997 年版，第 105—116 页。

第三节 有关教育与培训的其他理论

一、筛选理论

筛选理论（Screening Hypothesis）产生于20世纪70年代，是由在观点和认识上相近的若干种理论汇合形成的，主要包括过滤理论（Arrow 1973）、筛选理论（Stiglitz 1975）和信号理论（Spence 1973，1974a，1974b；Riley 1976，1979b）。所谓筛选，包含两层含义：一是教育水平是个人能力的信号，较高的教育水平代表较高的劳动生产率；二是教育水平是进入高档职业阶层的通行证。

从基本观点来看，筛选理论又可以划分为"强筛选"假说和"弱筛选"假说。

"强筛选"假说主要是早期提出的"筛选理论"，以阿罗（1973）和斯宾塞（1973）的早期模型为代表。"强筛选"假说认为教育并不能提高人的劳动生产能力，而只是一种筛选装置，其作用是在劳动力市场上，提供一种明确的显示信号，以使雇主和社会可以以较低的成本了解人们先天存在的生产能力和接受培训的能力。"弱筛选"假说在对筛选理论进行一系列的实证检验的基础上提出的。"弱筛选"假说认为，教育一方面是一种筛选装置或信号发送装置，具有进入高档职业的敲门砖作用，另一方面又确实可以提高受教育者的劳动生产率，是一种人力资本的生产装置。"弱筛选"假说以斯宾塞（1974a，1974b）、斯蒂格利茨（1975）、赖利（1976）为代表（事实上，上述模型的提出先于"强筛选"假说和"弱筛选"假说的概念区分①，但其理论内涵与"弱筛选"假说相一致）。

"强筛选"理论不能很好地回答一个带有根本性的问题，既然教育只

① 明确提出"强筛选"假说和"弱筛选"假说概念的是萨卡洛普洛斯（Psacharopoulos，1979）。

是一种筛选机制，为什么社会不能创造一种更低成本的识别和筛选机制替代它呢？因而受到普遍质疑。但“弱筛选”假说由于得到大量实证检验的支持和逻辑上的显而易见性而得到普遍认同。

需要说明的是，即使“强筛选”理论模型的提出者也并不完全否认教育能够提高人的劳动生产力，其对教育纯筛选功能的定位只是一个便于构建理论的逻辑体系的假设条件，这一点从他们在提出“强筛选”理论模型后又迅速地将其扩展成为具有“弱筛选”假说特征的模型就可以看出。但人们通常将“强筛选”假说当作筛选理论本身，认为其是一种完全否定人力资本理论关于教育提高人的劳动生产率观点的理论，这实际上是一种大大的误解。在我看来，真正的筛选理论主体是“弱筛选”假说。

筛选理论的实质在于肯定教育的人力资本生产功能的同时，提出一种在信息不对称的条件下个人人力资本价值的信息显示机制，即赋予了教育的双重功能。但其局限性在于其理论并未将人力资本价值的信息显示机制研究扩展到除教育以外的其他的人力资本生产领域，因而不具有一般性，但其开启了这样一个研究方向，即将人力资本理论的研究拓展到信息不完备的条件下，使之更贴近现实。我认为，70 年代末以来吸引学者浓厚兴趣的职业匹配理论及人力资本信息理论正是沿着这样的思想路径展开研究的。从比较宽泛的意义上说，筛选理论应被归入人力资本的“信息理论”的范畴。

筛选理论的适用范围事实上也已经超出了对正规教育的范围，比较近期的部分研究文献（Autor，2001），已经将企业培训行为纳入到筛选机制的范围，并且进行了较为深入的研究。

二、教育社会化理论

教育社会化理论（Socialization Theory of Education）是 20 世纪 70 年代教育经济学中新形成的一种理论。事实上，教育社会化理论是一种松散的理论体系，由众多学派的观点组成。教育社会化理论主要来源于哲学和社会学家的观点，主要来源有：功能主义学派的观点、新韦伯学派的观点、新马克思学派的观点。

总体来看，教育社会化理论认为，教育有多种功能，其中最主要的是社会化功能。所谓社会化功能，就整个社会来说，就是传递文化，这里的文化包括习俗、规则、制度等等正式、非正式制度范畴。因此，在一个特定组织范围内进行文化传递也是教育（或培训）的重要功能。就个人来说，就是使其形成社会所需要的性格特征，如服从、敬业精神、责任感、荣誉感、协作精神、对社会中人与人关系的认识等等。具体包括两方面的内容：(1) 一切形态的社会都需要只有通过学习才能获得知识和技能这样一套文化来维持它本身的存在；这一社会遗产必须通过一些社会组织去传递；教育在所有社会中均承担起文化传递的职能。(2) 个人必须符合特定文化的性格特征，而教育在每一个人类社会中均承担起社会性格形成的功能。

教育社会化理论语境下的教育（正式与非正式）起到两种作用：一是保持一个社会或特定组织的特定的"制度记忆"，使其沿着稳定的方向和路径运行，避免因个体之间目标的矛盾导致社会或组织的混乱和无效率；二是使个体因保持与社会或组织规则的一致性而获得相对确定的未来预期，消除不安全感和不确定性。显然，在教育社会化理论看来，一切知识和技能的传递都是为制度服务的，或者确切地说，服务于人力资本权利对制度的需求。从这一意义上说，教育的社会化理论也应被归入广义上的人力资本理论。

教育社会化理论克服了人力资本理论在教育功能分析中的抽象掉社会背景的纯实证观点，但对认知和操作能力对经济发展的纯技术性作用估计过低，使教育的技术性特征和经济功能荡然无存。因此显然具有片面性。

上述两种理论，为本书的研究提供了更广阔的参照系和方法论。毫无疑问，从筛选功能和社会化功能的视角研究企业人力资本生产行为是具有十分重要的意义的。

第三章

企业人力资本生产：重要性、假说、疑问与解答

> 凡是合乎理性的东西都是现实的，凡是现实的东西都是合乎理性的……哲学的任务就是理解存在的东西，因为存在的东西就是理性。
>
> ——乔治·威廉·弗里德里·黑格尔《法哲学原理》

本章的目的是在回顾企业人力资本生产的相关理论的基础上，总结学术界对以下问题的分析、疑问和解答：(1) 企业为什么要投资进行人力资本的生产？或者说企业进行人力资本生产的重要性何在？(2) 企业的人力资本生产（主要是不同的培训）对雇员工资及工作转换率的影响是怎样的？(3) 如果对一般人力资本的生产进行投资会提高员工的离职率的话，企业为什么要进行投资（与贝克尔—奥依假说不符的情况为什么发生）？同时就以上研究的不足给出一个个人的评价，以便在以后的章节引出本书的观点。

第一节 关于企业人力资本生产重要性及收益率的研究

一、发展经济学的肯定性回答

直接将人力资本生产内生于经济增长的著名模型有阿罗的“干中学”模型（Arrow，1962），宇泽模型（Uzawa，1965）、罗默模型（Romer，1986，1990）和卢卡斯（Lucas，1988）模型。

在阿罗1962年提出的“干中学”模型中，把生产过程同时视为人获得知识的过程，从而将人力资本的生产内生于经济增长模型，并推导出一个规模收益递增的生产函数，在他看来，经济增长完全是知识“外部性”和知识生产过程连续性（或生产过程积累的经验的代际传递）的结果。这一思想为我们探讨企业教育功能的内生性提供了启发。

罗默在阿罗模型的基础上，建立了一个“知识推进”的经济增长模型。罗默认为，导致知识增长的源泉有两种，一是在实践中学习，并通过外部效应传递给其他企业，二是企业和个体之间知识存在一定的互补性，企业和个体可以在知识的交流中加速增长知识。由于上述原因，知识呈加速增长。罗默将知识与资本和劳动要素一起，纳入其经济增长模型。并认为，知识的加速增长，同时也推动了资本和劳动的加速增长，从而推动经济增长。在最新的研究中，罗默将生产要素扩充为四个：资本、非熟练劳动、人力资本和新思想，使其理论更加完善。

卢卡斯模型被认为是对宇泽模型的拓展。卢卡斯模型将舒尔茨的人力资本思想和索洛的技术进步思想结合起来，提出了“专业化人力资本”的概念。卢卡斯认为，人力资本可以通过两种途径形成，一种是正规教育，可提高受教育者的人力资本水平，产生“内在效应”，一种是“干中学”，可对他人产生“外部效应”，并据此构建了直接包含人力资本生产的两个内生的经济增长模型。

第一个模型是有关正规教育与经济发展关系的模型。在该模型中，假定一个人会将时间在现期生产和进行人力资本积累（接受教育和培训）之间进行分配，因此被称为“两时期模型”。具有一定人力资本存量的工人在现期生产中不仅能创造一个正的收入（内部效应）还会带来一个正的外部效应，这个外部效应使所有其他的生产要素都更加有效率，从而弥补了物质资本的边际递减效应，实现产出的持续增长。在专用人力资本生产环节，由于人力资本总能得到回报，人力资本的产出速率介于0—1之间，因此不会发生收益递减。由于人力资本的收益要求工人将时间在物质生产和人力资本生产之间分配，因此经济生活中存在一个有效而均衡的人力资本增长率。

第二个模型是考虑在职培训或干中学对人力资本形成和经济增长作用的模型。这一模型认为消费品生产量是专业化人力资本和劳动投入量的函数，并且在专业化人力资本和劳动投入之间存在正相关的关系，从而将人力资本的“干中学”积累方式内生进经济增长模型。由于这一模型强调了消费品生产过程同时也是人力资本的生产过程，因此被称为“两产品模型”。

罗默模型和卢卡斯模型代表了在发展经济学框架下研究人力资本与经济增长关系的两种思路。罗默模型将人力资本符号化为“知识存量”，强调的是知识本身的递增效应导致人力资本增长，而卢卡斯模型则将着眼点放在人力资本的载体——“人”的身上，强调知识内化于人力资本作用于物质资本而产生递增效应，因此决定知识增长和传递过程的人力资本的生产过程就显得格外重要，在这一视角上，人力资本的作用和人力资本的创造实现了连接。就视野的广度和认识的深度而言，卢卡斯模型似乎更具有前景。罗默在后期的研究中（1990），也已将注意力转向了人力资本因素。

上述模型从逻辑上严格证明了对企业和宏观经济增长发挥作用的不仅仅是正规的学校教育，而是在人的整个生命周期中对人力资本的积累，其中在企业内部进行的人力资本生产活动发挥着重要作用（“干中学”和知识“外溢”更多是在企业内部进行某种形式的培训活动中实现的）。这些模型中关于“知识外部性”和知识代际传递和积累的思想已经暗含了企业培训的制度性特征和收益分享问题，是对企业人力资本生产重要性的一个间接诠释。

二、挣得函数、挣得剖面与针对在职培训的实证研究

更应被提到的有关企业人力资本生产重要性的研究是人力资本理论中关于在职培训成本及收益率的直接研究。这些研究表明，在职培训对一个人的终生收入（也即对其劳动生产率）产生了与正规教育一样甚至超过正规教育的作用。

这方面的研究应首推雅各布·明瑟尔。

1. 挣得函数和挣得剖面与企业人力资本生产

挣得函数和挣得剖面是明瑟尔构造和提出的①。挣得剖面是对个体在整个生命周期内人力资本积累与之对应的收益之间的关系的一种图解。按照明瑟尔的解释，挣得剖面的平均水平将依赖于先天禀赋和总投资量，其斜度（增长率）依赖于观察期之前的投资量，而其具有的倒U型（凹函数）特征反映了整个生命周期中投资边际收益增长率呈现的衰减变化。对人力资本收益率增长的递减变化，明瑟尔给出的解释是：（1）生产人力资本的单位成本与生产周期的长短负相关，当收益期缩短后收益将下降。（2）作为学习过程中的一种投入的时间机会成本可能在整个工作期逐渐提高。因此虽然总投资不断增加，但（总投资减折旧）净投资将不断下降，当折旧开始超过人力资本投资时，收益将开始下降。明瑟尔认为，挣得剖面也可以理解为一个人的终生学习曲线，或是随着年龄和经验增长导致技能也增长的一种反映，即“干中学”的一种描述。

明瑟尔随后以挣得函数对挣得剖面作出了数学和经济计量学的说明。挣得函数的基本表达式是：$\ln Yt = \ln E_0 + r_s s + r_p k_{0t} t - \frac{r_p k_0}{2T} t^2 + \ln(1 - k_t)$。其中，t 表示时期；Yt 表示 t 时期的人力资本投资净收收益；E_0 表示“初始的”挣得能力，取决于出生时的智力、健康状况；r_s 表示学校教育投资（成本）的收益率；r_p 表示学校教育后各种学习方式投资（在职培训等

① 在其于1970年发表在《政治经济学》第70卷第二部分的论文《在职培训：成本、收益及某些意义》中正式提出。

等）的收益率；k_0 表示初始人力资本净投资率；k_t 表示 t 时期的人力资本净投资率；$(1-k_t)$ 表示总收益中非人力资本投资的占比；T 表示净投资为正的时数。图 3.1 是一个对挣得剖面和挣得函数的简单图示。

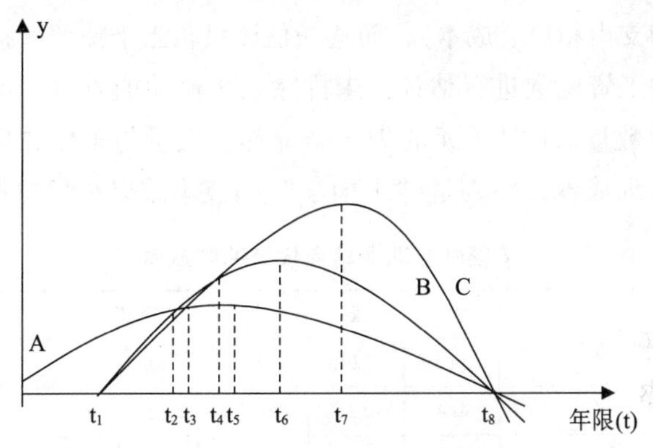

图 3.1 挣得剖面和挣得函数图

图 1 中，A、B、C 三条线分别表示未接受正规教育、只接受中等教育和接受过高等教育的劳动者的职业能力水平或收入曲线，t_1 表示上学年龄；t_2 表示中学或中职毕业年龄；t_3 表示接受职业培训或成人教育的年龄；t_4 表示高校毕业的年龄；t_5 表示未接受正规教育者可能达到的最大职业能力的时间；t_6 表示只具有中等教育程度者可能达到的最大职业能力的时间；t_7 具有高等教育程度者可能达到的最大职业能力的时间；t_8 表示退休年龄或丧失劳动能力的年龄。这一图示实际假设劳动者的先天禀赋相同或表示的是同一个劳动者在不同教育水平的假设下的职业能力曲线。

明瑟尔运用挣得剖面和挣得函数理论并根据自己和大量学者的相关调查和分析对美国企业的在职培训的投资量、收益率及收益变化特征和影响因素进行了大量的实证考察（见明瑟尔 1970，1988a 和 1988b）和分析，考察涉及数据的时间跨度由 20 世纪 30 年代末到 80 年代。这些翔实和科学的考察得到的结论是：

1. 在职培训投资是美国经济中总的教育投资中一个相当大的构成部分。他的研究表明，在美国 30 年代末至 50 年代初，社会（包括企业与个人）用于成年男性劳动力在职培训的投资超过对于学校教育（包括男性和女性）的总投资的1/2，对于男性来说，在职培训与学校教育一样重要。在另一项研究中，运用"直接的"方法（按照耗费在培训上的时间和工资信息）估计的1976年美国社会职业培训的总投资577亿美元相当于全体雇员报酬的11.2%，达到教育成本的大约一半（包括私人与公共成本以及学生的支出和机会成本），而这一估计只相当于按照间接估计法（按照数据拟合的工资函数进行估计，未排除工作流动的收益，代表培训投资的上限）估计数量750亿美元的75%。显然，大量与工作和生产活动相伴随的非正规培训成本，特别是"干中学"的成本难以全部包括在内。

表3.1　　　　美国社会职业培训投资的收益率

数据组	W	k	r^1	矫正的r		平均在职期	
	(1)	(2)	(3)	(4)	(5)	(6)	(7)
PSID[a]，所有男性	4.4	0.15	29.3	23.5	25.0	6.5	8
EOPP[b]，年轻的雇员	4.7	0.20	23.5	8.7	8.5	0	3
NLS_1^c，新的年轻人同期组群	7.0	0.22	31.8	16.0	16.2	5.2	3
NLS_2^a，先前的年轻人同期组群	10.8	0.25	43.2	26.0	31.0	22.8	4

资料来源：明瑟尔：《人力资本研究》，中国经济出版社2001年版，第336页。

注：

1. PSID为收入动态固定样本研究的英文缩写，在美国，该计划每年一度对5000户居民进行包括男性家庭户主的职业培训信息的调查。表中第一行列示的W、r^1、r为明瑟尔在1988年根据1968年、1976年和1982年的PSID相关数据进行的研究中计算出的有关1976年培训的相关数据；k为邓肯和斯塔福德1980年根据1976年的PSID相关数据计算得出，该研究估计了不同年龄组平均每周工人在职业培训上耗费的时间成本。

2. EOPP为均等机会试点计划的英文缩写，是一项1982年进行的一项对美国全国31个区域的2000多名雇主进行的调查。表中列示的第二行数据由霍尔泽尔于1989年对EOPP相关数据进行的研究中分析得出的数据。

3. NLS为国民收入纵向调查的英文缩写，由俄亥俄大学每年进行的一项包括几千户居民的调查。表中的第三行数据为林奇根据1980—1983年的NLS调查数据进行的研究中分析得出的数据；表中第四行数据中的W、r^1、r为利用1963—1988年的NLS数据进行分析得出的数据；k为邓肯和斯塔福德1980年根据1976年的PSID相关数据进行的研究中计算得出。

4. W：代表培训带来的工资增长率。

5. k：代表培训时间占工作时间的比例。

6. r^1：未矫正的培训收益率；r：矫正的培训收益率。

7. 所有男性、年轻的雇员、新的年轻人同期组群、先前的年轻人同期组群：为相关调查的不同对象组群。其中新的年轻人同期组群、先前的年轻人同期组群指新雇佣的年轻人和非新雇佣的年轻人。

2. 在职培训投资具有较高的盈利性。

以下为明瑟尔根据20世纪60—80年代中后期相关调查统计对所有男性工人和不同年轻人组群的职业培训收益率进行的综合分析：

由表3.1所列数据可以看出：

(1) 职业培训表现出了较高的收益性，其中年轻人的工资增长率一般高于平均水平，说明对年轻人的培训有更大的强度，这与人力资本理论关于培训收益递减的原理相吻合，并且表明职业培训学习在整个工作寿命期间典型的向上倾斜的和逐步衰减的工资剖面特征；

(2) 与培训相关（剔除了工作转换因素）的较高的工资增长率说明培训将导致更陡峭的工资剖面（这一结论在明瑟尔及其他学者的研究中被反复证明）；

(3) 较高的培训收益率说明培训对人力资本积累与正规教育具有同样的、甚至更高的重要性，明瑟尔认为后者的收益率在10%左右[①]（见明瑟尔1988a，pp. 340）。在另一项研究中，明瑟尔认为工人工资增长剖面的2/3可以由培训来解释。在更早期的研究中，明瑟尔发现某些领域的在职培训投资诸如学徒制和医疗专业化培训的收益率，与大学教育投资的收益率并没有差别[②]。这在一定程度上验证了贝克尔关于正规教育与在职培训可以相互替代的观点。

3. 具有较高教育水平的工人具有更强的培训意愿，因此正规教育与职业培训不仅具有替代性，在较高职业层次上，更具有较强的互补性。以下为明瑟尔根据相关资料计算的不同教育水平的美国男性花费在教育与培训上的终生投资，见表3.2。

4. 接受较多培训的工人平均具有持久的培训偏好、更低的工作转换率和更高的工资增长率，对工人的工作流动产生负作用，有利于企业中雇员工作的稳定性和收入增长。这与贝克尔关于培训降低工人流动性的假说相一致。表3.3为明瑟尔根据1976、1978和1985年的PSID数据测算的培训对工作转换的较长期效应：

---

① 明瑟尔：《人力资本研究》，张凤林译，中国经济出版社2001年版，第340页。

② 明瑟尔：《人力资本研究》，张凤林译，中国经济出版社2001年版，第171页。

表 3.2　　根据教育水平分组的美国男性在教育与在职培训上的终生人均培训投资（1939，1949，1958）

单位：千美元

教育水平	用当前美元表示						用 1954 年美元表示					
	边际成本			总成本			边际成本			总成本		
	学校教育	在职培训	合计	学校教育	在职培训	合计	学校教育	在职培训	合计	学校教育	在职培训	合计
	（1）	（2）	（3）	（1）	（2）	（3）	（1）	（2）	（3）	（1）	（2）	（3）
1939 年												
大学	4.9	3.5	8.4	7.7	7.9	15.6	9.4	6.7	16.2	14.7	15.2	29.9
高中	2.0	2.4	4.4	2.8	4.4	7.2	3.9	4.6	8.5	5.2	8.5	13.7
初等中学	0.8	2.0	2.8	0.8	2.0	2.8	1.3	3.9	5.2	1.3	3.9	5.2
1949 年												
大学	10.2	15.7	25.9	15.9	24.3	40.2	11.5	17.7	29.3	18.0	27.4	45.4
高中	4.1	4.7	8.8	5.7	8.6	14.2	4.6	5.3	9.9	6.4	9.7	16.0
初等中学	1.6	3.9	5.5	1.6	3.9	5.5	1.8	4.4	6.2	1.8	4.4	6.2
1958 年												
大学	16.4	22.5	38.9	26.0	30.7	56.7	15.3	21.2	36.5	24.1	28.8	52.9
高中	7.1	2.9	10.0	9.5	8.2	17.7	6.6	2.7	9.3	8.8	7.6	16.4
初等中学	2.4	5.3	7.7	2.4	5.3	7.7	2.2	4.9	7.1	2.2	4.9	7.1

资料来源：明瑟尔：《人力资本研究》，张凤林译，中国经济出版社 2001 年版，第 149—150 页。

表 3.3　　培训的持久性与长期流动效应

（A）各工作之间培训的持久性			
	因变量		
自变量	RQT_{78}	RQT_{85}	RQT_{85}
RQT_{76}	0.42		0.43
	(8.5)		(9.4)
RQT_{78}		0.36	
		(7.6)	
Ed	0.16	0.19	0.22
	(4.0)	(4.8)	(5.4)

续表

(B) 培训对长期流动率的影响

	流动率	退职率		解雇率
RQT	-0.072	-0.048	-0.038	-0.033
	(4.0)	(2.6)	(1.7)	(1.9)
Ed		-0.012		
		(8.6)		

资料来源：明瑟尔：《人力资本研究》，张凤林译，中国经济出版社 2001 年版，第 313 页。

注：

1. RQT：培训期长度。
2. Ed：教育期长度
3. 流动率 = N/X，其中 N 为工人在厂商内流动的次数，X 为工作经验年数。
4. 退职率为每一经验年数的主动离职率。
5. 解雇率为每一经验年数的被解雇率。

除明瑟尔外，众多学者对培训投资量（成本）、收益率，培训对职业转换和工资增长的关系进行了大量研究。

除部分上面已提及的以外，在美国，比较重要的研究还有：毕晓普 1989 年根据 PSID 相关数据对培训成本的研究，H. 罗森使用 1976 年的 PSID 相关数据所进行的工资剖面特性的研究，该研究证实了职业培训或学习在形成典型工资剖面中的重要作用，巴伦、布来克和洛温斯基使用在美国 31 个区域的 2000 多名雇主进行的，EOPP 调查数据所做的关于培训量与工资增长的研究，该研究认为，在一个两年的周期中，培训使工资提高 15%，或平均每年使工资提高 7.5%。邓肯和霍夫曼（1978）、格朗诺（Gronau，1982）布朗（1983 和 1989）、毕晓普（1984）、帕森斯（1986）对培训对工资剖面影响进行了研究，这些研究对培训量与工资剖面斜率的正向联系作出了肯定性回答，其中布朗的研究表明，工资在培训期间的增长率明显高于培训前和培训后，等等。

在中国，1999 年李实对 1995 年进行的一项关于职业培训的调查数据进行了研究，研究发现，职业培训对不同性别的收入均有正面影响，在其他条件相同的情况下，从估计系数上看，受过职业培训的职工比没有受过职业培训的职工的收入高出6%，并且系数统计值在统计上是高度显著的[①]。吉利博士根据1999年北京市教育科学研究院对北京地区3个区县所做的样本调查数据做了研究，研究表明，男、女性的学历教育的收益率分别为11.1%和10.5%，而非学历教育的收益率分别为48.7%和57.1%，远远高于学历教育，这里非学历教育是泛指不获得学历的教育培训活动，如岗位培训、继续教育、实用技术培训等等[②]。

上述其他学者的研究对职业培训或学习的重要性作出了与明瑟尔一样的肯定回答。需要说明的是，上述分析和研究鲜有单纯站在雇主角度的收益研究，但有关培训与工资增长和培训收益率的肯定结论，已经充分说明了培训对个体人力资本积累和劳动生产率提高的重要作用，从而有力地说明了培训的重要经济属性和企业（或组织）所有人及个人投资于培训的必要性。从新古典经济学的完全竞争理论视角出发，可以认为，培训的个人收益率已经完全反映了培训带来的全部劳动生产率的提高。

第二节 贝克尔—奥依模型

来自劳动力市场的长期观察证明，具有较低技能和教育水平的就业者与具有较高技能和教育水平的就业者相比，劳动转换率和失业风险更高，就业稳定性差，针对这一现象，有关学者进行了深入研究。其中比较著名的是贝克尔—奥依模型。

贝克尔对企业人力资本投资（生产）特性进行了系统的分析。在《人力资本》（1964）一书中，他分析了企业最主要的人力资本投资形式——培训。他把培训区分为一般培训和特殊培训。一般培训是指对社会通

---

① 吉利："非学历教育的个人收益率研究"，《河北师范大学学报》（教育科学版），第二卷第五期，2002年9月，第52—56页。

② 吉利："非学历教育的个人收益率研究"，《河北师范大学学报》（教育科学版），第二卷第五期，2002年9月，第52—56页。

用技能和知识的培训，特殊培训是指对特定企业专用的技能和知识的培训，更严格的定义是：它使得工人在接受培训的厂商内的边际产品的增长比在其他地方更大[①]。贝克尔认为，接受特殊培训的工人的工资低于其在本企业的边际产品，但要超过他们在其他企业的边际产品，因此，雇主有更大的动机保留他们，这些工人也有更大的动机留在企业内。而接受一般培训的工人则不同，他们在本企业的劳动生产率和其他企业的劳动生产率是相同的，接受一般培训的工人有更大的可能性转换到其他企业工作，培训企业对工人的一般人力资本进行的投资也同时增加了其他企业的边际生产率，具有较强的外部性，会发生产权流失，因此雇主一般不会对一般培训进行投资，而由接受培训的工人进行投资（或根本不提供一般培训）。按照贝克尔的观点，雇员技能与劳动转换率的负相关的特性是由于特殊培训形成的专用性（或特殊性）人力资本在发挥作用。上述观点被称为贝克尔假说。

美国经济学家瓦尔特·奥依（Walter Oi，1962）也提出过一个类似的假说[②]。奥依研究了1929—1933年就业中的周期性变化与某一特定行业的工资水平的关系，发现二者具有一种负相关关系。他同时将产业的平均工资与给定时期一系列产业中的就业转换率联系起来，再次发现二者的负相关性。奥依将工资水平作为代表特殊培训的数量的代理变量，将他的结果解释为这种特殊培训投资对劳动转换率的降低作用。

本书将贝克尔和奥依提出的假说通称为贝克尔—奥依模型（或假说）。

第三节 明瑟尔针对贝克尔—奥依模型的相关检验

一、明瑟尔的相关检验

针对贝克尔—奥依模型，明瑟尔进行过多次检验。

① 明瑟尔：《人力资本研究》，张凤林译，中国经济出版社2001年版，第123页。

② 明瑟尔：《人力资本研究》，张凤林译，中国经济出版社2001年版，第166页。

1970 年，明瑟尔根据一组 1949 年的涵盖 87 个细分的职业中的男性在 1949 年的平均全日制工资数据与混杂了失业和职业转换率的数据联系起来进行了多重回归。以下是回归结果①：

$$y = 2.08X_1 + 1.86X_2 - 2.29X_3 - 0.74X_4$$
$$(1.04) \quad (0.46) \quad (0.68) \quad (0.21)$$
$$R^2 = 0.65$$

其中：y 表示 1949 年工作 50—52 周的工薪就业者所占比例，X_1、X_2、X_3、X_4 分别是各职业中的全日制工作的均值收入、学校教育的中位数年数、年龄低于 25 岁的工人所占比例和耐久品制造业和建筑业就业的工人比例，括号中的数字为回归值的方差数。

检验结果证明，所有结果在统计上都是显著的，其中 X_1 的正效用与贝克尔—奥依模型完全一致。进一步回归结果的分析显示，正规教育本身对就业稳定性没有任何影响，并且在较高的教育水平上，工人接受的在职培训也较多，即二者正相关（教育系数的正号实际上反映了教育水平与在职培训之间的相关关系，并通过培训对就业稳定性产生正的影响）。

1981 年，明瑟尔与乔瓦诺维奇合作，对美国全国纵向调查（NLS）和密执安收入动态调查（MID）数据（它们包含了 1966—1976 年十年中男人的流动、工作与工资史）的研究结果证明②：

1. 劳动流动随工作年龄的变化最初是急剧下降，随后是减速下降，这在很大程度上是由于在流动与任职期长度之间具有加速的递减关系。

2. 给定任职期水平，流动的概率与先前流动的概率正相关，与教育水平负相关。

3. 终生工资增长的 50% 是由于一般（可转移的）经验，而 25% 是由于特定于厂商的经验以及厂商间的流动。

1988 年，明瑟尔利用收入固定样本研究（PSID）微观数据及其他相关数据（涵盖 1968—1987 年的数据）进行的研究③表明，培训与工作转换之间存在一种正序列相关性，并且工人进行的培训投资从跨厂商的角度

---

① 明瑟尔：《人力资本研究》，张凤林译，中国经济出版社 2001 年版，第 162—170 页。

② 明瑟尔：《人力资本研究》，张凤林译，中国经济出版社 2001 年版，第 186—234 页。

③ 明瑟尔：《人力资本研究》，张凤林译，中国经济出版社 2001 年版，第 300—328 页。

看具有某种程度的持久性，说明前期培训与后期培训具有正相关性。

关于明瑟尔 1981、1988 年的相关检验详细结果在第一节已部分做过说明。

上述结论证明了工资剖面斜率与劳动转换之间负相关的“二元假说”，但并未对贝克尔—奥依模型给予直接支持。因为明瑟尔的结论只是说明培训可以降低劳动转换率，并未找到特殊培训在其中发挥决定性作用的例证，也未找到一般培训增加了劳动转换率的明确证据。

二、对贝克尔—奥依模型及相关检验的评论

在我看来，贝克尔—奥依模型包含着三重含义：一是培训可以降低雇员的工作转换率，提高任职期并促进工资增长；二是培训对雇员任职期的正向影响来源于培训中的特殊培训部分的影响，即由于特殊培训增加了特殊人力资本（或可成为专用性人力资本），导致了雇员对现有企业的依赖性增强，从而降低了工作转换的概率。三是如果意识到一般培训会造成产权流失，雇主将不会为一般培训进行投资。

奥依和明瑟尔进行的一系列检验无疑已经充分证明了贝克尔—奥依模型的第一层含义，但对第二层含义的证明是模糊不清的。因为在奥依的检验中，是以工资水平作为代理特殊培训的变量，而工资水平充其量只能代表总培训量，究竟是“一般培训”和“特殊培训”哪一个在发生作用是无法说清的，只有在特殊培训与总培训量正相关的假定下，才可以成立。而明瑟尔的检验，不仅同样存在上述问题，而且部分结果还显示一般培训对降低工作转换率也发生正向的影响（如 1981 年的研究以及教育水平与培训和工资增长正相关的结论等）。总体来说，根据检验，特殊培训与雇员的工作转换率负相关的结论只能说在一定意义上是成立的。而第三层含义则受到现实的更大挑战，大量事实与之不符。现实中，大量企业都出资提供一定数量的一般培训。Loewensiein 和 Spletzer（1999）的研究表明，雇主向员工提供的许多培训都属于一般培训，因为可以从中受益，因此雇主承担全部成本①。Barron A（1999）的研究证明，样本中的雇主向员工

① 张兴祥：“在职培训市场失灵问题研究评述”，《经济学动态》2009 年第 10 期，第 105—111 页。

提供的80%的培训都属于一般培训，只有8%的培训属于在培训企业之外无用的完全特殊培训[①]。有关学者 David Athor（2001）特别指出了德国的学徒制和美国的临时帮工企业的现实。在德国“二元”培训制度下，大量企业不仅免费培训大量学徒工人，并且还在学徒期间为他们发放工资。在美国的“临时帮工”企业，员工的流动率超过350%，但员工在从事工作之前企业仍免费提供一般培训，培训期间的生产力为零。这一现象也吸引了大量学者进行研究。

第四节 对企业投资于一般培训的解释：对贝克尔—奥依模型的修正

在研究现实中企业提供一般培训问题的文献中，比较引人注意的有，Katz 和 Ziderman（1990）、Acemoglu 和 Pischke（1998）以及 Autor（2001）、Morita（2001）、Stevens（1999）、Mmunoz - Bullon（2003）、Mone 和 Rosen（2004）等学者的研究，他们分别从信息不对称、筛选机制、不完全竞争市场、劳资关系等视角对此作出的解释。此外还有一些学者的研究间接对这一问题作出了解释。

一、信息不完全和低流动率的解释

Eliakim Katz 和 Adrian Ziderman（1990）的研究证明，培训企业与潜在招聘企业对雇员培训水平信息的不对称是导致了企业愿意为一般培训投资。在他们看来，通常潜在的招聘者对员工在职培训的程度及类型并不拥有完全信息，特别是对后者缺乏信息。因此，招聘企业支付给受聘者的工资低于培训企业所支付的工资。减少了拥有一般性人力资本的员工流动到其他企业所能获得的净收益。实际上，企业在培训成本中的分担比例是信

① 张兴祥：“在职培训市场失灵问题研究评述”，《经济学动态》2009年第10期，第105—111页。

息不对称程度（从而该员工对该企业的净价值）的增函数。

Daron Acemoglu 和 Jorn – Steffen Pischke（1998）认为，未来雇主对雇员能力缺乏了解是导致雇员流动到其他企业意愿降低的原因。在他们看来，雇员的能力需要通过长期观察来了解，而劳动力市场上的其他企业由于不具备观察优势，因此支付给接受过一般培训的雇员的工资往往低于其边际生产力。而对当前企业来说，由于具有事后的“信息垄断力”，使其能够获取雇员的部分边际产品，这就鼓励了当前雇主承担一般培训费用。在外部工资较低的情况下，由于离职的往往是低能力的工人，因此当前雇主就积极进行一般人力资本投资，反之，就不进行一般人力资本投资，因为此时离职的往往是高能力的工人。而上述情况正好与未来雇主的预期相一致，于是在前一种情况下，雇主给离职的工人提供较低的工资，在后一种情况下给离职的工人提供较高的工资。于是形成两个均衡：因此该模型存在两个均衡：高培训量和低外部工资均衡，低培训量高外部工资均衡。运用上述模型，他们分析了美国和日本企业对一般人力资本进行投资的政策差异。在美国，由于企业之间“挖人”现象比较普遍，高能力工人流出企业的可能性较大，因此处于后一种均衡状态，而日本企业普遍实行终身雇佣制，“挖人”行为受到种种限制，因此高能力工人流出企业的可能性较小，因此处于后一种均衡状态。

Hodaka Morita（2001）认为，对企业提供一般培训的原因是外部企业对一般培训所含的特殊成分不具有完全信息。在他看来，雇员通常不是在标准化技术下接受培训的，即使是一般培训，通常也含有某种特殊成分。一家企业在进行持续生产的过程中，往往进行许多小的技术改进，使其技术具有某种程度的特殊性，雇员接受的培训往往含有这种技术特殊性，因此雇员在培训企业往往具有更高的生产力。当这种改进也在其他企业进行时，接受过培训的雇员的劳动生产率在这些企业是很低的。因此限制了该雇员流动到这些企业中去。在日本，企业普遍进行生产改进，其提供的培训在其他企业就效率较低，这就降低了工人流动意愿，提高了培训积极性，而在美国，培训是在标准化技术下进行的，一般性更强，也就降低了企业提供一般培训的积极性。

上述研究的共同观点是由于培训企业与外部企业存在“信息不对称”，因此导致了较低的流动率，从而使企业愿意投资于一般培训。

二、从培训的筛选功能角度作出的解释

David Autor（2001）通过建立一个模型，系统解释了美国“临时帮工企业”（temporary help supply）向员工提供一般培训的现象。在美国，所谓“临时帮工企业”是一类雇佣期限较短、员工流动率较高的企业，员工流动率超过了350%，但企业仍提供诸如文字处理、数据输入、计算机程序编制在内的一般培训，而且员工在进行培训期间完全不工作，生产力等于零，因此技能培训的直接成本由“临时帮工”企业负责。在Autor的模型中，企业提供的培训被赋予了三种功能：一是员工的自我选择机制，二是企业对员工的筛选机制，三是掌握员工的能力信息，三者相互补充。企业通过免费培训吸引高能力员工，而后支付较低的工资。高能力员工因希望在以后长期被雇佣的过程中获得高收入而接受培训，而低能力的员工因获得较低工资并预期回报有限而选择不培训。“临时帮工”除通过提供培训吸引高能力员工外，还将掌握的有关员工的能力信息出卖给其他雇主，获取信息收入。

Autor不仅对企业投资于一般培训提供了实证支持，更大的贡献在于对企业投资于一般培训给出了另一个合理的解释，即企业培训具有能力筛选功能。

三、劳动力市场不完全竞争视角的分析

Stevens（1999）提出了一个既不同于一般培训也不同于特殊培训的第三种培训的概念，称为“转移性培训”。这一类型的培训是指在不完全竞争的劳动力市场上，其收益可以被其他竞争者分享的培训，其收益被分享的程度取决于市场的竞争程度，也即外部性的大小。当竞争程度较低时，比如培训企业具有一定程度的市场垄断力时，即使企业提供的是这种可以被市场上其他企业分享的“转移性培训”，企业也可以通过支付低于工人劳动生产率的工资水平来从培训中获益。因此，企业将愿意为这类培训进行投资。相反，如果竞争程度比较高，则培训面临的外部性较高，企业将不愿意为这类培训进行投资。同时，Mmunoz - Bullon（2003）认为，由于信息不对称，使得许多雇主不能完全区分哪些培训属于一般培训，哪些则属于特殊培训，因此尽管存在外部性，也会错把某些一般培训当作企

业内部的特殊培训看待。

四、员工与雇主的合作与协调视角的分析

Mone 和 Rosen（2004）认为，企业和雇员的有效合作，可以充分降低雇员的流动性，而这种有效合作一般是建立在集体谈判制度之上的，工会在其中起主导作用。工会的参与将降低员工的流动率，促进企业投资于一般培训。Booth 和 Chatterji（1998）的研究证明，通过在会员企业之间的协调，行业工会还可以起到将一般培训的外部性转化为内部收益的功能。Booth，A（2003）利用英国的相关调查数据进行的实证研究表明，与非工会会员相比，工会会员获得了更多的职业培训。

五、Lazear 的人力资本“技术权重”理论

Lazear 的理论并不是为专门回答企业为什么要投资于一般培训的问题而提出的，而是旨在研究一般人力资本对工人的任职期和收益产生明显正向影响这一与“贝克尔—奥依定律”不符的现象，但也对这一问题作出了逻辑一致的解释。

根据贝克尔的人力资本理论，企业的专用性人力资本实际是一种企业与员工之间的粘合剂，分离对双方来说都具有或高或低的成本。对工人来说，由于较高的职位转换成本和较低的市场保留工资（外部价值）使工人在决定“跳槽”时必须三思而后行，在极端的情况下，则根本不会出现工人流动到其他企业的情况。

针对贝克尔的理论，Edward Lazear（2003）[①] 提出了一个企业人力资本“技术权重”的思想。他的理论认为，并不存在纯粹的“特殊人力资本”，同一产业中每个企业的人力资本构成要素在很大程度上是相同的，纯粹的特殊人力资本只占较小的比例。所谓人力资本在专用性上的主要差别，只是每个企业对这些技能赋予的权重不同，这里所说的权重，指的是对每种人力资本构成要素的定价。正是由于这种要素权重的差别，使得这些技能构成的人力资本组合，在同一行业内不同企业中的定价是有差别

① 见 Edward Lazear，Firm - Specific Human Capital：A Skill - Weights Approach，Discussion Paper No. 813，2003。

的，这限制了工人的流动，并进一步形成了工人工资与任职期的正相关关系。

Lazear 给出的模型可以概括如下：

假定某工人的工作能力由 A 和 B 两种技能构成，为此花费成本 C（A，B），职业选择分为两个时期，第一期工人在企业 i 接受在职培训，第二期决定是继续留下还是转换到其他企业，我们以 y_i 代表该工人在企业 i 培训后的留下后预期收益，V 代表该工人在第二期所有可能的职业选择的净收益，p 代表该工人培训后留在企业 i 的可能性，λ_i 代表企业 i 赋予技能 A 的权重，λ 为一个在［0，1］区间取值的随机连续变量，具有密度函数 f（λ）。

根据以上条件，则有：

$$y_i = \lambda_i A + (1 - \lambda_i) \tag{1}$$

对在企业 1 接受培训的工人来说，其第二期可能的职业选择的净收益为：

$$V = p[\lambda_1 A + (1 - \lambda_1)B] + (1 - P)\int_0^1 [\lambda A + (1 - \lambda)B]f(\lambda)d\lambda - C(A,B) \tag{2}$$

其中等式右侧的第二项为该工人在企业 i 之外的企业就业的期望收益。

工人选择 A 和 B 的最优水平由以下一阶条件确定

$$p\lambda_1 + (1 - p)\bar{\lambda} - C'(A) = 0 \tag{3}$$

$$P(1 - \lambda_1) + (1 - P)(1 - \bar{\lambda}) - C'(A) \tag{4}$$

其中 $\bar{\lambda}$ 为工人在企业 i 外部的平均价值。

进一步设 E（Δ）为工人流出企业 1 可能面临的收益损失，A^* 和 B^* 分别为工人最优的技能掌握量，则

$$E(\Delta) = \int_0^1 (\lambda_1 - \bar{\lambda})(A^* - B^*)f(\lambda_1)d\lambda_1 \tag{5}$$

并且

$$\frac{\partial E(\Delta)}{\partial(\lambda_1 - \bar{\lambda})} = \int_0^1 \{(\lambda_1 - \bar{\lambda})[\frac{\partial A^*}{\partial(\lambda_1 - \bar{\lambda})} - \frac{\partial B^*}{\partial(\lambda_1 - \bar{\lambda})}] + (A^* - B^*)\}f(\lambda_1)d\lambda_1 > 0 \tag{6}$$

（详细的证明过程请参阅 Lazear（2003））

因此，任何 $\bar{\lambda}$ 与 λ_1 的偏离都将导致工人面临正的收益损失，工人在

决定自己职业选择时，将尽量使预期的 λ 接近于在初始培训企业的水平。

也就是说，若 $\bar{\lambda}*$ 为流动后 $\bar{\lambda}$ 的主观期望值，则必然有：

$$|\lambda_1 - \bar{\lambda}*| \leqslant |\lambda_1 - \bar{\lambda}| \quad (7)$$

Lazear（2003）模型的直观意义是，基于对工人的人力资本所包含的人力资本要素的定价不同，不考虑其他因素，一般来说，工人留在接受培训企业能够取得最佳收益，离开培训企业，将面临或多或少的损失。因此，无论企业还是个人都有意愿承担一般培训的成本。

Lazear 的理论给我们的启示是：

1. 引申来看，这种对相同的人力资本要素的定价的差异，源于同一种要素在不同企业的生产过程中发挥作用的程度和范围具有差异，或者说，对不同企业所要求的人力资本组合来说，同一种要素的地位和作用不同。

2. 人力资本是附着在人身上的一种综合性的能力属性，这种属性是由千千万万个因素共同构成的整体，但同时这些因素又是作为整体透过人的行为发挥作用的。工人具有的人力资本由许多技术和知识要素构成，这些技术和知识要素的不同组合构成统一的专用性人力资本，每一种要素只能对总体的人力资本价值发生或多或少的部分影响，而不是全部影响。并且这些构成要素的既有通用性（一般性）知识和技能，也有特殊性（专用性）知识和技能，但主体是通用性知识和技能。

3. 将构成人力资本的要素等同于总体人力资本，并且将人力资本要素的特殊性与通用性完全分离，孤立地考察不同人力资本要素、不同属性的人力资本要素对流动性的不同影响和人力资本投资的风险性，是难以得出与实际情况相吻合的结论的。因此，片面地看待一般性人力资本及其投资与流动性的正相关关系是贝克尔—奥依假说的一个缺陷。

4. 任何企业所需要的人力资本确实具有专用性，这种专用性体现在对某一企业来说，其所需的人力资本包含的各种不同知识和技能具有不同的价值，并且存在一个价值最大化的知识组合，偏离这一知识组合，企业内部工人总体的人力资本价值就会下降。

Lazear 的理论对我们的上述启示为我们关于企业进行一般性人力资本生产的分析提供了重要的依据。

第五节 有关评价

以上综述的理论和实证研究不仅从收益率和劳动转换率的角度说明了企业培训的重要性，部分回答了企业为什么要进行人力资本生产的问题，还对企业提供具有较强的外部性和流动性的一般培训给出了较为合理的解释。但我们似乎并不能满足于这些解释。这是因为：第一，相对于企业制度来说，这些解释是一种外生的视角，是单纯从直接的成本和效益的比较来对培训进行取舍的一种视角，忽视了培训（或人力资本生产）是企业整个生产过程的一种引致需求的特性，也忽视了人力资本的积累（需求量、需求结构和获取方式）是被企业的制度和技术环境内生决定的特点；第二，由于第一点不足，上述理论和实证研究无法充分解释小到中世纪的店铺学徒，大到现代跨国公司的企业学校，几乎一切企业都提供培训（如果对培训的方式定义的比较宽泛的话）的原因。以研究者公认的具有高流动率的美国企业为例。根据调查，在美国，不少大中型企业均设有专职主管全员教育与培训的副总经理，企业用于教育培训的开支与设备、厂房一样成为硬指标。近年来，美国企业每年仅用于员工培训的开支达到400亿美元，参加人数达到800万人，相当于全美四年制研究生院注册总人数和经费总额①，丝毫不少于公认低流动率的日本和德国企业在培训方面的投资。而且美国的大企业间联合办学进行员工培训的现象非常普遍，由此可以推断，美国企业所有的培训投资中，一般培训占比较大。

为更透彻地解释企业为什么要进行人力资本生产的问题（或者为什么具有教育功能的问题），包括企业为什么要提供一般培训的问题，本书打算从对企业制度的分析入手，揭示企业的教育功能与整个企业制度功能的内在联系。

---

① 陈凯："美国企业对在职员工的职业教育"，《上海企业》1998年第1期，第48页。

第四章 关于企业理论的概括性回顾及评价

> 如果我们要澄清此在之存在，那么我们就得完成一个双重性的任务。也就是说，我们不仅要在存在论上把一个专门独特种类的存在者与其他诸存在者相区分，同时还要提示这样一种存在者之存在。
>
> ——马丁·海德格尔《现象学之基本问题》

本章的目标是在对有关企业理论进行综述的基础上，廓清对企业制度的性质和特征的认识，为后面对企业人力资本的生产功能与企业制度的关系的研究做一个铺垫。

第一节 引　言

直到罗纳德·科斯发表他经典性的论文《企业的性质》（1937）之前，在新古典经济学的经典理论中，企业仅仅只是一种附加了成本约束条件的生产函数，并且以“厂商”这样一个符号性称谓存在于对市场机制的描述中。自科斯开启了对“企业”这一“黑箱”的探索以来，围绕企业为什么存在，或者企业的性质是什么以及企业的边界、内部治理结构这些重要的命题，经济学家们展开了热烈而饶有趣味的讨论并形成了相关理论体系。所有这些讨论，大致可以分为三个分支：（1）企业的契约理论（以科斯为代表）；（2）企业的企业家理论（奈特、熊彼特、沙科、卡森等）；（3）企业的管理者理论（伯利、米恩斯、鲍莫、玛瑞斯、威廉姆森）。其中企业的契约理论体系最为完整，对企业制度的解释力最强，并且为我们研究企业的教育功能（或者说企业的人力资本生产功能）内生于企业制度的问题提供了重要的视角，因此在此有重点地加以综述。

第二节 契约理论

主流的企业契约理论由科斯开启，除科斯（1937）外，众多的学者对这一理论的发展作出了贡献，其中作出较大贡献的有阿尔钦和德姆塞茨（1972）、威廉姆森（1975，1980）、克莱因（1978）、詹森和麦克林（1976，1979）、利兰和派尔（1977）、罗斯（1977）、张五常（1983）、格罗斯曼和哈特（1986）、霍姆斯特姆和泰若勒（1989）、哈特和莫尔（1990）、阿根亚和博尔腾（1990）、杨小凯和黄有光（1994）、张维迎（1994）等学者。

这一派理论对企业本质的基本认识是：企业是一系列合约的联结。企业契约理论中最具影响力的理论是交易费用理论和代理理论。其研究的侧重点不同，前者的重点是企业与市场的关系，即企业为什么存在，企业的边界在哪里，后者的重点是企业的内部结构与企业的代理关系存在的基础。交易费用理论可以大体上分为两类：间接定价理论和资产专用性理论（这一理论的部分文献被有的学者归入新产权学派）。代理理论也可以被分为代理理论和委托代理理论。

出于本书论述的需要，在此我们只重点评价“间接定价理论”中杨小凯和黄有光的理论以及“资产专用性理论”中威廉姆森的思想，其他观点只做简单概括。

一、间接定价理论

这一理论的代表性观点来自科斯、张五常、杨小凯和黄有光。强调企业对产品的间接定价优于市场直接定价。

科斯第一个将交易费用的方法引入对企业性质的研究，开辟了理解企业为什么存在及其边界问题的全新视角。所谓交易费用，通常被理解为在信息不完备的情况下，围绕发现价格、进行交易谈判和执行合约所发生的一切费用，某些经济学家（如巴泽尔）则将其进一步解释为“转让、获取和保护产权的成本”[①]。在科斯看来，由于市场交易费用的存在，实现产权交易的方式既可以采取像市场这样非人格化的价格机制，也可以采取像企业这样的科层权威制度，而最终的选择取决于市场机制的交易费用与科层组织的运行成本之间的平衡关系。根据我有限的理解，在科斯的交易世界中，在边际（或平均）交易费用（成本）超过运行成本的点和边际（或平均）运行成本超过边际交易费用（成本）的点之间是企业存在的空间。

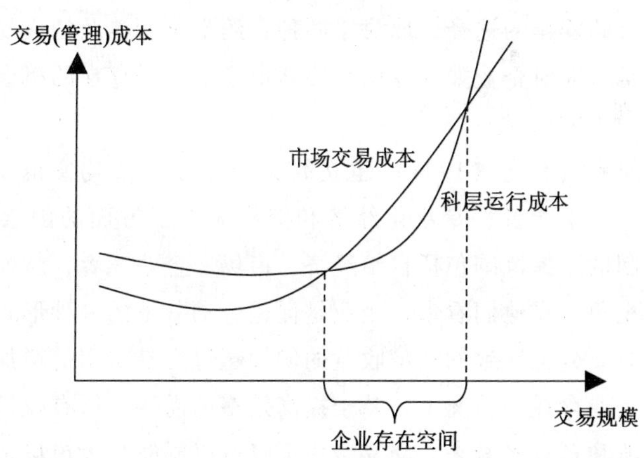

图 4.1　科斯视野中的企业边界

① 见 Y. 巴泽尔，费方域等译：《产权的经济分析》，上海三联书店、上海人民出版社 1997 年版，第 3 页。巴泽尔所使用的是“交易成本”的概念。汪丁丁认为“交易成本”概念较小，是指一项制度的运行成本（见《产权的经济分析》序言）。在我看来，“交易成本”与“交易费用”的概念并没有本质区别。

尽管许多经济学家认为，科斯对企业性质及其涉及其中的交易关系的解释仍然是不够清晰的，特别是无法对市场范围与企业规模同步增长的现实作出解释，也未对企业内部治理结构的特征给出描述。但他从交易费用的角度思考和解读企业性质问题的做法无疑是具有开创性意义的。

张五常对企业性质的解释似乎更为透彻。在他看来，企业的存在不是为了在最终的产品生产领域替代市场机制，而是通过在一定范围内“以要素市场代替产品市场”的方式实现交易成本的节约。换句话说，企业和市场只不过是不同的契约安排。在市场机制中，交易者按照价格机制围绕产品或商品达成契约。而在企业机制中，私有要素的所有者按合约将要素使用权转让给代理者以获取收入，在此合约中，要素所有者必须服从某些权威拥有者的指挥，而不能像在市场机制中那样斤斤计较与之相关的价格来达成交易。因此，企业和市场仅仅是合约性质的不同，企业替代市场，也只是“一个合约代替另一个合约”。企业合约的优势在于，交易的对象是生产要素，通过对某些投入品代替物进行估价的定价方式，其成本通常小于对产出物直接定价的成本，后者常常需要支付较高的信息成本。然而，对投入品代替物的估价并不能获得像对产出物那样充分的信息，因此对这两种合约安排的选择，取决于两种合约安排所涉及的交易费用的比较。但张五常未能对企业如何克服在要素市场上同样存在的机会主义行为问题作出进一步的探讨。

在杨小凯和黄有光（1994）建立的关于企业一般均衡的契约模式①中，消费者——生产者、专业化经济和交易成本三方面的因素被纳入其中，交易机制的选择范围包括自给经济、市场、企业三者，从而开辟了一个更广阔的视角。在他们看来，企业是促进劳动分工的一种形式，与自给经济相比，只要分工导致的经济收益的增加超过交易费用的增加，企业就会出现。在企业存在的情况下，基于提高效率的需要，所有权结构变得重要。在杨小凯和黄有光看来，交易费用下降可以同时扩大市场范围，鼓励劳动分工，并使企业扩张，企业和市场表现为一种互补关系。关于企业合约可以促进分工、提高交易效率的思想及其推理过程，是一种具有独特见

---

① 杨小凯、黄有光：《专业化与经济组织》，经济科学出版社 1999 年版，第 23—103 页，第 208—228 页。

地的思路。这里简单介绍一下杨小凯和黄有光关于这一思想的基本内涵及推理要点：

杨小凯和黄有光假定，存在一个有 M 个等同的消费者——生产者的经济。该经济中有一种消费品和一种中间产品（或服务），中间产品和消费品（最终产品）的自给量分别为 x 和 y。这两种产品在市场上的购买量分别为 x^d 和 y^d，供给量分别为 x^s 和 y^s。中间产品是最终产品生产所必须的投入。则个人的生产函数体系为：

$$x + y^d = [(x + ts^d) l_y]^a, a \in (0,1) \quad (1a)$$

$$x + x^s = l_x^b \quad (1b)$$

$$l_x + l_y = 1, L_i \in [0,1], i = x, y \quad (1c)$$

式（1a）是产品 y 的生产函数，（1b）是产品 x 的生产函数，（1c）是禀赋约束。t 为 x^d 的市场交易效率系数，ts^d 为个人购买 x^d 的实际数量，L_i 是生产产品 i 的专业化水平，a 和 b 分别为 x 和 y 生产的专业经济水平参数，专业化经济是一种产品的全要素生产力（产出）随生产该产品的专业化水平一同提高的状况。

如果设 y 的交易效率系数为 k，最终产品的消费量为 $u = y + ky^d$，则若所有个人的消费效用是相同的，则个人的效用函数为 $u = y + ky^d$，其中 u 表示个人从消费品 y 上获得的效用。

针对以上的交易环境，从预算平衡（瓦尔拉斯定理）出发，则可以证明以下定理（证明过程略）①：

个人至多出售一种产品，并且不购买和自给同一产品。如果他出售消费品，则自给之。当 $b > 0$ 及 $a \in (1/2, 1)$ 时，他不自给中间产品，除非他生产最终产品。

根据以上定理及可能存在的不同剩余权结构，存在以下四种市场交易组织结构：

（1）交易结构一：自给自足。即个人均自行生产 x 和 y，满足自己消费需要，组态（即所有满足效用最大化（库恩—塔克条件）及预算约束的零与非零变量的组合，或称结构）A：$x^d = y^d = x^s = y^s = 0$，面临的决策

① 这一定理保证了所有市场参与人在任何市场结构下都只面临角点均衡而不是内点均衡，即对某一产品只面临生产或购买中的一种选择。

问题是：$Max: u = y = x^a l_y^a = l_x^{ab}(1-l_x)^a$，该问题的最优解为：

$$l_x = b/(1+b), l_y = 1/(1+b), x = [b/(1+b)]^b$$

$u_A = y = [b^b/(1+b)^{1+b}]^a$，这里 u_A 代表人均真实收入（人均最终极大化产出水平）。

（2）交易结构二：组态为 x/y（出售 y 换取 x）或 y/x（出售 x 换取 y），即中间产品生产者选择 y/x，最终产品生产者出售 y。这一交易形式的角点均衡（即由角点解构成的均衡）为

$$p = [k/(1-a)]^{1-a}/(at)^a, M_{xy} = ak/(1-a)$$

$$u_D = a^a(1-a)^{1-a}t^a k^a$$

式中，p 是以 x 表示的 y 的角点均衡价格，M_{xy}是选择 x/y 和 y/x 的个人的角点均衡相对人数，u_D 是结构二中的人均真实收入。

（3）交易结构三：劳动雇佣资本（管理）模式。由组态 y/l_x 和 l_x/y 构成。令 y/l_x 代表组态，个人出售 y 并购买劳动，他生产 y 并用购买的劳动在企业里生产 x；令 l_x/y 代表组态，个人出售劳动并购买 y，他成为在企业内生产 x 的工人。在此结构中，产品 y 的生产者（即提供生产最终产品劳动的人）拥有剩余权，成为雇主；x 的生产者（即提供管理服务的人，这里中间产品指管理服务）成为雇员，此种模式的剩余权结构是将中间产品生产纳入分工，以避免中间产品交易和生产最终产品的劳动的交易，但有生产中间产品的劳动的交易和最终产品的交易。

组态 y/l_x 的最优化问题是：

$$Max: u_y = y = (vN)^a - N/q$$

$$s.t.\ y + y^s = (v l_x^b N l_y)^a, l_x \leq 1, l_y \leq 1\text{（生产函数）}$$

$$qy^s = Nl_x = N\text{（预算约束或交易平衡）}$$

式中，v 是用于生产中间产品的劳动交易效率系数，N 是雇员人数，q 是以劳动表示的最终产品的价格，u_y 是选择 y/l_x 的个人效用。

最优决策为：
$$l_x = l_y = 1, y^s = N/q,$$
$$u_y = y = (vN)^a - N/q, N = (v^a aq)^{1/(1-a)}$$

其中，u_y 代表结构三中的人均真实收入。

组态 l_x/y 的所有变量都是不变的，由下式给出：

$$u_{lx} = ky^d = k/q$$

$qy^d = l_x = 1$（预算和禀赋约束）

式中，u_{lx}是选择组态 l_x/y 的个人效用，其共拥有一个单位劳动作为标准商品。

这一结构的角点均衡为：

$N = M_{xy} = ka/(1-a), q = [k/(1-a)]^{1-a}/(av)^a$

$u_{FY} = (vka)^a(1-a)^{1-a}$

式中，u_{FY}是结构三中的人均真实收入，$M_{xy} \equiv M_X/M_Y$ 是选择组态 l_x/y 的人数和选择组态 y/l_x 的人数之比。

（4）交易结构四：资本（管理）雇佣劳动模式。由组态 y/l_x 和 l_y/y 构成。组态 y/l_x 代表个人出售 y 并购进劳动，并用购进的劳动和他自己生产的 x 来生产 y，他成为企业雇主并拥有剩余权。组态 l_y/y 代表个人出售劳动并购进 y，他成为雇员。此种模式的剩余权结构是让中间产品生产占有剩余，以避免中间产品交易和生产中间产品的劳动的交易，但有最终产品的交易和生产最终产品的劳动的交易。此结构的角点均衡为：

$M_{yx} = k(1-a)/a, q = (k/ar)^a/(1-a)^{1-a}$

$u_{FX} = (ra)^a[k(1-a)]^{1-a}$

式中，r 是结构 FX 中用于生产最终产品的劳动的交易效率系数，u_{FX}是结构四中的人均真实收入，q 是用劳动表示的最终产品价格。M_{yx}是组态 l_y/y 与 y/l_x 之比。

比较结构（1）（2）（3）（4）的均衡解不难发现：

当专业化经济程度 a，b 以及产品和劳动的交易效率足够小时，结构（1）中的角点均衡是完全均衡，即人均真实收入最大化的角点均衡。

当专业化经济程度 a，b 以及最终产品的交易效率 k 足够高，且中间产品的交易效率 t 与劳动的交易效率 v 和 r 足够高，则结构（2）中的角点均衡是完全均衡。

当专业化程度 a，b 以及最终产品的交易效率 k 足够高，且用于生产中间产品的劳动的交易效率 v 与中间产品的交易效率 t 以及用于生产最终产品的劳动的交易效率 r 相比足够高，则结构（3）中的角点均衡是完全均衡。

当专业化程度 a，b 以及最终产品的交易效率足够高，且用于生产最终产品的劳动的交易效率 r 与生产中间产品的劳动的交易效率 v 及中间产品的交易效率 t、r 相比足够高，则结构（4）中的角点均衡是完全均衡。

上述结论描述了经济交易组织方式随着交易效率的改进及不同产品和劳动交易的效率差异由自给自足演进到分工和企业制度的过程。结构（2）代表产品市场的对称合约方式，其基础是中间产品的交易效率与生产中间产品的劳动交易效率相比足够高；结构（3）和（4）代表企业制度，其特点是①以劳动交易代替产品交易；②非对称的产权结构（一方具有剩余权）。结构（3）代表劳动雇佣资本（或管理）模式的非常态企业制度，其特点是从事最终产品生产的工人雇佣从事中间产品生产（这里指管理）的工人并拥有剩余权，原因是中间产品的交易及生产中间产品的劳动的交易效率高于生产最终产品的劳动的交易效率（在少数以某位文体明星或高级技术人员组成的小企业中可能存在这种模式）。结构（4）代表资本（或管理）雇佣劳动的常态企业制度，其特点是从事中间产品生产的工人雇佣从事最终产品生产的工人并拥有剩余权，原因是中间产品的交易及生产中间产品的劳动的交易效率，低于生产最终产品的劳动的交易效率。

企业制度存在的必要条件是中间产品的存在及最终产品与中间产品生产的分工。在存在交易成本和分工经济的情况下，市场交易组织形式在结构（2）、（3）、（4）中做选择，只要分工生产带来的收益高于相应的交易成本，便会有分工；只要生产中间产品的劳动的交易效率高于中间产品的交易效率，则存在企业经济。所谓企业经济是指企业制度导致专业化经济水平提高的状况。

企业制度相对其他市场交易组织方式的优势在于剩余权结构的安排。结构（2）、（3）、（4）的分工和生产结构相同，但（2）与（3）、（4）相比，交易者的分配权利是对称的，而后两者中分配权利是不对称的。当存在中间产品的交易效率低于生产中间产品的劳动的交易效率的时候（即市场签约的搜寻和讨价还价成本过高），后两者就会显示出更高的交易效率。而在（3）、（4）中，前者是生产最终产品的工人拥有剩余权，成为雇佣者，生产中间产品的工人成为被雇佣者，后者则正相反。如果我们将中间产品看作是经营管理性工作的话，则不难看出，对一般性的生产性活动的质量和努力程度进行监督比对经营管理性工作的质量和努力程度进行监督要容易得多，因此对管理工作付出的劳动定价比对生产性工作中付出的劳动定价成本高得多。因此，结构（4）显示出在效率上的比较优势，成为一种常态的企业治理结构。

在我看来，由中间产品的生产者即经营管理者拥有剩余权利，对交易效率的正面影响，不仅使其劳动更难监督，也使其劳动更为重要或更为稀缺。旧中国以一个核心京剧明星组成的演出班子则表现出结构（3）的治理特征，台柱子明星只管演戏（制造最终产品），但拥有剩余权利，而专门管理财务及其他事务性工作（制造中间产品）的人员则只是被雇佣者，这种治理结构的关键不仅使台柱子的工作更难监督（和控制），还有其技能（人力资本）的市场稀缺度更高，在演出班子中的重要性更强，从而拥有剩余权利可以产生更高的激励，避免了对其产品直接定价的低效率。

二、资产专用性理论

代表人物有威廉姆森（1975，1980）、克莱因等（1978，1980），这一理论将企业看作是连续生产过程之间不完全合约所导致的纵向一体化实体，认为企业的作用在于当合约不完全时，纵向一体化能够消除或至少减少资产专用性所产生的机会主义问题。

威廉姆森（1975，1979，1980）、克莱因等（1978，1980）将注意力主要侧重于企业应当将哪些要素的生产纳入企业范围和企业的规模应该有多大上面。在他们看来，企业制度是一种在权威监督下的纵向一体化的交易组织制度。交易中包含一种专用性投资（或专用性资产）的话，则事先的竞争将被事后的垄断（主要是买方垄断）所取代，从而导致将专用性资产的准租金攫为已有的机会主义行为，这种机会主义行为在一定意义上使合约双方相关的专用性资产达不到最优，并使合约的谈判和执行变得更加困难，因而造成现货市场交易的高成本。当专用性资产是最终产品的重要投入物时，采取纵向一体化的组织结构，以“内部生产”替代“现货购买”，或通过以权威监督替代自主对等谈判的方式，可以更好地克服交易中的机会主义行为，降低交易成本。

威廉姆森对企业制度的研究是从对合同属性的分析开始的。

他认为，“经济组织的问题其实就是一个为了达到某种特定目标而如何签订合同的问题”，而比较各种签约所涉及的交易成本的大小，是决定经济组织具体形式的关键。而签约所涉及的交易成本可以分为事前成本和事后成本。前者是指草拟、确定合同内容和确保合同履行所付出的成本，后者是指以下几种成本：①不适应成本，即交易行为偏离合作方向，造成交易双方互不适应的成本；②纠正事后不合作现象时所发生的相关成本；③为解决合同纠纷而作出的某种治理结构的安排；④为确保合同中各种承诺得以兑现所付出的那种成本。

在威廉姆森看来，一切市场交易问题都可以直接或间接地归结为合同（或签约）问题，而不同属性的合同又可以还原为（交易的）治理结构问题，不同的治理结构实际上代表着不同的激励属性和适应属性。考察不同治理结构必须从三个概念出发来进行，即：有限理性、投机思想和资产专用性。所谓有限理性是指，人们不可能在签约之前估计到所有有关的讨价还价的行为。投机行为是指，在合同不完备的情况下，签约人从自利的动机出发，可能采取的损害其他签约人利益的机会主义的行为。所谓资产专用性，根据我有限的理解，是指某一特定生产过程的各个环节所涉及的要素或资产具有的特殊适用性，一种要素或资产脱离上游要素或下游要素，将会面临不同程度的贬值，在极端的情况下，则会完全失去价值，因此必须在合同中给予必要的安全保证。而决定具体的交易治理结构的因素有：资产专用性、不确定性和交易频率，所谓不确定性是指交易的实际结果与预期结果之间存在发生偏差的可能性，主要由人的有限理性和投机性造成的。

威廉姆森将交易合同总体分为三类：古典式合同、垄断合同和效率合同。古典式合同是最简单和理想化的合同，即将同一种产品按照同一种价格卖给所有人，不存在限制，因此被称为标准合同。垄断合同是利用垄断优势达成的一种歧视性的合同，其共有四种实现方式：客户和地区限制、转手加价、排他性交易及纵向一体化。效率合同包括两种概念：其一是通过合理地配置产权达到激励目的的合约安排，与之相关的理论有产权理论和委托——代理理论；其二是为提高效率，降低交易成本而采取的合约安排，重点是解决治理结构问题和具体测度问题。后两种合同要解决的核心问题是解决在信息不对称条件下的交易效率问题。垄断合同和效率合同也被称为非标准合同。

威廉姆森指出，现实中存在两种不同的方法提供某种产品或服务。一种使用通用技术，另一种使用专用技术。前者通过购买通用性资产来实现，因此采用标准的古典式合同即可保证交易。后者必须通过购买专用性资产来实现，以便有效地满足稳定不变的需求，但专用性资产难以从一种生产中低成本地撤出。一旦涉及后一种情况，则问题就要复杂得多。必须通过签订非标准合同建立保护性的治理结构。企业的特征是纵向一体化，是为降低资产专用性带来的一系列市场交易成本而选择的合同治理结构。

在威廉姆森看来，围绕与市场交易相关的治理结构有以下四种：一是非专用投资的治理，购买通用性资产（无论进行偶然的还是经常性的交易）可以不花或低成本地从一种生产中撤出并投入另一项产品的生产，因此采用标准的古典式合同即可保证交易，即采用市场治理；二是既有专用性又有通用性投资的混合式的偶然交易和高度专用式的偶然交易的治理，需要实行三方治理结构（被称为新古典式合同），在这种治理结构中，为维持合同关系，往往采取第三方帮助或仲裁的方式解决纠纷，并对双方行为作出评价；三是对专用交易的双方治理，即在具有可靠承诺的基础上交易双方都自主行事；四是对专用交易的纵向一体化治理。纵向一体化，也就是企业通常的组织形式，所谓纵向一体化主要是指将一个最终产品生产所需的中间产品纳入一个特定的、具有权威性的组织在内部进行生产的治理结构，威廉姆森认为，这一治理结构相对于其他市场治理结构的优势在于："能适应一系列连续的变化，无须不断地寻找、设计或修改临时性协议。只要双方的所有权统一起来，就能保证双方都得到最大的利益。因此在纵向一体化的企业中，价格的调整措施会比临时买卖协议的调整措施更完善。而且，如果企业内部的各种激励措施并行不悖，无论怎样调整产量，都能使交易双方得到最大的利益。"① 威廉姆森特别指出，从市场合同到企业合同的治理结构是一个随着交易稳定性和资产专用性增加而逐渐过渡的过程，代替市场合同的首先可能是一种双边约定，即一种既对等和自主行事又基于共同利益形成某种默契的交易治理结构，然后过渡到纵向一体化的内部治理结构。

威廉姆森在分析企业内部结构时，他强调企业中资本家与工人之间以等级结构为基础的"权威关系"。他认为，在考察雇佣关系时，"特异性"

① 见威廉姆森：《资本主义制度——论企业签约与市场签约》，商务印书馆2002年版，第112页。

是比“不可分性”更关键的因素。比较典型的例证是，在企业生产中所必须的专用性人力资本，具有双边垄断的特性，如果采取市场化的合约形式进行购买，则存在极高的事前谈判和事后监督成本，从而使技能培训的投资无利可图。而采取企业科层制度的交易方式，比如工资与岗位相联系、内部晋升制度、长期合约等，可以弱化这一问题，从而使技能培训的投资对双方都有利。他比较了六种不同的交易组织模式①，并作出了资本主义雇佣关系最有效率的结论。他以效率为标准探讨了企业边界问题，认为企业的边界实际上是每一个生产阶段究竟是自己制造还是外面购买的问题。他将涉及权衡的生产分为三类：①专用场地必须纳入企业内部；②自给自足不符合节约要求的交易（比如原料）；③只有评估了各种方法的生产成本和交易成本以后才能决定生产或购买的交易。

值得注意的是，在威廉姆森的早期著作中，很强调在现货市场和纵向一体化之间的选择，但在他较近的著作中，认识到即使在企业内部，交易费用也并非无足轻重，因此考虑用长期合约去代替纵向一体化。

克莱因等（1978）则通过系统地分析通用汽车公司兼并费雪车身公司的案例来说明在资产专用性条件下的“敲竹杠”行为如何导致纵向一体化的选择。费雪车身公司是通用汽车公司的专用配套商。在他们看来，在销售旺季，费雪车身公司采取的高价格等“敲竹杠”行为是导致通用汽车公司兼并费雪车身公司的重要原因。通过兼并行为，通用汽车公司消除了大量的谈判成本，也降低了生产成本。

三、团队生产理论

这一理论的代表人物有阿尔钦和德姆塞茨（1972）、詹森和麦克林（1976）、利兰和派尔（1977）、埃斯瓦瑞和克威特（1989）等，该理论认为，企业实质上是一种“团队生产”，由于分工的自然属性，对其监督的成本不同，从而剩余权的分配将影响团队生产的效率。企业治理结构正是

---

① 这六种模式是：家庭承包制（Putting - Out system）、松散联合模式（Federated）、单干者集体（Communal - emh）、同年帮、内部合同制、权威关系，威廉姆森将第一、二类模式称为个体户模式，第三、四类模式称为集体所有权模式，第五、六类模式称为资本主义模式。详见威廉姆森，段毅才等译：《资本主义制度——论企业签约与市场签约》，商务印书馆 2002 年版，第 301—307 页。

团队生产效率的要求。

阿尔钦和德姆塞茨（1972）重点研究的是企业内部的权利分配结构所产生的激励问题。他们将企业看作是一种不同个体合作的“团队生产方式”，在这种方式中，不同个体的劳动对象是同一种或一件产品，并且每个个体的行为可以影响其他人的生产率。这一生产过程面临的主要问题是，由于最终产品是共同努力的结果，每个成员的贡献不可能精确地区分，因此难以按照每个人的真实贡献分配报酬，也就是说，存在个人努力的外部性和劳动成果的公共性问题，因而存在偷懒问题（shirking promble），每个成员都缺乏努力工作的积极性。为了减少这一行为的可能性及其对生产率的不利影响，必须让部分成员专门监督其他成员的工作，而为了激励这部分人在监督工作中的积极性，必须将剩余权利赋予他们，包括修改合约条款和指挥其他成员的权力。同时，为了降低监督成本，被选来做监督工作的人必须是生产过程的出资人。资本雇佣劳动，这一典型的资本主义企业的生产方式正是基于这一原理而存在的。继阿尔钦和德姆塞茨之后，霍姆斯特姆和泰若勒（1989）进一步研究了不同个体劳动的监督成本与所有权结构的关系，他们认为，所有权应当赋予那些边际贡献最难度量、劳动状态最难监督的成员。而资本最难度量，管理者的劳动最难监督，因此将剩余所有权赋予资本所有者及其代理人——企业家是有效率的。

詹森和麦克林（1976）认为，“代理成本”是企业所有权结构的决定因素。企业管理人员实际控制企业的运营，但如果其不能占有企业经营的全部剩余，其目标就会与所有人的目标产生冲突，不仅其工作积极性不高，还会产生耗费企业资源用于消费的冲动。由以上情况产生的损失就是“代理成本”，为了消除或减少这一成本，就要让管理者成为企业所有权拥有者。由于受到财富的限制，管理者成为企业所有权拥有者时，往往要举债经营，这又会产生债权代理成本。均衡的企业所有权结构由股权代理成本和债权代理成本之间的权衡决定。

利兰和派尔的模型（1977）认为，资本家投入项目中的资本赌注传递了项目质量的信息，因此，企业家持有的股份越高，表明他对项目资产回收的信心越高，企业风险越低，预期收益越高，因此让企业家索取剩余权是合理的。这里，暗含着一个观点，企业家具有超越其他人的市场洞察力和交易前景预期能力。

埃斯瓦瑞和克特威（1989）认为，在有限责任制度下，当资本所有者通过资本市场向借款人融资时，可能面临很高的道德风险，因此，迫使其将资本直接投资于生产活动，使之处于自己的直接监督之下，而不仅仅是通过资本市场向借款人贷款。资本企业存在的根源是资本家对债务人道德危害行为规避。

此外，张维迎建立了一个企业家才能的信号显示模型，证明拥有财富并愿意做企业家的人比不拥有财富并愿意做企业家的人一般拥有更高的经营管理才能，因此，资本所有者更具有做企业家的优先权，而企业家所从事的经营管理工作的不可监督性使其拥有剩余权时获得更大的激励，因此，资本家拥有剩余权即资本雇佣劳动的所有权结构是合理的。同时，资本家和职业经理人的角色定位是基于个人能力约束在市场机制中达到均衡时的结果。同时，资本家、职业经理人和工人的角色定位取决于个人能力和财富状况的不同组合情况。

四、新产权学派

新产权学派是从资产专用性理论中派生出来的。严格来说，应归入资产专用性理论。但这一学派不满足于在交易费用的分析范式下对企业性质和边界的解释，他们将关注的侧重点更多地集中在企业内部的治理结构上。这一学派的代表人物有费茨罗和穆勒（1984）、格罗斯曼和哈特（1986）、哈特和莫尔（1990）、瑞奥登（1990）及道（1993）等。

费茨罗和穆勒（1984）建立的模型中，资产专用性导致的“非流动性”是一种套住效应，它使得企业内部的各种资产面临不同程度的流出成本。企业内部的权利分配取决于物质资本和人力资本的非流动性之间的对比。他认为，企业内部管理—监督的权力归于资本家的事实，可以用非流动性来解释。瑞奥登（1990）建立的模型阐述了具有信息成本的市场交易与具有激励成本的纵向一体化之间的替代关系。在他们看来，非一体化与一体化之间的转换其实就是两种成本之间的比较优势所导致的。道（1990）建立了一个关于资本为何雇佣劳动的讨价还价模型。他认为，专用性投资所涉及的一切权益不可能完全合约化，因此企业内部的权威对企业作为组织的生存就显得至关重要。组织内部的权利分配形式满足专用资产所有者的参与约束是企业在竞争中生存的关键。因此，在资本比劳动更专门化的产业里，资本管理型企业将是均衡的组织形式，反之，则劳动管理型企业将是均衡的组织形式。

五、委托—代理理论

这一理论的研究事实上超出了企业理论的范围，研究对象具有一般性，但围绕企业治理结构问题的研究是该理论的重点，并且是20世纪70年代以来企业契约理论最重要的发展。大量学者在这一理论的框架内进行过深入研究，比较著名的学者有威尔逊（1969）、斯宾塞和泽克豪斯（1971）、罗斯（1973）、莫里斯（1974，1976）、霍姆斯特姆（1979，1982a）、法玛（1980）、让·拉丰（1986，1998，2000）等。这一理论建立在两个基本假设上：（1）委托人对有随机的产出没有贡献；（2）代理人的行为不易直接地被委托人观察到。在这两种假设下，这一理论给出了两个基本观点：（1）在任何满足代理者参与约束及激励相容约束从而使委托人预期效用最大化的激励合同中，代理人都必须承受部分风险；（2）如果代理人是一个风险中立者，即可以使代理人承受完全风险的办法以达到最优结果。企业合约如果要达到激励的目标，其具体内容必须遵循以上原则。与契约理论中主要是致力于解释企业现存治理结构的大致框架的其他分支不同，委托—代理理论似乎更关心具体的合约规定，试图为解决具体问题规定原则，更具有实践性。

第三节
其他企业理论

一、企业的企业家理论

该理论是先于企业契约理论出现并首先对新古典的企业理论提出了挑战，这一理论主要将企业看作是人格化的一种装置，是企业家实现社会职能的工具。其代表人物有奈特（1921）、熊彼特（1934）、柯斯纳

(1979)、沙科（1979）、卡森（1982）等人。

奈特从不确定性和企业家精神的角度对企业存在及其性质进行了讨论。在他看来，企业家的首要功能是承担经济行为的不确定性。企业是一种企业家承担不确定性的工具或装置，取得剩余收益是其承担不确定性的报酬。但他没有对企业家和资本家职能的分离现象作出解释，因而当运用这一理论对现代企业的治理结构进行分析时，显现出不足。奈特抓住了现实经济中存在的不确定性以及企业家的根本职能是承担不确定性这一关键因素，开创企业理论的一个新的分析范式。可以说，当代的许多企业理论都具有奈特主义的色彩。

在奈特之后，熊彼特等人的研究则主要围绕企业家的功能及企业家和资本家的关系展开。在企业家职能方面，熊彼特认为企业家的基本职能是创新，能够改革和革新生产方式，而一名创新者，必须具有超凡的性格。柯斯纳认为，企业家是“经纪人”，其特点是具有天然“悟性”和特殊知识，因而可以抓住机会并创造利润。沙科将企业家的特质描述为非凡的创造性的想象力。卡森则把企业家定义为擅长对稀缺资源进行协调利用并作出明智选择的人。在企业家与资本家的关系方面，熊彼特（1934）、柯斯纳（1979）等人并不看重或否认资本对企业家的重要性，但卡森坚持认为，企业家拥有可调度的资源是发挥其职能的必要条件。

二、企业的管理者理论

这一理论的前身是伯利和米恩斯（1932），他们认为股份公司中股权的广泛散播，使公司的控制权已转入管理者手中，而企业的所有者已降为次要的地位。围绕这一假说，鲍莫（1959）、玛瑞斯（1964）、威廉姆森(1964）等进行了进一步研究。

鲍莫（1959）认为，在最小利润约束下，追求销售收入最大化是管理者的目标，玛瑞斯（1964）认为，在最小利润约束下，谋求增长的最大化是管理者的目标，威廉姆森则认为，在最小利润约束下，谋求效用函数最大化是管理者的目标。在我看来，这一理论的核心仍然是分析所有权与管理权分离后由于所有者与代理人目标不一致造成的代理成本问题。

三、巴泽尔的企业理论

Y. 巴泽尔对企业的功能和内部治理结构作出了独特的解释。在巴泽尔看来，一件产品（也可以是投入物）具有许多的属性，伴随着技术进步，这些属性的价值是不断变化的。每一种属性都对应一种权利，当这些属性需要分属于不同的所有者时，会有一部分属性由于交易成本过高而无法确定归属，留在“公共领域”内，这里的交易成本被巴泽尔定义为“权利的获得、保护和转让的成本”。(1) 为了防止参与分工合作的个人利用权利界定的模糊性对公共领域的资源进行攫取（从而损害他人的权利），就必须对每一项权利加以限制，为实施这些限制，就需要企业这样的组织。事实上，企业是交易者自愿（或至少是同意）达成的一项合约，对自己的产权加以约束，以便取得净收益。在这种合约中，“订约者必须对分配其相互作用结果的方式达成协议”。(2) 这种协议的中心原则是，对平均的交易结果影响意愿（或许还有能力）越大的交易者占有的剩余索取权份额也越大。这里所谓的影响包括对交易结果变化性（或许也可以理解为不确定性）的担保。而股权资本对合约内所有其他资源所有者的合同作出保证，因此往往拥有对剩余权利的最大份额的索取权。在巴泽尔的理论中，企业（组织）是在每个人的产权利益互动中形成的，任何组织的特征，都可以从个人产权的属性特征中去寻找根源。个人之间的产权没有一个恒定的划分标准（或不存在一个客观的恒定的边界），而是依据效率的原则加以确定和规范。

第四节　企业理论的简单评价及其对本文研究的启示

总体来看，上述理论勾勒出的企业制度特征大致如下：(1) 企业是一种特殊的经济交易组织形式，其特点在于具有比市场交易和自给自足经济更高的交易效率，这种比较优势是分工决定的。分工的复杂性和市场的广度决定企业的规模，因此企业与市场是互补关系。(2) 市场交易成本和企业治理成本的比较决定企业的边界。(3) 企业是一种特殊的不完全合约，这种合约的特点是，①将生产最终产品的要素：劳动、人力资本、物质资本、知识资本、金融资本等的交易纳入一个长期的、稳定的合约，以减少由于讨价还价成本、交易的不确定性和产品直接定价的困难形成的高额交易费用；②合约采取了一种不平等的科层式治理结构，这种不平等的治理结构的关键是不同工作岗位劳动成果检验的难易程度不同（或不同岗位的劳动对产出的影响力不同），因此劳动定价的成本不同，为激励定价成本过高的劳动（通常是管理服务），必须采取让定价成本过高的劳动提供方占有剩余权利（剩余索取权和剩余控制权）并成为雇佣者（或雇佣者的直接代理人），而定价成本相对较低的劳动提供方领取固定报酬的方式实现内部治理效率。(4) 企业是一种由反映企业家特质和愿望的人格化组织。(5) 企业是一种基于产品或投入物的部分属性具有公共性而采取的一种合约，其功能在于限制私人产权从而限制个人对公共利益的攫取（依靠权威分配而不是产权），其内部治理结构取决于谁对交易结果的影响力最强和谁对结果的变化性提供担保，通常股权资本提供这种担保，因此具有剩余索取权。

上述企业理论的共同基础是不确定性和交易费用的存在。其对企业性质及其内部治理结构的剖析是深刻的，依据这些理论，我们获得了认识企业制度的基本维度、工具、方法和知识，但毫无疑问，基于论证的出发点及观察角度的不同和建立逻辑体系的实际需要，这些理论总是对逻辑体系得以建立的条件和假设作出在一定意义上偏离实际的规定，对一些现象或有所侧重，或有所舍弃，或视而不见，因而对现实的解释力总是受到一定局限。这或许是任何理论研究都不可克服的局限性。但这些理论对本文的研究提供的启示和帮助是巨大的，我们的研究始终处于在这些理论提供的维度、工具、方法和知识构造的参照系背景下。

从理论的完备性和对现实问题的解释力来看，企业的契约理论无疑是现代企业理论中最为重要的理论。也是我们的研究的基本参照系。

科斯所开启的以交易费用为基本切入点的研究为契约理论的提供了基本的方法论，但他对企业制度在节约交易费用方面的优势究竟何在并没有深入分析，只强调了权威的作用。

张五常关于企业是以生产产品的劳动交易替代产品交易的观点揭示了企业制度的重要本质特征，但他仅仅止步于这一思想，没有对如何克服劳动交易中同样存在的机会主义倾向带来的治理成本问题给出解释。

杨小凯和黄有光对企业理论的贡献是全面的，这一贡献表现在：(1) 从分工演进和产品（最终、中间）交易与生产产品的劳动（最终、中间）的交易效率的比较来阐释企业制度相对其他经济交易组织制度的优势，从而将企业制度的诞生放在了整个人类经济发展史的大视野中去考察，具有更贴近现实的坚实基础；(2) 揭示了分工、中间产品和企业制度之间的内在联系，从而在分工、市场和企业制度的相互促进的意义上说明了企业制度与市场的互补性，这一思想是完全符合历史和现实情况的。但杨和黄的模型没有涉及企业分工形态下的大规模群体生产或"团队"生产的特性，只强调了不同分工岗位劳动的定价成本不同，没有看到合作带来的共同利益对知识传递的微妙影响和同时存在的机会主义倾向带来的治理成本，因而对企业制度降低交易成本机制的解释不够全面。以管理服务作为唯一中间产品来讨论问题也使该理论的解释力受到一定限制。

以威廉姆森和克莱因为代表的资产专用理论看到了资产专用性造成的非流动性和市场依赖性对签订企业式（垂直一体化）合约的决定性影响，并首次对人力资本专用性对企业制度的影响作出了系统解释。但关于长期合约与企业合约的区别，早期的理论并没有给予完整回答（威廉姆森在晚期的著作中进行了进一步研究）。另外，威廉姆森对企业人力资本生产与企业制度联系（或者说人力资本被纳入垂直一体化的具体依据）没有充分讨论，需要我们进一步加以研究。我们将首先从资产专用性理论的视角展开我们的讨论。

以阿尔钦和德姆塞茨为代表的"团队生产"理论主要关注的是企业制度下的具体治理结构，他们分析了在企业大规模群体生产或"团队"生产的特性之下存在的由信息不对称导致的机会主义倾向，认为具体治理结构取决于剩余权归属哪一个岗位更为有利于克服机会主义的问题。但在我看来，这一理论在逻辑上多少有些牵强。但无论怎样，"团队生产"理论从合作的角度考察企业内部治理成本和治理结构问题，具有现实性。但这一理论只看到了"团队生产"中机会主义的问题，既利益对立的一面，没有看到企业合约保证下的"团队生产"利益互补性的一面及其对知识交易成本的节约功能。我们的研究则主要集中在对利益共同性及其功能的研究上。

企业的企业家理论对企业家特性的理解是深刻的，但作为揭示企业制度本质的理论是片面的。事实上，不是企业家创造了企业制度，而是企业制度创造了企业家，为其提供了展示才能的舞台。但这一理论将企业看作是人格化的装置，对我们是启发颇深的，在我们看来，企业不仅是企业家操纵的人格化的装置，也是一个具有独特记忆、规则、行为延续性和组织进化特征的、独立的人格化的系统，这一特性保证了企业发展的平稳性和行为、能力特征的延续性，克服了市场交易的部分不确定性（包括交易者之间对交易预期的不确定性和交易者自身行为的不确定性）。保持企业特性的关键是企业具有组织学习功能。而企业生产符合自己需要的人力资本的过程，在一定程度上是复制、延续企业组织特性和记忆并推动制度进化的过程。

巴泽尔对企业属性的解释是独到和具有说服力的，但只是给出了一个大致的理论轮廓，没有一个更详细的阐述，并且其部分观点是与契约理论的有关观点相一致的，同时，他也没有对企业和其他组织在属性和功能上作出明确区分（其实其他学者对企业和组织概念也没有作出明确的区分）。他的理论对本文的最大启示是：企业是建立在产权的“公共领域”之上的，是为减少交易者对“公共领域”资源的攫取以提高交易效率而采取的产权配置形式。从某种意义上说，在企业内部，实际上是一个“准公共领域”，雇员出让自己的部分权利给一个体现集体利益的“权威”，并从“权威”那里得到对收益和职业稳定性的保障，克服不确定性，雇员的行为处于这一“权威”的限制和保护之下。

第五章 关于企业人力资本生产的基本认识

人的真正目的——不是变换无定的喜好，而是永恒不变的理智为他规定的目的，是把他的力量最充分地和最均匀地培养成一个整体。

——威廉·冯·洪堡《论国家的作用》

本章的目的一是对企业所需的人力资本构成、性质和特定进行分析，揭示其具有的专用性特点；二是对企业人力资本生产的体系，包括企业人力资本生产的范围、目标、风险和收益进行系统分析，加深对企业人力资本生产特性的理解，为以后章节的论述做好铺垫。

第一节 对企业人力资本构成的认识

一、企业人力资本的构成要素

根据本书第二章对人力资本所做的划分，就总体而言，人力资本大致可以划分为体力型人力资本，包括：力量、耐力、精力、反应速度、协调性及其他感官功能等；智商类人力资本，包括学习能力、筹划型能力、控制能力、沟通与交流能力等。所有上述能力都可以归入体能（性格）、知识和技能三种范畴。各种人力资本在个体身上的不同组合构成了个体选择社会分工的内在条件。基于第二章对人力资本结构特别是知识和技能的讨论，我们在此谈一谈对企业人力资本构成的认识。

我们同意 Lazear 的观点，企业人力资本是适合于企业特殊的制度和技术环境要求的综合性人力资本，在内涵上，是体能、知识（经验）和技能及其所属的各种子要素的集合体，在企业人力资本中，既有等同于社会上一般通用性人力资本的属性，也有适合企业具体制度和技术环境的特殊专用性人力资本属性。具体来说，从内涵来看，包括以下方面：

1. 体能和性格：包括企业特定的制度和技术环境以及特定岗位所需要的体力和性格因素，如时装模特的身材，运动员的耐力、协调性和反应速度，演员的外貌和感悟能力，品酒师的嗅觉分辨力，钢琴演奏家的乐感和手指技巧，推销员和公关人员的外向型性格，技术人员的沉稳和细致，管理者的魄力和耐心等等。表现为一个企业员工对工作职位的制度和技术特征全面的心理和生理适应性。

2. 知识与技能：即适应企业制度和技术环境要求的知识、经验和技能因素。

主要包括：

（1）技术性知识。指企业特殊的技术环境要求的知识、经验和技能。

①企业的行业性质、产品定位和经营管理政策决定的综合性的生产设备、流程、各环节的技术规则、产品技术特性等方面的知识。表现为一个企业员工对本企业制度和技术特征的全面了解和充分适应性。

②本工作岗位或职位所需要的特定的生产设备、流程、技术规则、产品技术特性方面的知识、经验和技能。表现为一个企业员工对本岗位技术特征的全面了解和充分适应性。

③为掌握以上两方面技能所需要的、与之具有互补性的超出企业制度和业务范围规定性的知识和技能。

在以上三种企业人力资本构成要素中，前两个要素具有较为清晰的边界和特征，第三个要素则没有一个固定的边界和特征，但一般来说，第三种要素的范围越广泛，前两种要素的质量和适应性越好。

（2）制度性知识与技能。指企业的制度环境要求的知识和技能。

这里的制度环境一是指企业正式的管理目标、管理规则、管理理念构成的正式制度空间是正式的制度空间，二是指企业环境中基于特定的传统、人际关系和组织实际构成形成的文化、行为规则、互动关系和非正式组织结构和组织氛围，是非正式的制度空间。实证研究表明，非正式制度所起的作用往往高于正式组织制度，个体对一个组织环境的适应性主要取决于对非正式制度的适应性，个体在组织中的定位、人力资本价值的最终实现也主要取决于对非正式制度的适应性。三是企业外部空间的制度、文化和意识形态因素。可以认为，个体关于企业制度性的知识和技能的一部分可以归入特殊人力资本的范畴，导致了员工的人力资本的内部价值高于外部价值，另一部分是通用人力资本，具有在全社会或本行业内的普遍适用性。

具体来看，员工的制度性知识与技能主要包括：

①对外生于企业的相关制度性知识的熟悉和适应能力：如对所在国家、地区和相关国家地区的各种法律法规知识，文化传统，习俗的熟悉，掌握和适应，各种社会经验，基于文化、社会背景、阅历、教育背景等形成的世界观、价值观和信念、信仰等等。

②对企业正式的管理目标、管理规则、管理理念构成的正式制度空间的熟悉和适应能力。如对企业的经营目标和组织结构特征的掌握和熟悉程度，对企业正式的管理性规章制度的掌握和熟悉程度，对企业的经营理念和组织运作规则的掌握和熟悉程度等等。

③对企业非正式制度环境的熟悉和适应能力。如某员工对企业组织整体运作方式的了解和适应性，对其他企业人员背景、特性、偏好的了解和熟悉，组织和其他个体对本人的背景、特性、偏好的了解和熟悉，对企业特有的人员人际交往规则和工作合作方式的熟悉和适应性等等。

毫无疑问，企业人力资本的各种构成往往不是独立存在的，而是相互渗透、连接在一起的，一个推销员的公关和交际能力，既有性格因素，又有社会经验和阅历的因素；一个管理者的亲和力和魄力，既有先天性格的因素，又有对企业员工群体在制度和文化层面上的熟悉和适应能力。

企业人力资本的构成要素[①]及相互关系可以用图 5. 1 表示：

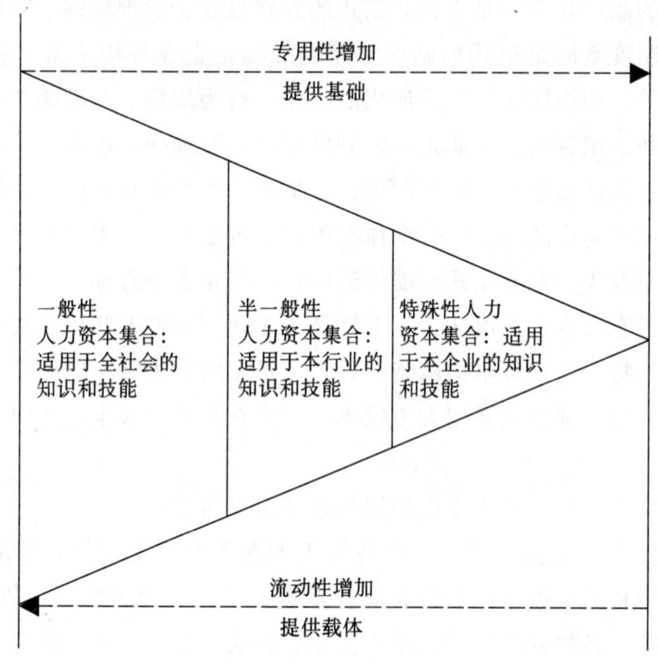

图 5. 1　企业人力资本结构

根据图 5. 1，在企业内部，各种人力资本要素共分为三种类型，第一个类型是一般性人力资本，主要是社会通用型的知识、技能和体能因素，如基础的自然科学知识、社会科学知识、法律法规类知识、文化和习俗知识以及社会经验、正常的智力和体力等等。第二种类型是半一般性的人力资本，主要是在本行业或相近行业可以通用的知识、技能和体能因素，如本行业可以通用的自然及社会科学知识、法律及法规知识、生产或劳动技术知识（包括在某一行业各企业相同工作岗位的通用性的生产或劳动技术知识）、体力、智力和性格因素。第三种类型是特殊性的人力资本，主要是在某一特定企业使用的规章制度、生产或劳动技术知识、体力、智力和性格因素。在这三种类型中，第一个类型是基础性层次，是第二种类型和第三种类型的人力资本因素得以发挥功能的基础，而第二个类型和第三

① 我们在此用知识和技能代表所有类型的人力资本要素。

种类型是第一个等级发挥作用的载体，三种类型的各个相关因素相互渗透和依托，并按企业制度和技术环境的要求对不同要素给出不同定价，形成企业的专用性人力资本。其中工人具有的知识和技能中只有一部分进入企业专用性人力资本的集合中，其余的知识和技能因定价为零没而有进入企业专用性人力资本集合。从现实情况来考察，诚如 Lazear 所指出的那样，实际上企业所需的人力资本中，真正特殊性的知识和技能很少，大部分是一般性（通用性）和半一般性（半通用性）的知识和技能，特殊的知识和技能只占较小的比例。三种因素相互渗透，共同构成企业所需的具有专用特征的整体人力资本。其中第二种类型的人力资本要素由于具有的通用性程度不同，又可以分为许多种类型。

二、企业人力资本的三个不同层次

上述人力资本因素的不同组合又可以在纵向上形成三个层次的企业人力资本：

第一个层次的人力资本是作为所有知识和技能要素集合的最终人力资本，体现为与企业特定岗位或职位相对应的综合能力，是企业人力资本的最终产品，也是在企业的生产过程中直接发挥作用的人力资本，换句话说，是真正作为企业生产中间产品或要素的人力资本。这一层次的人力资本具有鲜明的专用性，这是因为：

1. 按照 Lazear 的理论和我们的观点，任何企业的整体人力资本，都是由少量的特殊人力资本要素和大量的半一般性人力资本及一般性人力资本组成的，但由于每一个企业在制度和技术上的差异性，这些人力资本要素的需求量和被赋予的价值权重是不同的，这就造成了在特定企业所需求的人力资本在企业内部和外部具有价值差异。

2. 同样由于每一个企业在制度和技术上的差异性，对各种人力资本要素（知识和技能等）的使用种类、使用量和使用程度不同，不同使用种类、使用量和使用程度的人力资本要素构成的最终人力资本在使用价值上具有明显区别，因此价值也有明显区别。比如一个建筑行业的工程师和一个机械行业的工程师具有许多相同的知识、如力学知识、材料科学知识等，但对这些知识的需求量、需求程度是有差别的，同时还具有许多各自不同的知识，并且这些知识和技能是相互渗透和依托的。比如建筑工程师可能需要地质知识和美术知识，而机械工程师可能需要冶金知识和相关产品的制造知识。不同量、不同程度的相同知识和不同知识组成的整体人力资本当然具有不同的使用价值，因此带有明显的专用性。

3. 一定量的技术性知识和技能总是和企业特定的制度性知识相互渗透在一起的。企业的制度性知识和技能包括企业的正式制度和规则，也包括特定的企业文化、人际关系环境、非正式的惯例和行事规则等等，这些制度性知识是技术性知识和技能得以发挥作用的必不可少的背景因素、保证要素和规范要素，因此是企业人力资本的重要组成部分。不仅这些制度性知识离开产生这些知识的企业就几乎失去价值，而且与这些知识相互依托的技术性知识和技能也会因此损失部分效能。比如在一个实行事业部制的企业（M 型企业，即多部门结构的松散型企业）的打字员和一个实行集权化制度企业（U 型企业，采取集权制、职能部门化、一元化的企业）的打字员的基本技能知识也许没有区别，但由于两个公司的办公知识制度完全不同，因此具备了不同的制度知识，由于制度的不同，可能影响到技能，比如在 U 型企业的打字员由于工作繁忙可能打字速度较快或擅长速记，而 M 型企业可能更多地使用电传或法律文件，更注重行文的考究，因此该企业的打字员可能更善于校对，甚至可以帮助推敲行文的字句，并具备某些法律知识。

4. 一定量的技术性知识和技能总是和个体的自然属性如性格、体能、先天智力因素结合在一起发挥作用的。同样是掌握同样知识和技能的人群，由于先天因素的差别，其能力结构、特点和劳动生产率也是千差万别的。他们中的某些人，可能只适合在某一个企业环境和岗位上工作，而另一些人，则可能只适合在另一个企业和岗位上工作。比如两个同样是小提琴手的人，其中一个人由于更具有整体协调性和团队精神，而适合在一个需要合奏的乐团中工作，而另一个则具有个性和自由发挥的能力，就可能更适合在一个需要独奏的乐团中工作。

总之，由于存在以上因素，企业所需求的最终的人力资本产品，即第一个层次的企业人力资本，具有鲜明的专用性特征。这种专用性特征主要表现在：在特定企业的特定岗位上，人力资本的主体（即承载人力资本的个体）所具有的综合劳动生产率达到最优，脱离了本企业的制度和技术环境，其劳动生产率将会有不同程度的下降。比如一个企业的管理者如果被派往其他企业，在一定时间内，其综合的经营管理能力就会有一定程度的下降。

第二个层次的人力资本是直接构成企业最终人力资本的要素。这些要素包括与企业特定的技术和制度要求相适应的特定能力。比如一个企业管理者对本企业产品和技术发展的筹划和把握能力，处理和协调本企业的人事关系的能力；一个技术人力在本企业的环境中处理技术问题和进行技术开发的能力，相互配合和协作的能力；一个打字员在本企业的办公制度下高效完成工作的能力及协助领导进行文字校对和修改的能力等等。

第三个层次的人力资本是构成第二个层次人力资本的基础性要素。这些要素包括企业执行生产经营职能所要求的各种知识、技能和其他要素（如特殊体能要素，下同）。这些要素错综复杂，既有完全一般性的知识和技能，比如最普通的文化基础知识，也有半一般性的知识和技能，如特定产品或特定行业通行的知识，也有完全特殊的知识，比如我们上面分析的在某企业内的正式与非正式制度知识等等。

关于三个层次的关系有必要加以简单说明：

三者的区别和联系在于：

1. 第二个层次的要素是第一个层次的基本组成部分，直接决定了第一个层次的劳动生产率或价值。

2. 第二层次的人力资本仍然表现为综合性的能力要素，而第三个层次的人力资本则主要表现为相对单纯性的知识和技能要素。

3. 第三个层次的要素是第二个层次的基本组成部分，是它的基础。

4. 在构造第二个层次的过程中，基于第一、二个层次人力资本的功能的需要，只有部分第三个层次的人力资本要素被纳入第二个层次的要素集合，其余的要素则不起作用或只能作为储备。比如一个在企业工作的大学毕业生，具有多方面的综合知识（普通文化知识、专业技术知识等等），但在其具体的工作岗位上，原有的知识和技能中只有部分可能对其劳动生产率发生作用，则这部分知识和技能才真正被纳入其第二个层次的人力资本要素中，其余的知识和技能对其担任的工作来说是没有直接意义的（比如这位大学生关于流行音乐的知识对其从事的技术设计工作没有任何帮助）。

5. 基于企业的技术和制度环境复杂性的提高，在第二个层次和第三个层次之间，可能存在更多的不同层次的人力资本要素。

上述三个层次的人力资本的生产构成了一个企业专用性人力资本的完整生产过程，其中第一个层次的人力资本为最终的企业人力资本产品，第二、第三层次的人力资本为中间产品和次中间产品。

从第三层次到第二、第一层次之间之所以存在生产过程，是因为：

1. 在人力资本的积累过程中，存在根据更高一层的人力资本功能需要对低一层次的人力资本要素集合在量和结构上进行规定、取舍和调整的过程，对一个技术人员来说，学什么，如何学，学到什么程度，如何将各种知识和技能要素整合起来，都必须根据其总体上要发挥的职能需要（即总体人力资本的功能需要）来确定。

2. 每一个层次的人力资本的形成都是一个动态的过程，需要时间进行积累、充实和调整。

3. 由于人力资本的生产是在人力资本的载体上构造能力的过程，必然有人的性格、智力和体力因素的参与，因此人力资本的生产不是在个体身上简单累加知识和技能的过程，而是一个将人的自然属性、社会属性与知识和技能相互有机结合的过程。每一个层次的人力资本的形成，都是在更低层次的人力资本要素生产的基础上经过与个人因素的逐步结合和磨合的过程中实现的。

由于以上三方面的原因，企业所需的每一个层次的人力资本都必须经过加工和整合过程才能形成，并且第一、第二层次人力资本的生产以更低层次的人力资本的生产为基础。从一定意义上说，企业人力资本的生产，是对企业员工全部人格特征的再塑造过程。

需要指出的是，我们关于企业所需人力资本的三个层次的划分只是一个大致上的划分。事实上，基于技术和制度结构复杂程度的不同，有些企业所需的人力资本具有更多的层次，有些企业则具有更少的层次。

第二节
企业人力资本生产的范围、风险与收益

一、人力资本投资

现代资产组合理论认为，投资是在具有风险的环境下购买某种具有未来收益可能性的资产或资产组合的行为。而对投资的标准的经济学解释是："投资就是资本形成——获得或创造适用于生产的资源，……它不但包括有形资本，而且包括人力资本和无形资本的获得。"①

从上述定义出发，可以认为，投资是一种具有以下属性的经济活动：(1) 耗费一定资源换取某种资产。(2) 期望从所获得的资产上获得收益。(3) 面临一定程度的风险。这种风险体现在收益具有不确定性。

从经济属性上看，人力资本是存在于个体身上的可带来收益的无形资产。人力资本投资是人力资本的积累或价值增殖的来源。从人力资本的属性来看，人类在一生中全部的经历都可以视为人力资本的积累过程，为此耗费或放弃的资源，包括时间、精力、体力、物质资源消耗和相应的机会成本都可以视为人力资本投资。但从狭义的视角来看，人力资本的形成渠道包括教育与培训、医疗保健、迁移、自我学习等活动（这是贝克尔和舒尔茨给出的定义，普遍被经济学界认同），为上述活动进行的投资包括直接的资源消耗和机会成本都可视为人力资本的投资活动。

从投资主体来看，人力资本的投资者可以分为个体、家庭、社会组织、国家等等。从投资的客体来看，人是投资的对象；就投资目标来看，有健康、知识、技能、情感、道德、信念等（如果将人的社会关系和意识形态也视为人力资本的话）；就投资的项目来看，有教育与培训、医疗、迁移与流动、干中学习等等。

---

① ［英］伊特韦尔等编：《新帕而格雷夫经济学大词典》（第二卷），经济科学出版社 1996 年版，第 1053 页。

二、人力资本生产

人力资本的生产过程是在人力资本的载体——人身上聚集体能、智能和情商的过程。从生产的形式看，人力资本的生产包括正规教育、职业教育、成人教育、家庭教育、在职培训、自我教育、干中学、医疗保健、体育锻炼等等。从内在要素上看，人力资本的生产包括生产主体（施教方）、客体（受教方）和标的，所谓标的是指人力资本生产的主体对客体传递或在客体身上积累和创造的特定知识和技能及其他类似属性的能力。但与物质资本生产不同的是，人力资本生产中的生产主体可能缺位或是客体自身，同时主体和客体必须共同参与、形成互动才有效率。从外在要素上看，人力资本的生产包括一定的技术手段和制度环境。技术手段指生产的物质手段（如教学人员、设备、场地和其他辅助资产），制度环境是进行人力资本生产的个体或组织的内部和外部规则，这些规则对人力资本生产的操作程序、有关各方的权利义务边界及相互关系等给予规范，内部规则包括培训的形式、范围、程序、成本和收益负担原则等等，外部规则包括国家、区域、行业（对个人来说组织内部的规则也是外部规则）的相关规定和制度。

人力资本的生产源于社会物质生产的引致需求，因此，人力资本生产的目标函数通常是内生于组织（比如企业组织）的总体生产目标函数最大化要求的，如一个企业的人力资本生产量是企业收益最大化的要求的产物，而一个地区或国家的教育产出，是与该地区或国家社会经济发展的要求相适应的。

三、人力资本投资与生产的关系

在人力资本形成的总体过程中，按照狭义或外生的理解，从投入的角度看，人力资本的生产只是人力资本投资的一种形式，其余的形式包括引进、租赁、迁移等等；从产出的角度看，人力资本的生产只是投资实现的一个环节，与之相并列的环节包括：投资目标的选择和规划，投资效果和收益的评价，人力资本的定价与激励等等。而按照广义或内生的理解，人力资本的生产是人力资本投资的实现全过程，囊括了人力资本投资的各个环节。

在我看来，人力资本的投资和生产是不同视角下人力资本的同一积累过程。人力资本投资视角是研究人力资本积累问题的惯常视角，也是一种外生视角，他忽略了人力资本积累是整个社会生产的引致需求的特性，也忽视了人力资本的具体产生形式和过程，单纯地将人力资本的积累看作一种可以带来收益的主观决策过程。

四、企业人力资本投资及生产的范围

从广义上来说，由企业（包括企业所有人、员工和群体）进行的一切与人直接相关的投资都可以纳入企业人力资本投资的范围。

1. 这些投资从形成方式上看，可以分为：

（1）引进性投资。引进是指通过签订企业特定的合约（规定权利、义务和责任）正式或临时招聘员工进入企业工作的行为。对引进进行的投资包括：作为引进对象的搜寻和鉴别费用、人才引进花费的安置费、放弃的其他引进对象可能带来的收益、非劳务性报酬（全部报酬中扣除劳动量因素后的剩余部分如管理层的分红、配股等）等等。

（2）租赁投资。租赁是指通过签订特定合约（与正式雇佣合约在权利、义务和责任上有很大不同）利用企业外人力资本为企业服务的行为，如邀请有关人员作为编外人员到企业工作，将企业部分工作以外包的形式委托企业外人员完成等等。相关的租赁性投资有：对租赁对象的搜寻和鉴别费用、与租赁相关的人员安置费、放弃的其他租赁对象可能带来的收益、相关的工作外包报酬（劳务费、奖励费、利润分成等等）。

（3）生产性投资。从狭义上说，生产包括一般是指在企业有计划的安排下通过特定的培训和“干中学”达到人力资本存量（或价值）增加（增殖）的行为。在生产形式上可以分为：内部生产、与其他组织（其他企业、学校等）的联合生产和委托其他组织（其他企业、学校等）生产等。相关的投资包括生产的直接投入、生产期间放弃的可能收益、对生产产品（或投资客体）的考核、检验和评估费用等。

2. 从功能的角度看，可以分为：

（1）信息性投资。信息性投资指在劳动力市场上和企业内部为获取企业需求的人力资本信息而进行的投资。包括对外部应聘人员的考核鉴别费用、对内部员工工作能力和培训成果进行的评估和鉴别费用等等。

（2）积累性投资。积累性投资指为引进、租赁和生产人力资本所花费的投资。包括：作为人才引进或租赁花费的安置费、放弃的其他引进或租赁对象可能带来的收益、非劳务性工资（报酬中扣除劳动量因素的部分如管理层的分红、配股等等）、培训费用（包括直接培训投资和培训期间对劳动生产率的影响造成的损失）等等。

（3）激励性投资。为调动人力资本所有者的工作积极性而花费的费用。如各种奖励、表彰和工作晋升及各种福利等所花费的费用。

3. 从投资的主体来看，可以分为：

（1）企业（或企业所有人）投资。主要作为投资的直接收益人进行投资。

（2）员工投资。员工既作为投资的主体和受益人进行投资，又作为投资的客体和收益创造人接受投资。

（3）其他方投资。其他方投资包括各级政府、个人和其他社会团体出于各种原因对企业进行的人力资本投资（如政府为支持员工再就业举办各种免费职业培训然后向企业输送人才等等）。由于企业的人力资本积累同样存在较强的正外部性，社会可以从投资中取得间接收益。

本书使用的企业人力资本生产的概念，主要是指由企业进行或由企业参与进行的人力资本的生产性投资的具体实现过程，并且我们将主要围绕企业和员工两大投资主体进行相关分析。

五、企业人力资本投资的组织体系

与企业人力资本投资（或生产）的范围相对应，企业的组织功能体系中存在以下体系①：

1. 筛选和评价体系：承担对企业外部（劳动力市场上的求职者）和内部人力资本的存量、价值和结构进行筛选、鉴定、评估、确认和定价的体系。

2. 配置体系：将员工配置在最适合的岗位上的体系。

① 所谓体系这里主要指与人力资本投资相关的制度、组织机构、职位及这些制度、机构、职位所形成的系统化功能，有些体系往往是隐性的。

3. 职业设计体系：根据企业制度和技术要求规划和设计组织结构、工作流程和岗位的体系。

4. 组织学习体系：指企业组织作为一个人格化的整体不断从经历和需要出发，复制、改进制度规则和功能以克服不确定性的体系。组织学习最重要的功能就是进行人力资本生产并给生产中的人力资本打上组织特色的烙印。因此，人力资本的投资和生产过程也是组织学习过程。

5. 激励体系：指企业具有的充分发挥已有人力资本存量（或价值）的效能、调动人力资本载体的积极性的体系。

6. 风险管理体系：指企业对与人力资本投资（及生产）相关的各种风险进行辨别、分析、评估和控制的体系。

六、企业人力资本投资的风险

（一）关于投资的风险研究

关于投资风险的讨论是投资理论的核心问题。在传统观点看来，风险是一种无法事先确定的具有负面效应的结果或状况，或者通俗地讲，是指各种不利事项或损失的总和。从实践层面看，风险往往是指各种潜在危险或损失发生的可能性，强调的是风险的单方面的危害性或损失性特征。而现代投资理论认为，风险是在某些可控和不可控因素的影响下，投资的实际收益相对预期收益的负向偏离值或偏离度，即达不到预期的那部分差额。与之相对应的正向偏离，也就是超过预期的那部分盈余，则构成超预期收益。风险与收益是同一事物的两个方面，并且往往存在正相关的关系。我认为，从更宽泛的意义上讲，投资风险涵盖实际结果相对预期结果的总体波动性，是一种潜藏或蕴涵着损失和获利可能性的事物特征。正因为如此，投资组合理论通常以实际收益率对期望收益率的背离程度——方差或半差来测度和刻画风险：$\sum_{t=1}^{n}(R_{it}-ER_i)^2/n$或$\sum_{R_{it}<ER_i}(R_{it}-ER_i)^2/n$，前者包含了损失和超期望收益，而后者是只考虑纯损失（低于期望收益）情况的测度方法。

根据来源和性质不同，投资组合理论将投资风险区分为系统风险和非系统风险。前者独立于投资者个体之外的整体环境中存在的风险，这种风险不能由投资者的各种技术性安排或者努力（比如实行投资品种组合）

来规避或减低，是一种宏观风险；后者是指由投资者个体自身具有的因素决定的风险，比如个体的信息、性格、习惯、判断能力及其他不可控因素导致的风险，属于微观风险，可由投资者的各种技术性安排或者努力（比如实行投资品种组合）来规避或减低。

现代投资理论还对与投资行为相关的风险和不确定性作出了属性上的区分。这种区分最早是弗兰克·奈特（Frank Knight）在其博士论文《风险、不确定性与利润》中作出的。在他看来，“不确定性”是指事实的一种无法定量（non - quantitive）的状态，“风险”是指可度量的“不确定性”（measurable uncertain），而度量是以“概率”来描述特征，即风险是包含于不确定性概念中的一种特性。[①] J. 赫什莱佛和 G. 赖利将这种区分解读为“风险”是指“对事实的客观分类有能力计算出概率的情形”，而“不确定性”是指不可能客观分类的情形。[②] 在赫什莱佛和赖利看来，奈特的划分不具有实际意义。因为任何的“概率”估计都不可能是客观概率的准确反映，而是一种对客观概率的主观估计，投资者的决策必然受到主观信念（对正确估计的相信度）的制约。因此，在现实中，决策者其实总是处于奈特所定义的“不确定”世界中。决策者的行为在很大程度上依赖于他对自己正确估计机会的估计。因此，从一般意义上说，风险与不确定性是同义语。从上述研究的思路出发，我认为，现实中的投资风险既是不确定的，又是在一定程度上可度量的，面对风险，人们不是束手无策的，也不是能完全把握的。当人们可以完全测度和控制风险时，风险也就不能称其为风险。现实中不存在奈特定义的“风险”世界，一定的不确定性是现实中投资收益的常态。但作为一种衡量和区分投资收益不稳定性因素的概念，这种划分具有参照系数的重要意义。[③]

（二）关于人力资本投资风险的讨论

赵宏斌博士（2004）对人力资本投资风险作出过一个比较完整的区

① Frank Knight：Risk，Uncertainty and Profit，Houghton Mifflin Company，Boston and New York：1921，pp. 20.

② J. 赫什莱佛、G. 赖利，刘广灵等译：《不确定性与信息分析》，中国社会科学出版社 2000 年 5 月版，第 10—11 页。

③ 威廉姆森，段毅才等译：《资本主义经济制度》，商务印书馆 2002 年版，第 85 页，关于库普斯曼论述的评价。

分。他认为，人力资本投资的风险（或不确定性）主要可以做以下区分[①]：

1. 按风险来源可以分为系统风险和非系统风险。前者是指由市场因素的不确定性导致的人力资本整体收益的变化，后者是由于个人自身因素（如认识偏差）而导致的风险。

2. 按投资主体，可以分为国家、企业和个人风险。

3. 按风险性质，可以分为主观风险和客观风险，前者对应的是主观概率，即对风险的主观预期，后者对应的是客观概率，即客观上实际存在的概率。由于没有一种真正对客观概率精确测量的方法，现实中人们面对和处理的风险实际上都是主观风险（正如赫什莱佛和赖利针对奈特观点的批评）。

4. 按损失的性质可以分为纯粹风险和投机风险。前者是指只有损失机会而无获利可能的风险，后者是指既有损失可能也有获利可能的风险。

5. 按损失环境来划分，有动态风险和静态风险。前者指一般环境下发生的风险，如自然灾害、疾病、人的行为错误等。后者是指与社会经济环境变动相关的风险，如劳动力市场需求变动化、生产技术变革和生产方式的变动而引起的资本收益变化。

6. 按风险存在的时间，可以区分为暂时性风险和永久性风险。前者是指由劳动力市场受到暂时性冲击而引起的风险，后者是指学校（也可以扩展为其他人力资本生产机构）质量和个人能力的不可观察而引起的风险。

人力资本投资风险种类的划分是全面和合理的，不足在于完全以物质资本投资风险的划分方法对人力资本进行划分，没有考虑到人力资本的投资主体和客体的互动性特征及对收益的影响。因此，还可以从机理上将人力资本投资风险划分为互动性风险和非互动性风险。所谓互动性风险是指：由于投资客体是活的、具有独立意志、思维和利益的人，并且主客体存在投资收益的共享和成本分担、自利性和行为的信息不对称问题，双方都有实施机会主义行为攫取租金并损害对方利益的倾向，由此给双方均造

① 赵宏斌博士论文：《人力资本投资风险与决策方法》，北京师范大学博士论文，2004年，第30—34页。

成收益的某种不确定性或风险，并且一般来说，双方讨价还价达成的权利交易只能达到次优水平（纳什均衡）而达不到帕累托均衡的水平。而非互动性风险指除去互动性风险之外的各种风险。

（三）关于企业人力资本投资风险的认识

一般来说，企业人力资本投资具有以下风险：

1. 决策本身的风险：包括两类风险，一类是在人力资本积累的各种方式中（引进、租赁、内部生产或委托生产）错误选择某一种方式的风险，比如当非文艺企业需要一位具有歌唱天赋的人才时，可能引进或租赁比内部培训的成本更低，但如果错误选择了以内部培训方式获得这样的人才，则意味着投资损失；另一类是在某种具体的投资方式中，具体投资实施方式和投资标的选择错误的风险，比如在内部生产中，对采取集中专门培训、师徒制还是纯粹的“干中学”方式的成本估计不准确造成的损失，对培训计划、流程、内容和考核制度安排不当造成的损失等等。

2. 投资客体选择的风险。主要是对投资客体的原有能力（或可塑性）判断的偏差导致的预期收益与实际收益的偏离。比如引进一位貌似高能力但实际低能力的员工。这种风险对应的损失可以分为直接损失和机会成本，后者是指由于错误选择而放弃的正确选择的可能收益。

3. 人力资本的流动性风险。这是企业人力资本投资的主要风险之一，指投资客体在接受企业的人力资本投资后，流动出企业从而造成企业投资损失的风险。

4. 人力资本投资制度不完善的风险。主要指由于人力资本的筛选体系、配置体系、职业设计体系、组织学习体系、评价体系、定价与激励体系、风险管理体系不健全造成的人力资本投资损失，这里将各个系统的投资也纳入广义的人力资本投资范围。如奖惩制度不严，导致人力资本的能动性、创造性没有充分发挥出来。

5. 投资形成的人力资本贬值的风险。主要指由于外界技术进步、政策和制度调整，企业技术、制度和经营目标调整，市场需求转变等因素导致投资形成的人力资本价值贬值的风险。如针对某一工艺投资开发的人力资本，可能由于外界技术革新而使这项工艺落后，导致这种专用性人力资本贬值。

6. 投资主客体的利益互动导致的风险。在投资主体方面，可能由于收益过少或人员流动性过强而减少一般人力资本的生产性投资，使一般人力资本实际价值达不到企业的实际需要，因而可能造成潜在净损失（流动成本高于实际需要不能满足的损失）；在投资客体方面，可能由于收益过少或投资专用性太强给未来的职业生涯造成更大的不确定性，因而在接受特殊培训时付出的努力较少，降低了企业特殊人力资本的实际价值，使企业和个人蒙受潜在损失。

7. 突发性事故导致人力资本灭失或贬值的风险。如投资客体死亡、病倒或承载人力资本的器官功能失效等，如歌唱家失音、体育明星双腿残疾等等。

七、关于企业人力资本投资收益、目标和主体的认识

（一）投资收益

从投资学的角度看，投资收益是指投资形成的资产带来的正效用（或正现金流）。在我看来，企业人力资本投资可以得到以下收益：

从收益主体来看，可以分为个体收益和群体收益，前者是指投资的主客体在投资行为中分别取得的收益，包括：企业所有人（剩余所有者）从人力资本投资形成的劳动生产力提高中（包括投资客体本身的劳动生产率提高和由于知识外溢形成的群体劳动生产率的提高）获取的收益，投资客体本身从人力资本投资形成的人力资本增殖中获取的收益（包括物质与非物质收益），其他员工从投资形成的人力资本增殖中的知识外溢获取的收益（知识和技能外溢导致其他员工的人力资本增值）及从团队劳动生产率提高中获取的收益（由于不可能清晰地界定每个人对产出的贡献，分配中肯定存在某种程度的“公共性”）。

从收益范围上看，可以分为人力资本性收益和非人力资本性收益。人力资本收益中又可以分为直接收益、外部性收益和筛选与配置收益，直接收益是指投资客体的人力资本增殖给企业和个人带来的收益；外部性收益指投资客体的人力资本增殖带来的知识外溢给其他雇员和企业带来的收益；筛选和配置性收益指人力资本生产过程具有的筛选功能给个人和企业带来的收益，如通过培训了解员工的素质和能力，将最合适的人配置到最合适的工作岗位上，使其能力得到更好地发挥，从而促进劳动生产率提高，或者由于提供一般培训使有能力的人更愿意加入本企业或不合适的员

工更有机会离开本企业，促使人员良性流动，实现“吐故纳新”。非人力资本收益，即组织学习[①]收益，主要是指企业通过人力资本投资（特别是培训）使企业的制度、文化和特色得以延续，企业的遗传特征得以保留，创新能力得到加强，由此带来的竞争力提升。

总体来看，如果将企业进行人力资本生产所带来的收益进一步扩展、整合和归类，可以分为以下两类：

1. 技术性收益。技术性收益实际上就是我们上面所分析的直接收益，即企业（包括各个投资主体）进行人力资本的生产性投资形成的人力资本增殖给投资主体（企业、工人及其他相关主体）带来的一系列近期和远期的收益，这种收益的基础是投资客体（受训人）的劳动生产率的提高。这部分收益在性质上与正规教育、成人教育及其他人力资本的生产方式所带来的收益没有不同，是纯技术性的。

2. 制度性收益。制度性收益包括四类：（1）替代购买性收益，指以在企业内部生产来替代购买所节约的治理成本和生产成本[②]；（2）筛选和配置性收益；（3）外部性收益；（4）非人力资本收益。其中后三种收益上面已经做过说明。由于上述四项收益是与企业制度紧密相关的收益，我们称之为制度性收益。

（二）投资目标

从收益的划分出发，可以认为，企业的人力资本投资目标主要是：

1. 积累适合企业制度和技术需求的人力资本；

2. 掌握更多的员工人力资本信息，决定取舍并实现岗位的最佳配置；

3. 传递组织制度和文化，保持企业遗传特征的稳定性，为组织创新提供动力。

（三）投资主体

企业人力资本的投资主体主要有：企业（或更准确地说是企业所有人）、企业员工、企业合作者（学校、社区、其他企业和社会组织以及政府等）。

---

① 关于组织学习，我们将在第七章进行详细讨论。

② 关于人力资本生产的生产成本和治理成本我们将在第六章进行详细讨论。

八、从生产角度看企业人力资本投资的风险、收益和目标

企业人力资本的内部生产（包括联合生产）是企业人力资本投资的一种形式，并且是十分重要的一种形式。从其操作过程、特点和性质来看，人力资本投资的各种风险、收益和目标对企业人力资本生产来说都是适用的。我们对企业人力资本生产的相关分析也将以前文定义的风险、收益和目标来进行。但从实际情况看，企业人力资本生产面临最主要的风险是人力资本的载体——工人流动出企业造成的人力资本产权损失，因为在存在劳动力市场的条件下，这一风险发生的概率最高，因此是关于人力资本投资决策考虑的重要变量。

第六章

一体化与企业人力资本生产

所以，当我问起功利这一具体标准的约束力时，我想功利论者们不会显出任何的尴尬。因为我们可以回答，与其他任何道德标准一样，是人类基于道德之上的情感。

——约翰·斯图亚特·穆勒《功利主义》

本章的研究目的是探讨具有专用性特征（专用性程度可以不同）的人力资本要素在企业内部进行生产的内在合理性，主要是说明在企业内部生产具有专用性特征的人力资本与通过市场购买的交易方式相比具有生产成本和治理成本优势，从而给出认识人力资本生产与企业制度内在联系的第一个维度。

第一节 市场交易与纵向一体化：要素生产的两种方式选择

一、对企业本质的再认识

从纯粹经济功能的角度看，人力资本生产活动的产品——人力资本本身的一个最重要的购买人或使用人是企业（这里所指的企业显然超出了传统的赢利组织的范畴），几乎在一切企业中（或者干脆说一切组织中），人力资本都是最重要的生产要素或投入物。

企业契约理论认为，企业是市场发展和劳动分工扩展的产物，企业和市场都是产品交易的组织制度，企业制度的主要特征在于以生产产品的要素（劳动等）的交易代替产品市场的交易（张五常，1983），通过将生产产品的要素的产权交易而不是产品的产权交易纳入合约（对劳动的替代物进行定价），节约了产品市场上直接定价的交易费用。所谓“要素交易替代产品交易”，按照张五常的解释是指：“企业家或代理人根据合约获得一组生产要素的有限使用权，他们指挥生产活动而不直接涉及每种活动的价格，并把生产出的产品拿到市场上销售”①。这种合约形式的优势在于避免了对繁纷复杂的中间产品的直接定价可能产生的高昂交易成本。很显然，在一个以劳动为唯一投入品的企业内部，人们按照合约出卖给企业的“要素”不是劳动（因为那样又会面临定价的问题），而是劳动的“能力”——人力资本的使用权（或者还有部分所有权）。而支付的工资也不是劳动的边际产品，而是对人力资本的定价（由劳动的边际产品、买卖双方的谈判能力、激励的需要等多种因素决定）。正如马克思认为的那样，在资本主义企业中，是资本雇佣了劳动力，而不是劳动。

二、购买还是生产：纵向一体化的基本命题

在企业产品的生产链或产品范围中，要不要将人力资本的生产纳入其中，或者更确切地说，企业所需的人力资本应该在市场上购买还是在内部生产，这一问题实际上可以归入威廉姆森和克莱因代表的资产专用性理论的探讨范围。

在威廉姆森看来，企业的特征是纵向一体化的治理结构，即生产最终产品的各个环节（或各种中间产品的生产过程）被统一纳入到一个总体的合约中，并实行统一的权威管理和指挥，而不是各自独立进行并实行产品的自主交换。导致纵向一体化的根本原因是作为生产最终产品的投入物的各种资产（或要素）具有专用性。所谓“资产专用性”，根据我有限的

① 张五常：《经济解释》，商务印书馆2002年版，第354页。

理解，是指某一特定生产过程的各个环节所涉及的要素或资产具有的特殊适用性，一种要素或资产脱离上游要素或下游要素，将会面临不同程度的贬值，在极端的情况下，则会完全失去价值，因此必须在合同中给予必要的安全保证。[①] 在威廉姆森对专用资产进行的分类中，专用人力资产成为主要的一类（其余的专用资产为专用场地、专用实物资产、特定用途资产），并指出，"任何导致专用人力资产变得重要的条件——无论是'实践出真知'，还是那些导致人力资产整批流动的可怕的问题，都会要求在就业关系上实行自主型合同。因此，人力资产的专用性增大，就预示着应该用共同的所有权把连续生产的各个环节统一起来。"[②]

威廉姆森认为，对企业来说，一种资产究竟应该在市场上采购还是自己生产，取决于两种方式的交易治理成本和生产成本（考虑范围经济和规模经济）。所谓治理成本是指签订交易合约的搜寻成本、讨价还价成本（或定价成本）和合约执行过程中维护权益的成本，而生产成本是指该资产在生产过程中用于技术环节（或在该资产的市场采购过程中）的资源消耗。并据此给出了一个权衡模型（Tradeoff model）[③]：

设：（1）企业对要素的生产完全为满足生产最终产品的需要，没有市场出售的目的；（2）企业面临两种生产成本：一是从市场购买同一产品所花的成本，二是企业根据自身需要生产某种产品的成本，以 ΔC 表示两种成本的稳定差额，以 k 表示资产的专用程度，并且 $\Delta C = \Delta C(k)$，且 $\Delta C' < 0$，$\Delta C'' > 0$，即随着该资产专用性的提高，自己生产的成本逐渐降低，并且以递增的速率递减，但由于市场交易的范围经济和规模经济优势，市场交易的生产成本始终低于企业内部生产的成本，两种成本的差额逐渐趋于0，但 ΔC 始终大于0；（3）企业面临两种治理成本：一是该资产通过市场采购方式获得时的治理成本 $M(k)$，二是自己生产该资产时企业内部存在的官僚主义成本 $\beta(k)$，以 ΔG 代表生产该种资产的两种治理成本的差额，即 $\Delta G = \beta(k) - M(k)$，由于 $M'(k) > \beta'(k), M''(k) > \beta''(k)$，所以 $\Delta G' < 0, \Delta G'' < 0$，即 ΔG 为单调递减的凹函数，并在横轴上

① 在我看来，威廉姆森的"通用性"与"专用性"的概念与贝克尔的"一般性"与"特殊性"的概念没有本质区别。

② 威廉姆森著，段毅才等译：《资本主义经济制度》，商务印书馆2002年版，第134页。

③ 同②，第126—133页。

存在一点 $\bar{k}$，使 $\Delta G=\beta(k)-M(k)=0$。

在以上条件下，一定存在一个专用化水平 $\hat{k}$，使两种选择的治理成本和生产成本之差即 $\Delta C+\Delta G=0$。如图 6.1 所示：

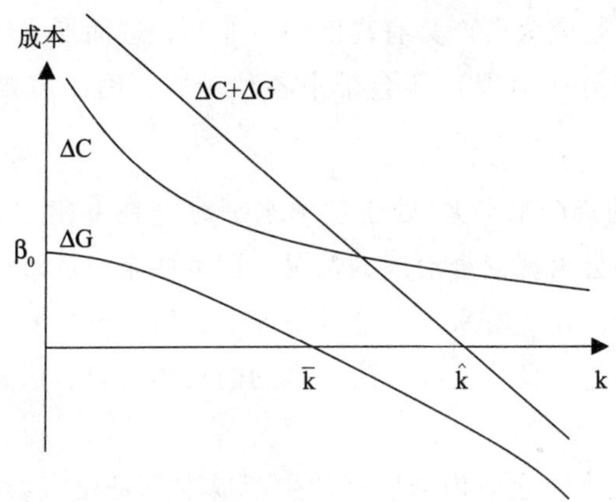

图 6.1　产品交易的生产成本与治理成本

图中两条曲线分别表示 ΔG 与 ΔC，直线表示 ΔG 与 ΔC 纵向相加之和，即 ΔG + ΔC，当资产的专用性为 0 时，通过市场购买无论在治理成本还是生产成本方面均比自己生产具有优势，即 ΔG 与 ΔC 均比较大，其中 β_0 表示资产完全通用化（$k=0$）时企业内部生产的治理成本，此时通过市场交易的治理成本为 0。由于随着资产专业化程度的加深，资产的市场交易的治理成本加大（签约的风险加大因而讨价还价成本加大）而资产的内部生产的治理成本和生产成本降低（以企业的治理结构提供的弱激励替代市场交易的直接定价），因此随着 k 值的加大，ΔC 逐步趋近于 0，ΔG 在 $\bar{k}$ 与横轴相交，此时购买和生产的治理成本相等；ΔG + ΔC 取值逐渐减少，并在 $\hat{k}$ 点与横轴相交，此时购买和生产在总成本上是无差异的。

由以上分析得出以下结论：

1. 每一个企业由于制度和技术因素的约束，存在一个最佳的资产专用水平 k^*。根据威廉姆森的解释，所谓最佳专用水平，是针对企业特定的组织形式来说的，而企业的组织形式的决定具有外生性。①

① 威廉姆森著：《资本主义经济制度》，段毅才等译，商务印书馆 2002 年版，第 133—135 页。

2. 当最佳的资产专用水平 k^* 极低时（即 $k^* < \hat{k}$）时，无论从规模经济还是从治理成本上看，都是市场采购更为有利。

3. 当最佳的资产专用水平 k^* 极高时（即 $k^* > \hat{k}$）时，则在内部生产比较有利，主要是因为资产具有高度的专业性，进而形成“锁定（lock）”效应时，市场交易（治理）还会带来各种矛盾，因而需要付出高额的交易成本。

4. 当最佳的资产水平 k^* 处于适中水平时（在 $\hat{k}$ 附近），购买与生产的成本相近，将会出现混合治理的情况，即某些企业从市场上采购，某些企业在内部生产。在我看来，在这种情况下，影响选择的因素有些是外生的，有些是内生的，具体情况取决于合约的具体内容、形式和交易双方的信息成本。

5. 一般情况下，企业内部生产的生产成本总是比市场购买的成本高，因此，推动企业纵向一体化（即资产内部生产）的因素是市场签约的困难——治理成本，只有当生产的治理成本明显高于购买的治理成本时（可以弥补生产多余的生产成本时），即 k^* 明显大于 k 时，才会选择内部生产即纵向一体化的方式。

第二节 人力资本产权交易的治理成本和生产成本及交易方式的选择标准

一、引论

从比较宽泛的意义上说，新古典经济学与交易成本经济学（或者说新制度经济学）研究方法的区别如同在无摩擦假设和有摩擦力条件下的物理学研究一样，前者考察的是一个无摩擦的物理世界，在这样的世界中，物质的运动属性可以被精确地揭示和描述，从而使我们对物质运动的规律和相关事物的属性建立完整的观念，但却无法完整而有效地解释存在摩擦的现实世界的物质运动现象；而后者则考察的是有摩擦的世界，因此对现实问题的观察和解释更有说服力。与前者相比，后者是在更一般的条件下研究和认识现实世界。

对经济学来说，经济交易世界中存在的“摩擦力”就是交易成本。在我看来，威廉姆森的所谓治理成本就是交易成本，主要包括围绕交易签约发生的一系列与交易者的有限理性和投机倾向有关的成本。这些成本包括：（1）事前成本，即寻找合适的谈判对象、估计可能发生的各种情况草拟合同内容、就合同内容进行讨价还价、敲定合同内容等发生的各种成本。（2）事后成本包括：①不适应成本，即交易行为逐渐偏离了合作方向，造成交易双方不适应的成本；②事后的讨价还价成本，即交易双方为纠正事后不合作的现象需要讨价还价的成本；③建立及运转成本，即为解决合同纠纷而建立治理结构并保持运转所发生的成本；④保证成本，即为了确保合同中各种承诺得以兑现所付出的成本。

而生产成本，就是物理学所定义的改变物质运动状态的外力——一种加速度作用。

交易成本经济学所关注的问题有两个：一是计量问题，即如何改进计量方法，以降低由于对交易的产品价值（边际生产力）、性质、形态难以区分计量或划分所引起的成本，如因产品定价问题引起的事前和事后的讨价还价等等，使交易者的行为与回报的挂钩更密切；另一类是治理问题，即如何建立适当的治理结构以提高交易的有效适应性的问题，即降低由于交易者对未来预期的不确定性而产生的利益冲突带来的成本。

二、人力资本产权交易中的生产成本

简单地说，人力资本产权交易中的生产成本就是在生产人力资本的各个技术性环节中所消耗的资源。包括固定成本（各种设施、设备消耗）和变动成本（能源、原材料、人工费用）。

人力资本的生产成本也同样存在规模经济和范围经济效应。所谓规模经济效应是指随着产出规模的扩大，全要素的综合成本呈某一方向变动的情况（最常见的情况是在一定规模内呈下降趋势），规模效应的来源是固定成本和部分变动成本的节约；所谓范围经济效应是指随着产出种类的增多，全要素的综合成本呈某一方向变动的情况（最常见的情况是在一定规模内呈下降趋势），范围经济效应的来源是不同产品的边际转换率具有递减性。反映人力资本产权交易中规模经济和范围经济效应的最好例证是正规教育的大规模集中授课和专业划分。但随着人力资本专用性的提高，人力资本生产的规模经济和范围经济效应呈现递减趋势，这是因为，随着产品独特性的增强和需求差异的增大，通盘组织生产的固定成本和变动成本的节约优势逐步降低。但人力资本与其他产品生产的一个重要不同是，当人力资本的专用性达到一定程度时（我们认为，从某种意义上说，人力资本的专用性程度是一个连续的变量），在企业内部的生产成本将低于市场的组织方式，即 $\Delta C<0$，这是因为，只有特定的企业才掌握需要传授的知识，了解生产这种特殊人力资本的要求、流程，并具有生产这种特殊人力资本的人力。外部市场无从为这种生产配置资源。

三、人力资本产权交易的治理成本

（一）识别人力资本属性、计量和分割人力资本价值（简称认定成本）的成本

人力资本与物质（金融资本）资本相比，存在着识别、计量和定价上更高的成本，这是因为，人力资本构成的复杂性和可变性是任何其他资本所不能比拟的，并且必须是在与物质资本的有机结合中、在与其他人力资本的互动中发挥其功能，其所具有的劳动生产率往往难以清晰的分割。特别是在技术日益进步和社会制度、文化日益多样化的前提下，人力资本的内涵和构成因素日趋复杂，测定人力资本价值的难度不断加大。清晰地测定人力资本的价值往往需要专家系统，正规教育的文凭和专业资格证书在某种意义上说就是人力资本交易的治理安排，为此花费的成本就是治理成本。从人力资本定价的角度看，这些制度安排是远远不够的，要真正掌握人力资本的价值信息，往往要经过长时间的使用、观察、引导和开发才能实现，其中涉及的工作包括人的性格、体能、智力水平、经验、知识和技能结构的区分和认定，个体对不同职业和岗位的匹配性的认定等等。为此要花费各种成本。一般来说，人力资本的专用性越强，认定成本越高。

涉及人的经验、知识和技能结构的区分，以及适应不同职业和岗位的性格和智力结构因素的种种细致鉴别，这往往要经过长时间的测试、观察、引导和开发才能实现。为此要花费各种成本。一般来说，人力资本的

专用性越强，计量成本越高。

（二）为增加交易双方的适应性而花费的成本（简称适应性成本）

所谓适应性是指交易双方遵守合约约定的稳定性和可靠性。适应性成本主要是为确保合约得到稳定执行、维护双方权益的安全性而作出的相关安排花费的成本，如律师费用，公证、见证费用等等。人力资本与其他形式的资本相比，最根本的区别在于其载体（使用权出卖方）和使用人（使用权购买方）是活的、有思想、有个性和具有自利（投机）倾向的人。人力资本权益的安全性，既要受到载体情绪、价值观和健康状况的影响（如消极怠工），也要受到使用人不确定性行为的影响（如变相克扣工资）。一般来说，人力资本的专用性越强，对人力资本权益的安全保障要求越高（防止突然中断合同造成人力资本的价值损失），适应性成本越高。

（三）不同的交易者在人力资本生产中的协作成本

所谓协作成本是指在人力资本的生产过程中人力资本的投资客体、主体和提供生产服务的第三方之间协调产权利益分割所要付出的成本。比如当知识和技能通过个体之间交流方式传授并采取企业外的市场交易方式时，由于从事相同职业的个体之间存在竞争关系，因此技能传授方可能开价很高或根本不将关键知识和技能教给接受方，以免“教会徒弟，饿死师傅”。

上述三种成本都表现为在进行人力资本交易时的寻找、筛选、讨价还价和签约后的执行约定和修改约定的一系列成本。

四、企业人力资本生产与购买的效率转换点

按照本章第一节给出的威廉姆斯权衡模型，一种要素（或中间产品）究竟是采取市场交易的方式组织生产还是垂直一体化的内部生产方式，取决于两种生产方式的专用性转换点 $\hat{k}(\Delta C+\Delta G=0)$ 及该要素的最优专用化水平 k^*，后者取决于生产过程本身的技术特性及其他外生因素。显然，一名军官或情报人员所要求的专用化水平比一名普通车工或汽车司机所要求的专用化水平高，因此更需要在组织内部进行培训。

但人力资本生产成本函数和治理成本函数与其他要素不同点在于：(1) 由于在企业内部进行的人力资本生产所需要的固定资产投入相对较

少，生产规模的缩小对生产成本的负面影响较小，并且对产品质量的正面作用较大，还存在“干中学”或不脱产培训的优势选择，因此随着专用性的提高和生产规模的缩小，企业内部生产的成本下降速度较快，并且在某一个专用水平 $\tilde{k}$ 上，可以实现两种生产方式无差异，即 $\Delta C=0$，并且当 $k>\tilde{k}$ 时，$\Delta C<0$。（2）由于企业内部的人力资本生产存在较高的“平滑效应”（即成员之间和企业与员工之间知识和技能传递的低摩擦性）以及内部劳动力市场提供的安全保障作用，并且培训本身具有的筛选机制，使企业内部进行的人力资本生产的治理成本大大下降，体现在人力资本生产的 ΔG 曲线比其他专用资产生产的 ΔG 曲线更陡峭，$\bar{k}$ 点（$\Delta G=0$）更靠近原点。

基于以上的两点分析，在人力资本生产上两种生产方式总成本的差异曲线（$\Delta C+\Delta G$ 线）比其他资产生产上的两种生产方式的总成本差异曲线更陡峭，$\hat{k}$（$\Delta C+\Delta G=0$ 的点）点更靠近原点。这实际上意味着，即使专用化（特殊性）程度较弱的人力资本要素在企业内生产往往也是核算的。也就是说，企业的人力资本生产被纳入企业垂直一体化的生产体系是经常和大量存在的现象，并且是合理的。

在接下来的两节中，我们将着重讨论专用化人力资本在企业内部生产的治理成本优势何在，而关于专用化人力资本在企业内部生产的生产成本优势，由于问题比较明显，则暂时不做讨论。

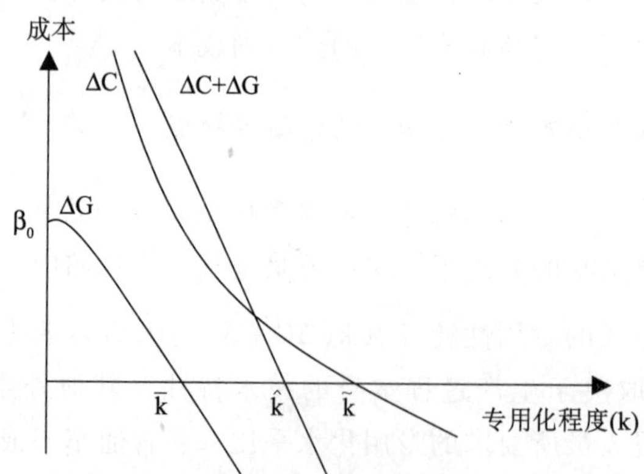

图 6.2　人力资本交易的生产成本与治理成本

第三节
团队生产与知识传递效率：治理成本节约的视角一

一、决定知识学习效率的内在因素

一个教育制度（或人力资本的生产制度）实际上是一个特定群体的知识交流体系。任何个体的学习都是在一个群体中的学习，只有群体中的个体进行充分的知识交流，每个个体和整个群体的知识量才能迅速增长，知识的创新才有可能实现。因此，一种教育制度是否具有比较优势，关键是看进行学习的一个特定群体中的每个成员之间进行知识交流的效率，即实施知识交流的制度成本是否较低，或者进行知识交流的积极性是否较高。我们可以借助协调博弈理论来理解这一问题。

二、协调博弈理论

协调博弈是美国博弈论专家罗素·W. 库帕（1999）提出并研究的一类特殊的博弈现象。其研究的问题是在存在多重博弈均衡的条件下，如何通过增加博弈各方的激励以达成合作，使博弈达到帕累托最优均衡，而避免次优均衡的问题。

（一）合作与背叛：多重博弈均衡问题

考虑以下的博弈模型[①]：两个局中人进行博弈，二者共同致力于生产一件产品。假定局中人 i（$i=1$，2）从消费（c_i）和努力水平（e_i）中得到的收益为 $2c_i-e_i$，并且 $e_i\in$（1，2）。这个博弈的得益矩阵为：

① 该模型参见罗素·W·库珀著，张军等译：《协调博弈》，中国人民大学出版社 2001 年 2 月版。

		局中人B 1	2
局中人A	1	1.1	1.0
	2	0.1	2.2

图 6.3　协调博弈

在这个静态博弈中有两个纯策略纳什均衡策略组合[1,1]和[2,2]及一个混合均衡策略（即各局中人都以1/2的概率选择策略1）组合。在这三个均衡中，策略组合[2,2]收益相对最大，在帕累托排序中最优，[1,1]和混合均衡收益相对较小，无帕累托优势。但问题是，博弈双方往往存在对对方选择的判断的困难，一旦判断失误，一方作出选择帕累托较优的策略2时，而另一方选择策略1时，则选择策略2的一方面临1的净损失，而策略1对双方来说都是相对保险的策略，因为在一方选择策略1时，无论另一方选择策略1还是策略2，其得益都是选择策略1的一方。在这里[1,1]和混合均衡被称为风险占优（risk dominance），[2,2]被称为收益占优（payoff dominance）。究竟选择哪种策略，取决于局中人策略的相互协调，要达成相互协调，取决于很多因素，这里的协调，按我的理解，是指使局中人彼此对将采取的策略具有正确判断的行为，比如事先沟通，长期合作的信任，重复博弈下彼此报复的制衡等等。

（二）库珀——约翰模型①

库珀——约翰模型研究的就是一个存在多重均衡的博弈中如何实现收益占优的策略被选择问题，即什么基本的策略相互作用导致了协调博弈。其基本含义是：当博弈中的局中人策略（努力水平）被限制在精确量化的上下限之间时，则可能产生局中人的相互作用，即存在策略的互补性。这种互补作用意味着其他局中人增加努力会使余下的局中人追随，即当部分局中人采取高努力水平的策略时，会刺激剩下的局中人也采取较高水平的努力行动。

协调博弈的中心问题是在精确定义“较高的努力水平”这一概念的

① 本模型见罗素·W·库珀著，张军等译：《协调博弈》，中国人民大学出版社2001年版，第22—29页。

前提下，解释在什么条件下某一局中人的反应会在其他局中人行动选择中单调递增。

假定局中人 i，i = 1，2，……I 在区间［0，1］内选择了一个策略 e_i（指局中人的努力水平），每个局中人的策略集完全有序排列。每个局中人都以非合作的方式（即追求自己的效用最大化）选择策略。设 σ（e_i，e_{-i}，θ）是局中人 i 从策略 e_i 中得到的收益函数 e_{-i} 是其他局中人的策略向量，θ 是衡量收益的标量。假定收益函数是连续可微的，并且是严格凹的，局中人具有相同的偏好，即 $\theta = \theta_i$，则博弈成为对称博弈。并且该博弈的纳什均衡为：

$\xi(\theta) = \{e \in [0,1 | \sigma_1(e_i, e_{-1}, \theta) = 0]\}$，式中 $\sigma_1(e_i, e_{-i}, \theta) = 0$ 是得益函数的导数。该式描述了一组纳什均衡，其中，所有其他局中人采取的策略满足了某一个局中人收益最大化的一阶条件。由于 σ 是严格凹的，因此在一阶条件成立的努力水平 e_i 上，最大值 $\sigma(e_i, e_{-i}, \theta)$ 一定成立。

如果我们用 $\phi_i(e_{-i}, \theta)$ 代表局中人对其他局中人策略的最优反应策略，并且满足条件 σ_1［ϕ（e_{-i}，θ），e_i，θ］$= 0$，则这组纳什均衡等同于 $\{e \in [0,1] | \phi(e_{-i}, \theta) = e\}$。假定 $\sigma_1(0,0,\theta) > 0$ 并且 $\sigma_1(1,1,\theta) < 0$ 对所有 θ 都成立，这意味着 $\phi(0,\phi) > 0$ 和 $\phi(1,\theta) < 1$。即如果所有 I − 1 个局中人选择极值（0 或 1）的努力水平，就会促使余下的那个局人选择处于 $[0,1]$ 之间的努力水平。综合上述条件，并且 $\sigma(\cdot)$ 是连续的，则在 $[0,1]$ 上必然至少存在一个均衡，即博弈各方达成均衡的努力水平均在 $[0,1]$ 之间，如果放宽对 σ_1 边界条件的限制，这些均衡也包括在极值点上的均衡。是否存在多个均衡，取决于 σ_{12} 的是否是正的及局中人对此的反应强弱。

在策略空间是凸的，并且收益函数连续可微的前提下，当局中人 σ_{12}（即某个局中人的收益对其他局中人努力水平的一阶偏导数）大于 0 时，则博弈表现出互补性，即一个局中人对其他人提高努力水平的最佳反应是提高努力水平 e_i，此时最优反应策略 ϕ_i（e_{-i}，θ）是关于 e_i 递增的；当 σ_{12} 小于 0 时，则博弈表现出替代性，即一个局中人对其他人提高努力水平的最佳反应是降低努力水平 e_i，此时最优反应策略 ϕ_i（e_{-i}，θ）是关于 e_i 递减的。

库珀——约翰（Cooper & Jhon，1998）给出了描述策略互补性和对称纳什均衡多重性之间关系的三个命题：

命题1：如果博弈整体表现出策略的可替代性，那么存在一个唯一的对称纳什均衡。

该命题的含义是，如果对ξ来说，存在一定水平的e，使ϕ_1（e，θ）<1，则博弈存在唯一的纳什均衡（即收益曲线向上倾斜，因此与45°线只能相交一次）；如果对ξ来说，存在一定水平的e，使ϕ_1（e，θ）>1，一定存在多个对称的纳什均衡（即收益曲线向上倾斜，与45°线可以相交多次）。其现实含义是：对某一局中人来说，所有其他局中人增加的努力增加了他的收益，因此出现了正的溢出，即其他局中人的努力惠及了该局中人。

命题2［Cooper & Jhon，1998］：如果存在多个对称纳什均衡，并且博弈表现为正溢出，那么均衡根据活动水平进行帕累托排列。

该命题的含义是，出现正溢出时，所有局中人选择增加努力水平的收益高于选择降低努力水平的收益。但存在多个对称纳什均衡的条件下，博弈的结果可能是各方形成的均衡策略组合粘滞在帕累托次优的得益水平上，而不是最优的水平上。比如在宏观经济出现衰退时，经济活动的参与人的投资与消费水平直接关系着未来的经济状况，但由于缺乏沟通与协调，他们的投资与消费水平较低，因此经济状况持续低迷。这就是人们常说的，信息比黄金更珍贵的道理。

命题3［Cooper & Jhon，1998］：如果存在唯一的对称纳什均衡，那么策略的互补性对于乘数就是充分必要条件。

该命题的含义是，策略的互补性增大了对系统的冲击，局中人从收益最大化的考虑出发增加了他们的努力水平。这里所说的乘数是指这样一种状况：在博弈存在唯一均衡时，当受到一个普通（收益变化）冲击时，经济活动水平超过一个局中人采取给定其他人的策略所做的部分反应。也就是说，当存在按收益排列的多个均衡时，博弈的均衡策略选择取决于某种特殊的激励或冲击。比如某种一致行动的承诺得到充分保证，则各方的努力水平会大大增加。

上述三个命题说明，在局中人的策略存在互补性的前提下，局中人可能面临多种均衡策略选择，各种均衡策略选择的收益是高低不等可以比较的。如果对局中人的策略实施提供某种保证的话（用学术术语来说，这相当于一个得益冲击），则会刺激他们选择帕累托相对较优的策略，从而使博弈结果即各方的收益处于相对较高的水平。这里所说的保障，是对策略选择的风险的降低，特别是对其他局中人选择对应策略的信心。

协调博弈理论为我们分析企业进行人力资本生产提供了一个分析框架。这一分析框架是：对一个特定的教育体系（或知识交流体系）来说，如果每一个个体知识交流的积极性具有收益上的互补性，则这一学习体系中的每一个个体将共同采取较高的知识交流积极性并达成策略均衡；衡量一个教育体系是否具有治理成本上的比较优势，是在一定范围内，这一体系中个体均衡的知识交流积极性是否比其他教育体系中均衡的知识交流积极性高。或者可以理解为，为提高知识交流的效率，可以设计一个具有较高的知识互补性的、具有知识交流激励的教育制度，以最大化均衡的知识交流积极性。

三、知识的产权特征

关于知识的准确定义和范畴是一个在哲学、逻辑学和语言学上至今没有定论的东西，许多学者甚至在讨论知识问题的时候都拒绝给知识下定义，并且我们在第二章曾做过一个浅显的讨论，在此就不涉及这一问题了。但需要强调的是，我们在此讨论的知识范畴包含被称做技能和信息的东西。

在人类历史上，当知识越来越具有经济功能，能够带来明显收益，而不仅仅是王公贵族和神职人员显示特权地位、身份和实现社会控制的工具的时代来临之后，对知识的追求和掌握成为社会中几乎每个人追求的目标。知识和财富一起成为影响个人收入分配的重要因素。早在 1958 年 8 月发表在《政治经济学》杂志上的《人力资本投资与收入分配》一文中，明瑟尔已经提出了完全用个人所受劳动培训量的差异来说明个人收入分配特点的模型，得出了人力资本积累将导致收入分配平等化的结论，而随后大量学者就教育与培训对收入分配的影响问题进行了深入而广泛的研究，这些研究为我们认识各种形式的教育（从而知识或者说人力资本）对收入分配的决定性影响提供了坚实的理论和实证依据。因此，知识实际上代表了一种产权，可以参与社会财富的分配。

但是，在人人渴望知识、追求知识并声称拥有知识的今天，知识的产权具有二重性：

1. 人与人所拥有的知识权利[①]具有竞争性。这主要是从劳动力市场和产品市场竞争的意义上来说的：首先，在知识，特别是专门知识稀缺，并且劳动力市场容量有限的前提下，对同一类专门知识的更多掌握，意味着占有竞争优势，可以优先取得人力资本（或劳动力）被使用的权利；其次，在产品市场需求有限的情况下，掌握一门独特的生产知识或手艺，可以使生产出的产品更具竞争力，形成独特的品牌优势和良好的市场声誉。

2. 知识权利的互补性。知识所拥有的经济功能往往不能仅仅靠拥有知识的个体自身独立发挥作用，必须靠群体的知识整合才能发挥作用。这一点非常好理解，在产品生产的市场分工中，最终产品由不同的中间产品组合而成，每一项中间产品都必须依靠一项专门知识来生产，不同知识在生产最终产品的过程中表现出相互补充和依赖的关系。而每一个中间产品又是由掌握相同知识的个体共同完成的，掌握相同知识的个体由此形成互补和依赖关系。在社会生产中，个体的知识（或个体的人力资本）离开了其他个体知识的配合就无法实现其权利。生产过程中群体的合作是知识权利互补性的最充分的表现。

四、市场交易条件下的知识封闭性

在产品生产完全通过市场交易的方式组织的情况下，个体之间在知识权利的支配和收益方面的地位是平等的，知识权利存在天然的竞争性，因而知识的互补性不能得到充分的扩展。这主要可以从两方面来理解：一是对处于同一最终产品制造的垂直分工和横向分工体系的不同位置上的交易者来说，必须在一定程度上封闭自己的相关专业知识，不让其他交易者充分了解，以免自己的分工位置被其他交易者兼并或取代；二是对处于同一位置上的交易者来说，也必须在一定程度上封闭自己的相关专业知识（从事同一分工生产的交易者的知识也是有差异的，因此存在交换问题），以免被排挤出有限的市场。

基于以上认识，我认为，在不存在企业的纯粹市场交易方式的经济组织体系中，知识的外溢性受到极大限制，知识传递和知识创新的效率会大

① 为避免与知识产权这一专有名词的混淆，我们在此使用知识权利一词来代表人依靠知识获取经济收益的广泛权利。

大降低。旧中国在漫长的历史时期中，许多具有特殊生产技能的家族普遍实行的“传内不传外”、“传男不传女”的技能继承传统，是市场交易方式导致的知识产权的排他性竞争的典型例证，许多技能因此失传或长期不能得到创新和改进，从某种意义上说，这种传统影响了整个社会的知识扩展和创新，阻碍了社会进步。

五、企业制度下的知识及人力资本产权的准公共性：团队生产的共同利益与知识互补性

腾光进和杜文中在一篇讨论契约理论与企业本质的文章中，提出的观点是具有启发性的。在他们看来，企业的本质是“以雇契约和资本性契约为基础形成的，基于正式与非正式契约网络的公共性人力资本或能力”。他们将市场中的交易契约分为四类：（1）雇佣性契约（现代契约Ⅰ）；（2）资本性契约（现代契约Ⅱ）；（3）专用性较高的中间品、技能等转移的交易契约（准现代契约）；（4）为最终产品、专用性低的中间品以及金融性产品的交易契约（个别性契约）。其中第一类契约和第二类契约构成了企业的边界。①

根据他们的解释，雇佣性契约既包括企业人格化的代表（一般是股东代理人或管理层）与劳动者签订的事前雇佣合同，也包括雇员之间建立的非正式契约关系，即事后合同。雇佣性契约确立了工人与企业之间的正式雇佣关系所规定的权利和义务，但更重要的是雇员之间建立的非正式契约关系。这种雇佣关系是在工人之间及工人与企业人格化的代表之间相互依存和相互作用的合作中形成的。这类非正式契约关系具有公共产品的性质，是企业竞争力的源泉。在Ⅰ、Ⅱ类契约中，正式雇佣关系规定了工人基本的工资收入、任职期及相关的保障和限制，工人得以得到确定性的安全保障，非正式契约则将工人具有的人力资本的某些产权纳入了“公共领域”，并为工人获取企业的剩余提供了条件。通过两类契约，在企业内部建立起了既合作又竞争的关系，并将工人的行为置于“共同利益”原则的环境下。具体内容如图 6.4 所示。

---

① 这一划分与我们的视角有所不同。

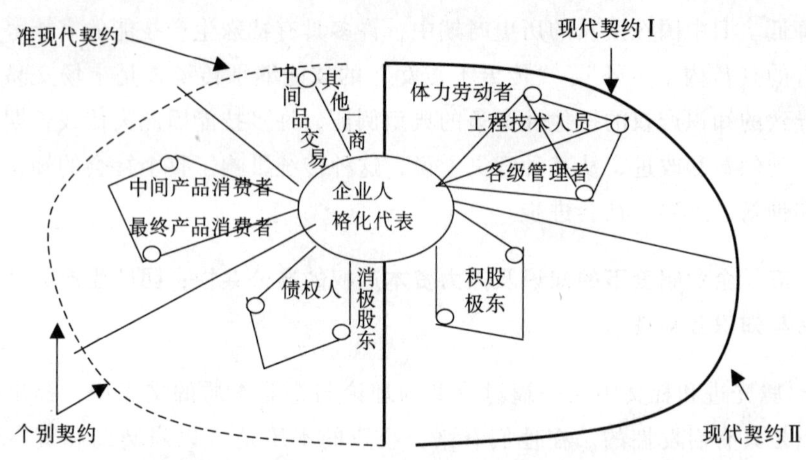

图 6.4 基于契约性质的企业与市场关系图①

图 6.4 中粗实线构成的区域为企业的核心边界。上述思想与 Y. 巴泽尔关于企业是建立在产权"准公共领域"上的思想具有异曲同工之处。在巴泽尔看来，同一种资产具有许多属性，其中一些属性不能被明确地界定产权，被留在"公共领域"内，为防止合作生产的各方对这部分利益的攫取，需要建立一种权威性的组织结构来协调各方的利益和行为，以保证合作生产的效率。在这种权威结构的交易组织系统中，每个交易者都需要出让一部分产权归属统一的权威体系的支配，并从这种权威体系中得到与其产权（或边际贡献）并不完全对应的收益和安全保障。

上述思想给我们的启示是：在企业的内部，人力资本（或者说知识本身）具有的产权特征与市场平等交易时的产权特征具有明显不同。后者强调清晰的产权边界，其核心是人力资本的边际贡献在产品的交换关系中得到完全体现，尽管事实上这种产权同样不可能完全界定清楚，但作为一种存在于每个交易者头脑中的原则是如此。而前者则更强调交易者产权的相互依存和不可完全剥离性。在企业内部实行生产合作的工人的头脑中，尽管仍然具有边际贡献与收益的正相关的原则性诉求，并且存在相互攫取对方产权利益的自利动机（这一点是"团队生产"理论立论的基础），但在很多情况下，并不再把边际贡献等于边际收益的点作为个人利

① 腾光进、杜文中："契约理论与企业本质的再思考"，《清华大学学报》（哲学社会科学版）2000 年第 6 期，第 45—50 页。

益最大化行为的均衡点，因为企业制度下天然的和人为的“集体奖励”或“集体惩罚”效应（以下简称“集体惩罚”）导致个人利益最大化的行为（或努力）水平接近或达到集体最大化行为。

关于企业制度下天然的和人为的“集体惩罚”效应的存在，我们可以列举企业制度的许多方面的特征和规定加以证明：从大的方面看，企业就是一艘在市场竞争的风浪和暗礁险滩中航行的船，这艘船的命运与每一个个体的命运存在很大的相关性，特别是当劳动力市场处于买方市场，并且工人积累了相当程度的专用性人力资本的时候，情况更是如此。从许多企业内部管理的规则看，在许多情况下，工人的报酬并不是与个人的边际贡献挂钩，而是与一个班组、车间、部门、分支机构的总体边际贡献相挂钩，这种制度安排不仅是因为个人对产品的边际贡献很难界定，更是因为通过这种“集体惩罚”所预留的“公共领域”空间，增进工人之间的集体合作和相互监督。①

我们以一个简单模型对上述思想加以说明。

“集体惩罚”和“集体奖励”在本质上是打破了提供公共品的预算平衡，从而是个人提供公共品（比如相互交流知识和技能）时的工作表现优于预算平衡约束下的工作表现。

我们假定委托人将一项工作交给 n 个代理人完成，这些工人在工作中的劳动性质和报酬是无差别的，并且由于在夜晚工作而较难实施有效监督。那么，这一劳动过程具有公共性，每个工人的工作努力水平对他人产生足够的外部性，因而每个人都倾向于少干或不干。为此，委托人根据帕累托最优水平要求的工作努力程度设定了该工作应该完成的产品数量，如果工作量仍未完成，则扣除所有人的工资。这时，每个工人面临的唯一正确选择是努力工作，以确保尽可能完成规定的数量，领到那份工资。

设工人 a 的工作努力水平 h_a，产出水平为 $x_a(h_a)$，获得的工资为 $w_a[x_a(h_a)]$并且 $h'_a>0$，$x'_a>0$。而工人的净收益为：$u_a(g_a,h_a)=w_a[x(h_a)]-c_x(h_a)$。则预算约束为：

$$\sum_{a=1}^{n} w_a(h_a) \leqslant x(h)$$

① 关于“集体惩罚”制度的功能及在国家和社会管理中的作用可以参见张维迎：《信息、信任与法律》，生活、读书、新知三联书店 2003 年 8 月第 1 版，第 179—251 页。

可行的工资合同为

$$w_a = \begin{cases} w_a^* & 如果\ h_a \geqslant h_a^* \\ 0 & 如果\ h_a < h_a^* \end{cases}$$

这里，h_a^* 是帕累托最优的工作努力水平。如果产出大于或等于帕累托最优水平 x_a^*（h_a^*），则得到工资 w_a^*，如果产出小于帕累托最优水平 x_a^*（h_a^*），则得不到任何工资。

由于在帕累托最优水平上，$x(h^*) > \sum_{a=1}^{n} c_a[x_a(h_a^*)]$，因此，可以推断：

$$\sum_{a=1}^{n} w_a^* = x(h^*), w_a^* > c_a(h_a^*)$$

假定其他工人选择工作努力水平 h_{-a}^*，而工人 a 选择的努力水平 $h_a < h_a^*$，则 $x(h_a, h_{-a}^*) < x(h_a^*, h_{-a}^*), w_a[x(h_a, h_{-a}^*)] = 0, u_a(0, h_a) = -c_a(h_a) < 0$；而如果工人 a 选择努力水平 h_a^*，则 $x = x(h_a^*, h_{-a}^*), w_a[x(h_a^*, h_{-a}^*)] = w_a^*, u_a(w_a^*, h_a^*) = w_a^* - c_a(h_a) > 0$，显然，$h^*(h_1^*, h_2^*, \cdots, h_a^*)$ 是一个纳什均衡策略。即每个工人会选择帕累托最优的工作努力程度，“搭便车”问题被消除。

然而，根据阿罗的研究，上述均衡其实只是具有存在的可能性，工人并不是必然选择帕累托最优的工作努力程度，如果工人 a 选择低于帕累托最优的工作努力程度，则其他工人为达到目标产量从而拿到工资，可能选择更加努力工作。但如果我们放松约束条件，让工人之间可以相互观察到彼此的工作努力程度（委托人不能观察）并且可以彼此强制提高努力水平，或者按照职位等级分配产出水平 x，则每个人选择帕累托最优的工作努力程度 h_a^* 是可能实现的。企业作为科层组织的层层负责和层层监督制度在一定程度上就起到了彼此强制提高努力水平，或者按照职位等级分配产出水平 x 的作用。也可以理解为，上述的要么完成，要么什么也得不到的管理机制可以在不同的科层层层实施，直到最底层的工人身上。使层层的工人都有这种维持最大化努力水平的激励。总之，企业的科层管理制度在一定程度上消除了“搭便车”问题导致的产出不足、工作努力程度不够的问题。

其实，在某些极端情况下，即使不打破预算平衡，通过集体惩罚制度也可以达到帕累托最优的工作努力程度。比如一条船在深洋中触礁漏水，船上没有救生工具，并且从技术角度看，只有所有船员拼尽全力堵漏排水和划船才能保证在船沉之前抵达最近的港口。同时假定船员们的工作是等价的，没有质量差别。所有船员的共同努力 h 决定一个共同的产出量 x，这里 x 指生命拯救的可能性。设船员 a 在拯救该艘工作中的努力程度 h_a，从该艘船拯救中的收益为 $g_a(x)$，工作成本为 $c_a(h_a)$，从中获得的效用为 $u_a(x)=g_a(x)-c_x(h_a)$，该项工作的总收益为 $G(x)=\sum_{a=1}^{A}g_a(x)$，全体船员的总收益为 $G(x)=\sum_{a=1}^{A}g_a(x)$。同时假定，$x(h)$、$g_a(x)$、$G(x)$与$c(h_a)$对于所有 $x\geqslant 0$ 或 $h_a\geqslant 0$ 都是二阶可微的，且对于所有 $x\geqslant 0$ 或 $h_a\geqslant 0$，有 $x'(h)>0, g'_a(x)>0$ 或 $C_a'(h_a)>0$[$x(h)$、$g_a(x)$、$c_a(h_a)$为严格递增凹函数]。

则预算平衡要求：所有船员的所得之和等于总产出，则必须满足

$$G(x)=\sum_{a=1}^{A}g_a(x)=x \tag{1}$$

最优的一阶条件为：

$$G'(x)=\sum_{a=1}^{A}g'_a(x)=1 \tag{2}$$

而此时对船员 a 来说，是如何选择适度的 h_a 最大化自己的效用 $u_a(g_a,h_a)=g_a(x)-c_x(h_a)$

一阶条件为：

$$g'_a(x)x'(h_a)-c'_x(h_a)=0 \tag{3}$$

由于生命是无价的，对该船员来说，全体船员生命的价值之和与自己的生命价值没有区别，或者说，每一个船员的每一份工作贡献，都可以既为其他船员也为自己全部享有。因此

$$G(x)=\sum_{a=1}^{A}g_a(x)=g_a(x)$$

即 $G'(x)=g'_a(x)=1$ (4)

因此，对该船员来说，$g'_a(x)x'_a(h_a)-c'_x(h_a)=x'(h_a)-c'_x(h_a)=0$

即 $x'(h_a)=c'_x(h_a)$ (5)

而另一方面，全体船员帕累托最优应是求以下函数最大化：

$$U(h)=x(h)-\sum_{a=1}^{A}c_a(h_a)=\sum_{a=1}^{A}x_a(h_a)-\sum_{a=1}^{A}c_a(h_a)$$

一阶条件为：

$$\sum_{a=1}^{A} x'_a(h_a) - \sum_{a=1}^{A} c'_a(h_a) = 0$$

即 $x'_a(h_a) = c'_a(h_a)$ (6)

帕累托最优的解为：

$h_a = h_a^*$

比较（5）、（6）可知，预算平衡下船员的努力程度就是全体船员帕累托最优的努力程度。如果我们将这个极端例子的约束条件再放松一点的话，比如将沉船面临的生命损失换成每个船员的财产损失的话，则可能船员的努力程度会小一点，但是，由于大家的财产利益高度关联，因此拯救沉船的努力程度一般会高于在轮船航行时作业的努力程度。

我们以 h_{a1} 代表船员平时作业时的努力程度，h_{a2} 代表船员在船沉并面临财产损失时的努力程度，h_{a3} 代表船员在船沉并面临生命丧失时的努力程度，以 g_{a1}、g_{a2}、g_{a3} 分别代表相应所得，c_{a1}、c_{a2}、c_{a3} 分别代表相应成本，则可知：

$$G(x) = \sum_{a=1}^{A} g_a(x) = g_{a3}(x) = 1 > g_{a2}(x) = c_{a2}(x) > g_{a1}(x) = c_{a1}(x)$$

由于 $x'(h) > 0$，$g'_a(x) > 0$ 或 $C_a'(h_a) > 0$，因此工人在三种情况下的帕累托最优努力水平有

$h_{a1}^* > h_{a2}^* > h_{a3}^*$

我们可以将 h_{a1}^*、h_{a2}^*、和 h_{a3}^* 理解为在特殊奖惩机制下的企业环境下、一般奖惩机制下的企业环境下和市场合作方式下工人的最优努力水平。也就是说，在企业的环境下，工人的劳动或人力资本相比市场环境具有更高的公共性，而其特殊的内部机制却导致比市场环境下更高的利益互补性，因此产生更高的生产公共品（比如交流知识和技能）的努力水平。

通过以上分析，我们不难进一步推论，在企业制度所界定的各种产权的“准公共领域”中，人力资本（或知识）必然具有更强的外溢性，也就是说，在企业制度下，知识交换、传递、创新和扩展的效率比市场平等交易的组织制度下具有更高的效率或更低的治理成本。并且越是特殊性的知识，交流的障碍越小，因为在企业内部这种交流可以促进共同利益。这可以从两方面来理解：一是处于同一工作岗位或运用相同的知识和技能完

成同样工作的工人之间为促进对方劳动生产率的提高以维护共同利益愿意进行更多的知识交流和传递，这种交流方式最典型的制度是师徒制。二是处于不同工作岗位或完成不同工作的工人之间为更好地实行协作而彼此交流和传递具有共同背景的知识或各自的专业知识。在以上两种情况下，工人之间不必像在市场上那样担心在劳动分工中的位置被取代。三是企业代理人为企业所有人和自身的利益（从某种意义上说，也是企业所有成员的共同利益）主动参与企业外部知识的搜集、获取和引进以及内部知识的交流、传递与整合。三种情况的集中表现是由工人自发组织和企业组织的各种形式的培训。

需要指出的是，在企业之间仍然存在市场平等交易中存在的“知识封闭”问题，但由于劳动力市场的广泛存在、工人的流动性以及通过正规教育的传递渠道，在现代社会中，这种“知识封闭”问题相对个体和小规模的家族经营的时代，已经大大减弱了。毕竟企业契约对工人的流动性及知识外传只能施加有限的约束，而个体和家族经营对成员流动和知识外传具有强约束。①

六、市场与企业条件下知识交流的效率比较：一个协调博弈模型

知识交流的积极性通常是知识交流效率的最重要元素，因此我们围绕知识交流的积极性来建立我们的模型。

我们设 n 个工人受雇共同完成某项工作，完成该项工作需要的唯一中间产品是人力资本。工作的质量 q 与每个工人各自的人力资本的水平 h 正相关，工人的工资 w 取决于工作的质量。就形成整体的职业能力而言，工人拥有的知识之间具有补充性。因此每个工人的人力资本水平 h 取决于工人学习知识及交流各自拥有知识（或相互帮助）的积极性 m（$0 \leqslant m \leqslant 1$），即工人 i 在第一阶段生产的人力资本的水平 $h_i = h_i(m_i, m_{-i})$，m_{-i} 为其他工人的学习交流知识积极性的平均水平。

为表述简单起见，我们设工人 i 的收益偏好是风险中性的，即 $U_i[w(h_i)] = w(h_i) = h_i$，且 h 的增长具有外部规模报酬递增的特点，即

① 这里没有涉及家族企业和非家族企业的区别和联系，而仅仅将家族经营作为扩大化的个体经营者来分析。

规模报酬是由其他工人积极性的效应创造的：$h_i(m_i, m_{-i}) = m_i h_{-i}(m_{-i})$，同时设 $h'(m) > 0$。

我们进一步假定，工人的工作分两个阶段，在每个阶段结束后结算一次工资。工人 i 在第一阶段生产的人力资本的 h_i 可以带入下一工作阶段，同时，由于技术进步、劳动力市场竞争等因素，使得工人 i 有 δ 的可能性不能受雇参加第二阶段的工作，并且 δ 在很大程度上受到 h_{-i}（工人 -i 在第一阶段生产的人力资本的水平）的正向影响，因此与工人 i 在第一阶段学习和交流知识的积极性 m_i 正相关，并且 $\delta = \frac{m_i^2}{\lambda}$，其中 λ（$0 < \lambda < 1$）为合约性质，合约涉及的劳动关系越不稳固，则 λ 确值越低。同时，我们假设，工人在第一阶段被解雇可以得到一定补偿（或者可以找到某个新的工作岗位），得到补偿后工人的净损失为 I。

根据以上设定，工人 i 在两个工作阶段的预期总收益为：

$$w_i[h_i(m_i)] = 2w_i[h_i(m_i)] - \delta(m_i)w_i[h_i(m_i)] = 2m_i h_{-i}(m_{-i}) - \frac{lm_i^2}{\lambda} \tag{1}$$

由（1），工人 i 收益最大化的知识交流积极性 m_i^* 满足下列一阶条件：

$$w_i'[m_i] = 2h_{-i}(m_{-i}) - \frac{2lm_i}{\lambda} = 0 \tag{2}$$

由（2）得到：

$$m_i^* = \frac{\lambda}{l} h_{-i}(m_{-i}^*) \tag{3}$$

如果 n 个工人的收益偏好完全相同，则该博弈为对称博弈，$m_i^* = m_{-i}^* = m^*$。

根据（3），每个工人关于知识学习交流的积极性具有互补性，并相互表现为正溢出，对于 h（m）的适当形式，可能存在多个对称的纳什均衡水平 m^*。

我们注意到，合约性质 λ 对纳什均衡水平 m^* 有重要的正向影响。如果我们将 λ 的提升看做是对博弈的一个普通冲击，则根据库帕和约翰命题 2（Cooper & John，1998）和命题 3，提升合约性质 λ 构成一个对纳什

均衡水平 m^* 的乘数效应，导致纳什均衡水平 m^* 的提升。

根据以上结论，不难推论，在企业合约下，劳资双方以人力资本的雇佣合约替代了产品市场上的合作合约，双方的劳动关系更加稳固持久，各方的权益保障更高，因此，在企业环境下，企业员工之间（包括工人之间、劳资之间）具有比在市场环境下更高的知识交流积极性。我们由此给出定理 6.1：

定理 6.1　在企业环境下，就以形成具有专用性的整体职业能力为目的而言，企业员工之间（包括工人之间、劳资之间）具有比在市场环境下更高的知识交流积极性。

按照这一逻辑，也不难将积极性扩展为在有利的成本函数下企业对人力资本投资的积极性。

更进一步，如果我们将工人之间知识交流的积极性视同为知识交流的效率的话，可以得到引理 6.1

引理 6.1　在企业环境中，就是以形成具有专用性的整体职业能力为目的而言，员工之间知识交流的效率高于在市场环境下平等合作的劳动者之间知识交流的效率。

第四节
企业的人力资本生产与内部劳动力市场：治理成本节约的视角二

一、围绕企业专用性人力资本存在的双边垄断：治理问题

根据我们在第五章的分析（及第三章介绍的 Lazear 的模型），就整体（即对第一个层次的人力资本产品）而言，企业在生产活动中使用的人力资本是带有明显专用性的人力资本（由不同权重的通用和专用人力资本因素构成）。当然，不同的企业所要求的人力资本的专用性在程度上有所不同。

贝克尔似乎最先注意并讨论了由于人力资本的专用性对企业人力资本投资决策的影响问题。在《人力资本》一书中，贝克尔指出：“如果一个

企业为一个离职去从事其他工作的员工支付了特殊培训费用，那么他就会浪费了部分资本支出，因为以后再也得不到收益了，同样，解雇一个支付了特殊培训费用的工人以后再得不到任何收益，从而资本也受到损失……因此，和没受过培训或受过一般培训的雇员比起来，受过特殊培训的雇员更不愿意离职而去，而企业也不愿解雇他们。"① 但贝克尔观察这一问题的角度是外生的，认为可以用培训成本的分担来化解风险，忽略了与人力资本生产相联系的治理结构安排所发挥的作用。如果我们从全社会总体的人力资本交易（包括市场交易和企业内部生产及各种中间形式）的视角来看，当人力资本的专用性达到一定程度的时候，就会导致贝克尔所描述的交易中的双边垄断（当然贝克尔是仅就人力资本构成中的特殊因素而言的，而我们则是就人力资本的总体而言的），即任何交易中的不可预知的变化，如突然中断供给或需求都会给交易双方带来比较大的损失，因此，有必要采取一种某些措施来对双方的权益加以保护，如经过讨价还价确定一种双方可以接受的制度安排，雇佣方保证长期雇佣和相应的工资标准和待遇，被雇佣方在主动离职或退出交易时要给予相关赔偿等等。

如果在平等的市场交易的背景下达成这样的合约，比如通过自学来具备企业所需要的专用性人力资本（且不谈这样做花费的生产成本），然后找到该企业签订供给合约，将会面临长时间的讨价还价成本和高昂的监督履约成本。具体来说，相关的成本包括：（1）雇佣者或被雇佣者中断合约时必须作出的赔偿，由于人力资本的专用性，一旦合约中断，面临的价值损失是高昂的，为此可能需要某种抵押；（2）由外部组织生产无法充分了解雇佣者的制度性信息和技术性信息，缺少雇佣者所需知识和技能的信息及与之相对应的专家系统，因此可能面临聘请专家的高额费用和人力资本的知识结构不能满足雇佣者需要的风险；（3）由外部组织生产无法充分了解雇佣者不断变化的制度和技术要求，无法有效地地组织跟踪生产和供给，或者要进行这种跟踪生产和供给面临高昂的信息成本和与雇佣者要求的不匹配风险。后两项风险要求被雇佣方提供相关的抵押来应对雇佣者可能面临的损失；（4）雇佣双方在不能履行合约时的责任认定需要花费较长的时间和较高的讨价还价成本；（5）由于存在上述成本，供需双

① 加里·贝克尔著，梁小民译：《人力资本》，北京大学出版社1987年5月版，第22—26页。

方都对专用性人力资本的投资采取谨慎的态度，从而大大影响了专用性人力资本的供给量，降低了供给效率。

而在企业制度下在企业内安排这种人力资本的生产，不仅由于天然的制度和信息优势，可以低成本地满足自身对人力资本的不断变化的要求，减低人力资本不匹配的风险，而且由于某些制度性的安排，可以最大限度地降低中断合约的风险，从而提高合约双方生产专用性人力资本的积极性。其中最主要的制度安排，是内部劳动力市场。

二、中途分离的原因分析

抛开经营状况或市场变化等外生因素对雇佣状况的影响，工人或企业中断合约的一个重要原因是人力资本类型与工作岗位或企业环境的不匹配。具体来说，可能有以下因素：

1. 技术性原因。如企业对员工实际能力与雇佣时预期的情况不符，对企业团队的劳动生产率影响较大，或员工应聘时预期自己的能力适应应聘的工作岗位，但实际与预期的出入较大，不能很好地适应工作任务。

2. 收益或发展上的原因。企业看到了具有更高劳动生产率的替代求职者，辞退工人所蒙受的专用性人力资本损失小于未来替代者可能带来的收益，或工人看到有更好的职业发展机会并且预期流动后的收益超过离职造成的人力资本贬值损失。

3. 制度原因。员工的先天性格、偏好难以适应企业的制度环境，特别是人文环境，造成心理和精神的负担，影响劳动生产率的发挥。当这种因素造成的劳动生产率的损失超过分离（seperation）造成的人力资本专用性价值的损失时，工人或企业可能选择分离（seperation）。

企业内部劳动力市场的有效运作，可以地降低第一、第二种原因造成离职的可能性，从而增加企业和工人双方所拥有的企业专用性人力资本产权的安全性。

三、内部劳动力市场与相关理论

内部劳动力市场（internal labor market），笼统地说指的是存在于企业内部的劳动力市场，实际上是企业内部的劳动正式合约（正式制度）和非正式合约（惯例和非正式制度）所形成的制度的总和。既有人为安排的成分，也有在企业制度下自发形成的成分。

最早提出内部劳动力市场的学者是美国经济学家 R. S. Laster（1948）和 L. G. Reynolds（1951），他们在研究工资级差及劳动力市场结构的关系时，指出了传统的工资理论与厂商理论的局限性，从而为人们以新的视角探讨劳动力市场理论提供了重要启示。另一位美国经济学家 Clerk Kerr（1954）在对英国古典经济学家 J. S. 穆勒和凯尔恩斯（J. E. Caimes）关于非竞争集团的存在导致工资差别的思想进行研究后认为，现实中的工资差别是由于劳动力市场出现分割化（balkanization）的结果，从而最先提出了有关劳动力市场分割和非竞争性及企业内部劳动力市场的思想。此外，社会学家 J. Dunlop 与 R. E. Livernash（1957）在研究企业内部工资结构的过程中，提出了有关工作束（job cluster）和工资等高线（wage contour）的概念，这些概念为内部劳动力市场理论中关于工作晋升与工资决定的分析奠定了基础。

系统的内部劳动力市场理论是由美国经济学家 P. B. Doeringer 和 M. J. Piore 在总结和吸收以往研究成果的基础上提出的。他们在 1971 年，发表了《内部劳动力市场与人力资源管理》这部重要的著作，第一次提出并系统阐述了内部劳动力市场的概念、起源、运行机制与基本特征等重要问题。在他们看来，可以按照雇佣和报酬支付等特征，将就业领域分为从属部门和主要部门。处在从属部门的劳动力主要是不需要多少技能的服务工、零星工、短工和季节工。在这些领域，雇佣关系是短期的，没有晋升的承诺，工资也完全受劳动市场的调节。而在主要部门的劳动者，包括拥有技能的蓝领工人、管理和技术人员等，其雇佣和工资并不直接受外部劳动市场的影响，而是由企业按照内部的规定和惯例来决定，从而形成一个与外部劳动市场相对隔离的内部劳动市场。它由一个雇主和一群雇员组成，雇主主要依靠隐含契约来解决员工的雇佣和报酬，既不固定雇佣期限，也不按员工在既定时点的产出或业绩支付报酬，而是让员工明确知道，如果他们为企业增加了价值，将会得到长期雇佣、提升工资和职位以及得到奖金和福利等。

此后，Beily（1974，风险分担或隐合约模型），Azariadis（1975，风险分担或隐合约模型），J. Salop 和 S. Salop（1976，筛选模型），Williamson，Wachter 和 Harris（1975，劳资谈判模型），Milgrom 和 Roberts

（1990，影响成本模型），Lazear（1995，锦标赛模型和报酬置后模型），Shapiro 和 Stiglitz（1984，效率工资模型），Akerlof（1982，工资礼物交换模型）wachter 和 Wright（1990，各种相关因素的系统整合研究），M. L. Wachter（1997，各种相关因素的系统整合研究），M. Hashimoto 等（1990，美日企业的内部劳动力市场的比较研究），Osterman（1985，欧美不同国家的内部劳动力市场比较研究），Ohashi 和 Tachibanaki（1998，对制度安排多样性及多重均衡可能性的研究），T. A. Diprete，Goux 和 Maurin（2002，关于内部劳动力市场衰减和劳动力市场外部化的研究），H. Farber（1995，内部劳动力市场变化趋势的研究），Groshen 和 Levine（1998，内部劳动力市场变化趋势的研究）等。这些研究大大丰富了企业理论和劳动经济学理论，加深了我们对企业本质、运行特点和劳动力市场变化趋势的认识，并使内部劳动力市场理论成为劳动经济学的一个自成体系的理论。

根据我有限的理解，内部劳动力市场理论中所说的企业内部劳动力市场是在企业内部为员工提供的一种职业发展环境。在这样的市场中，通过正式的雇佣合约和隐含契约（即长期形成的非正式惯例）为工人通过选择在企业内部寻求培训、职位匹配、晋升和长期雇佣的条件和机会。在内部劳动力市场寻求发展，可以获得比外部劳动力市场更小的机会成本和更好的职业发展预期，降低职业生涯的不确定性。其主要特征和稳定就业、增加激励的作用表现在：

1. 长期雇佣。长期稳定的雇佣关系是企业内部劳动力市场存在的基础和最重要的特征。这一特征在日本表现得最为典型，日本的大企业一般都实行终身雇佣制。在西方，德、法等国的企业也盛行长期雇佣制度，即使在强调劳动力流动性的美国和英国，雇佣期限也并非像想象的那样短。统计资料显示，日本企业中的职工，70% 在同一企业工作时间超过 10 年，而美国相应的数字是 37%，英国、意大利、德国和法国则分别是 39%、46%、53% 和 58%。在作为长期雇佣制典型代表的日本，一般工人在同一企业平均工作 8 年，有 25% 的工人在同一企业工作超过 20 年，在年龄超过 30 岁的职工中，有 40% 的职工在同一企业至少工作 20 年。[①] 这些统

① 赵增耀："内部劳动市场的经济理性及其在我国的适用性"，《经济研究》2002 年第 3 期，第 76—82 页。

计数字表明，从世界范围来看，大量的劳动力处于不流动或流动率很低。这与人力资本理论中关于劳动力由利用率低的场所流向利用率较高的场所会促进经济效率和经济增长的观点有不吻合之处。

长期雇佣政策使企业和员工面临较低的分离预期，提供了双方进行人力资本投资的积极性，并且提高了双方合作的积极性，增加了员工工作努力水平，也推动了企业的福利承诺。

2. 内部晋升。内部晋升是与长期雇佣紧密联系的制度。日本和欧美的大公司一般都建立有系统和规范的内部晋升制度，更多地倾向于从内部选拔中高层管理者并且按照阶梯制的规则实现员工从低级岗位到高级岗位的垂直流动。有关调查表明，日本企业中绝大部分的中高层管理者是从内部逐级选拔的。而即使在员工流动性相对较高的美国企业中，内部选拔也是优先考虑的用人政策。美国人詹姆斯·柯林斯和杰里·波拉斯研究发现美国的花旗银行、波音、通用电气、摩托罗拉、3M、IBM、惠普、强生等18家大公司，从1812年到1992年，只有两家曾经直接从公司外部聘用总裁。

员工的内部晋升机会与员工的工作表现及经过长期观察显示出的工作能力挂钩，为员工长期留在一个企业并保持较高的工作积极性提供了激励。

3. 报酬置后。所谓报酬置后是指企业对支付给员工的工资采取按任职年限和培训水平逐渐提高的策略，以增加员工离职的机会成本，达到鼓励员工继续留任的目的。报酬置后政策凸出表现为向上倾斜的年龄——工资曲线。关于这一政策的激励作用，我们根据赵增耀对 Lazear（1998）的报酬置后理论[①]的一个简单概括来说明问题：

图 6.5 中，W 曲线表示工资曲线，V_1、V_2 分别表示工人在高努力水平和低努力水平下的边际收益曲线，L 线表示闲暇的价值，t_0、t_1 分别表示工人达到劳动的边际收益最大值的工作时间点和工资收益达到最大值时的时间点（退休时间），L 线反映了工作的替代方式即闲暇的价值（边际

① 赵增耀："内部劳动市场的经济理性及其在我国的适用性"，《经济研究》2002 年第 3 期，第 76—82 页。原模型可参见：Lazear，John Wiley，Sons：Personnel Economics for managers，Inc 1998.

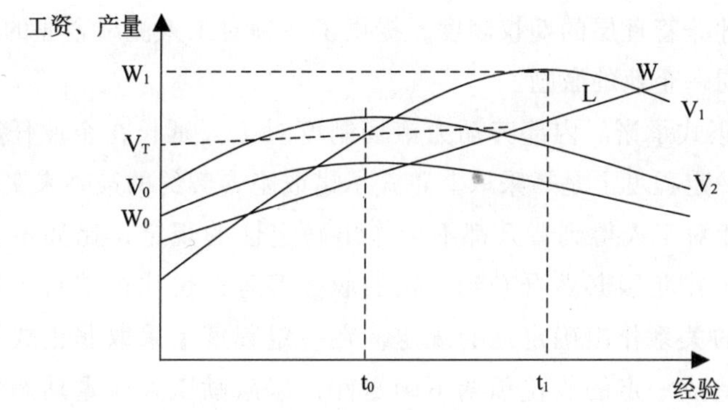

图 6.5　报酬置后效应

闲暇线）。由于在大多数企业，员工的工资水平和劳动生产率随资历的增加而提高，但达到一个时点后开始递减，因此，工人的工资曲线及边际收益曲线均为具有最大值的凹型曲线。假设从 0 到 t_1 点的 W 的现值与 V_1 的现值相等，但在每一个时点上二者并不相等，即 $W(t) \neq V_1(t)$，并且当 $t = t_0$ 时，$W(t) = V_1(t)$，当 $t > t_0$ 时，$W(t) > V_1(t)$。

在以上条件下，如果所有工人都有同一职位，并且不考虑晋升机会，则工人可以在 V_1、V_2 所对应的两种努力水平 e_1、e_2 之间做选择。在 t_0 和 t_1 之间，由于工资高于边际生产力，并且边际生产率曲线和工资曲线均高于边际闲暇线。此时，如果工人的努力水平可以被企业低成本地观察到，并且被发现偷懒时将被解雇，则工人会选择 e_1，以实现既不被解雇又获取高于努力（生产率水平）水平和闲暇效用的租金的目的；而当 $t = t_0$ 时，则由于员工预期在整个的任职期间将会获得与其边际贡献相等的报酬，并且当选择努力水平 e_2 时会失去工作，从而不能在后期获取高于劳动生产率的工资租金，因此不会计较在一定时期内的低工资从而选择留在企业继续工作并保持努力水平 e_1。事实上，在 $t = t_0$ 时期，相当于工人将部分劳动所得以贷款或股权的形式投入企业，以期在未来获取收益，而收益的大小，又取决于个人的任职期和工作努力程度。而对企业来说，工人的这种投资，相当于一种人质或抵押，当工人中途离开时，则予以没收，从而换取工人选择长时间在企业工作并努力工作。

报酬置后的政策安排在一定程度上将工人为企业提供劳务服务转换为一种以部分劳务服务入股企业的投资行为，从而产生了一种粘滞效应。实际上是一种非管理层的期权制度，提供了一种对工人流出企业的约束和长期服务于同一企业的激励。

4. 非正式承诺。内部劳动力市场制度对工人延长在企业任职期的激励作用在一定程度上是靠采取非正式承诺或隐含契约的策略来实现的。任何一个企业对工人得到晋升都不会作出确定性的规定，比如不会明确规定一定的工作年限必然晋升到一定的职务等等；也往往不对工作年限和工资水平的关系作出确定性的规定。在一定程度上采取非正式承诺的政策，是为造成一定的收益预期不确定性，以激励工人注重动态地适应企业的要求，不断地学习和适应企业制度和技术环境，也为企业留出了根据经营状况进行政策调整的空间和回旋余地。有利于企业和工人更好地相互适应。

5. 培训的动态性。在企业内部的劳动力市场上，无论是晋升制度还是工人工资的增长，都与培训紧紧挂钩，成为制度的核心内容。在日本，员工培训是企业经营管理不可或缺的组成部分。对各级员工的集中培训每年都要进行，通常根据不同的级别和业务范围分别进行不同内容的培训，如基层现场的班组长和中层的部、课长和技术人员的培训，营销人员、设计开发人员的培训等。有条件的企业，大都设有专门机构和培训中心。美国企业非常注重对各级管理人员的培训，如 IBM 对一线基层经理、部门经理、中高层经理分别安排不同的学习课程与培训方式，宝洁、摩托罗拉、英特尔、微软等公司都有一套专门培训和培养的模式。

四、内部劳动力市场与企业的人力资本生产

从以上分析中我们可以推论，在企业内部劳动力市场上进行部分具有专用特征的人力资本要素的生产和交易，相对在外部市场上的直接交易，降低了治理成本，这可以从三方面加以理解：

1. 内部劳动力市场降低了企业和员工进行专用性人力资本投资的事前风险，从而有效降低了与市场交易方式相伴随的高额的讨价还价成本。

专用性人力资本交易（即使用和被使用）存在的主要的治理成本之一是交易双方面临合作前景的不确定性，因此其专用性人力资本投资所创造的价值面临贬值或灭失的风险，当这种投资被一种长期的、具有很大程

度确定性的制度所保证的时候，交易双方为提高投资安全性所进行的细化交易合同的事前谈判的时间、精力、信息和知识成本。当然，内部劳动力市场制度所保证的专用性人力资本交易双方的种种权益只有在企业的边界之内有效，只有在企业内部进行这种投资才能节约治理成本。

2. 内部劳动力市场降低了专用人力资本交易双方不适应的调整成本及测量成本（事后成本）。

企业内部劳动力市场的一个重要特征是雇佣关系的长期性和培训的动态性，这就使得利益分割的不适应性可以在长期的动态调整中得以低成本地化解。如果工人的天然性格、知识和技能结构不适应某种岗位，则可以通过再培训和长期的观察、调整来实现人岗的匹配，如果工人和企业在工资或其他利益上存在分歧，可以通过工会组织与企业的协商进行解决，而不需要像纯粹的市场交易那样中断合作、重新谈判来解决。

人力资本的价值或工人的实际劳动生产率以及交易双方的合作前景在许多情况下是不能在短时间内轻易观察到的，必须通过长期动态的观察来了解。在市场交易的情况下，事前的测试往往不能很好地完成对人力资本价值的认定和对合作风险的推断，而在企业内部的劳动力市场上，通过动态的培训和岗位调整可以逐步了解到工人的实际劳动生产率和与企业合作的意愿，并作出相应的安排。而通过培训和岗位调整对专用性人力资本价值的筛选和认定作用是低成本的，因为这种测试和筛选很多情况下是在不脱产或不长期脱产的情况下进行，并且以富有弹性的工资政策相配合。报酬滞后的工资政策在信息收集和筛选方面发挥着突出作用。经济学家两位萨普洛（J. Salop 和 S. Salop，1976，筛选模型）从信息收集和筛选的角度研究了企业内部劳动力市场的功能。他们将企业内部实行的年功工资制度（即我们上面讨论过的报酬置后制度）即正斜率的经验（年龄）——工资曲线归结为雇主在信息不对称条件下对工人特征的筛选行为。通过实施在就业初期支付相对较低的工资而在就业后期支付相对较高的工资这样一种分配政策，可以有效地将那些愿意在某一企业中长期工作而较少有跳槽倾向的人分离出来，从而以一种低成本的方式实现了雇佣双方的有效匹配。

3. 专用人力资本的投资动态收益得到制度性的保障。

从长期来看，为适应不断变化的外部环境和企业自身经营目标变化，企业需要不断调整技术和管理制度，因此对所需的专用人力资本的特性要求具有变化性。通过内部动态培训制度与晋升制度的紧密结合，可以适应这种变化。企业和工人针对人力资本特性要求的变化所进行的动态投资通过内部晋升制度和工资制度得到制度性的保障，而不需要像签订市场合约那样进行频繁的重新谈判，是对交易效率的节省。

综上所述，企业内部劳动力市场的存在使在企业内部进行企业专用人力资本生产相对在企业外部进行人力资本交易具有治理成本上的比较优势。反过来说，人力资本在企业内部生产（培训和“干中学”）是企业内部劳动力市场得以发挥功能的基本保障，是与内部劳动力市场相伴随的功能。这主要表现在内部晋升和工资增长必须与动态的培训和“干中学”相挂钩，培训与“干中学”是企业进行人力资本价值测量和鉴定的手段，也是测试工人对企业忠诚度的重要方法。

内部劳动力市场的本质就是以企业内部的人力资本生产和配置代替企业外部的人力资本生产和配置，或者说是以人力资本生产的劳动交易代替人力资本的产品交易。从某种意义上说，是人力资本的专用性导致了企业制度的建立，而企业本身就天然具有人力资本生产的职能。

本章小结

人力资本的生产功能是企业制度的必然产物，具有与企业制度的内在联系。这种内在性源于具有专用性特征的人力资本要素在企业内部进行生产具有生产成本和治理成本上的优势，这种优势表现在：（1）由于知识权利的互补性，使在企业内部进行的知识交流具有更少的障碍和更高的效率；（2）内部劳动力市场的长期雇佣性、层级晋升制、报酬后置的工资政策和隐性合约政策降低了由于人力资本的专用性导致的高额的讨价还价成本（这种成本主要是在外部市场上实行对等的交易时，双方围绕人力资本的交易可持续性或安全性所进行的艰苦谈判），减少了雇佣双方中途中断合约的可能性。

第七章

企业人力资本生产与组织学习

每个系统的协调性和持有性都依赖于广泛的相互作用、多种元素的聚集以及适应性或学习。

——约翰·霍兰《隐秩序》

本章的目标是从企业所具有的组织学习功能的角度论证企业具有教育功能的制度必然性，从而给出认识人力资本生产与企业制度内在联系的第二个维度。

第一节 组织学习的概念与特征

我们通常都把学习看成是个体的行为，从个体学习的动机来看确实如此。但人类是群体动物，任何人类个体始终面临四种关系，即人与自我、人与人、人与组织和人与自然。其中人与组织的关系是人类个体面临的重要关系，个体的自我人格定位、个体之间的关系、个体与自然的关系在很大程度上是透过人与组织的关系被定义和保障的。基于上述关系，从狭义和广义层次上看，个体的学习行为其实可以被纳入组织学习的行为过程，是组织行为的组成部分，当然，这并不意味着个体学习等同于组织学习。因为前者可以超越后者独立存在和实施，或以隐形的方式驾驭个体学习。

组织学习的概念由塞厄特和马奇（1963）第一次提出，并从阿吉里斯和舍恩（Argyris 和 Schon，1978）的《组织学习：行动视角理论》问世以来，引起了人们的广泛评论和研究。关于组织学习的定义及其目标和功能至今没有一个明确的界定，对组织学习的研究和分析也没有形成一个完整的具有内在逻辑一致性的框架。管理学、心理学、经济学、社会学、政治学等学科从各自的角度和分析框架出发，直接或间接地对组织学习内涵、范畴和功能的研究作出过贡献。这些研究可以帮助我们了解组织学习的某些性质和特征。以下为我参考彼得·帕沃夫斯基（2001）、赵愚（2003）的综述和总结以及依照个人的理解，对不同学科视角下组织学习的含义和功能研究进行的概括：

一、管理学视角

在管理学看来，组织学习是组织赖以存在和发展的一个基本特征。因此对组织学习概念的理解大多是建立在组织基本特性的分析基础上的。塞厄特和马奇（1963）从组织决策的角度赋予了组织学习的内涵，认为组织学习是与个体学习具有某种相似性，是组织面对环境的干扰本能地作出的一种适应性行为，这一行为过程可能基于过去的经过加工过的经验、按照某种程序或习惯来进行；阿什比（Ashby，1956）及卡茨和卡恩（Katz 和 Kuhn，1978）认为，组织学习是组织为生存和发展的需要，对信息和知识具有的开放和选择的机制，这种机制是以组织结构和功能的复杂性和多样性来应对环境的复杂性和多样性；菲奥尔和莱尔斯（Fiol 和 Lyles，1981）从认知视角对组织学习的内涵的解释是，组织学习是组织对外部环境的理解和解读过程，从而形成组织的特有认知方式；野中和竹内（1995）将组织学习看作是组织内部个体之间在知识的获取、创造和交流的互动过程，是一种由个体的隐性知识扩展为个体之间分享的显性知识，进而扩展为组织的系统概念和知识，然后再还原为个体的隐性知识的过程；阿吉里斯和舍恩（1978）则将组织学习概括为发现、发明、执行和推广四个阶段，认为这是保障组织作为一个整体学习必须完成的四个阶段。并提出了单循环学习和双循环学习的模式；而持有文化视角的众多学者如阿吉里斯（1990）、库克和亚诺（1993）等则将组织学习看作是改变组织传统常规的一种方式，是对组织文化的发展，而按照雷万斯（1982）、英格利斯等人对学习的解释，组织学习是组织在过去经验的基础上对新的经验进行思考和总结的过程，以适应新的现实。

二、心理学视角

心理学视角的研究有时是在管理学的框架下进行的。其基本的观点是：组织学习是个体学习的一个隐喻，二者有一种在形式和功能上的全息对应性。个体学习是组织学习的基础，而组织学习在很大程度上是个体学习的一种功能体现，也赋予了个体学习的实际意义。因此，理解学习这一概念本身对理解组织学习至关重要。安德森（Anderson，1995）将学习是"使相对持久的变化在经验引起的潜在行为中发生的过程"。也就是说，学习是学习者在不断变化的环境中通过试错和对经验的总结进行路径选择的过程。暂时性的、短暂的行为变化不能代表这种路径选择的方向，而只有相对持久的变化才能称为路径选择的方向。而学习过程本身是在塑造一种在未来具体情境之下的规范的行为方式，因此并不一定表现为显性的行为。而在众多的学者看来，学习更是一种有目标的行动，其目的是改进效率。往往体现出真正良好的效果的学习，才能称为真正的组织学习（阿吉里斯和舍恩，1978；菲奥尔和莱尔斯，1985）。

三、社会学视角

社会学角度对组织学习的研究关注的重点是其涉及的社会关系以及学习本身的功能和目标。持有社会冲突分析范式的部分学者认为，社会发展是利益集团之间的利益冲突和竞争的过程。组织学习是利益集团意识形态的学习。在这种观点看来，组织学习是一个利益集团组织特质的一种标签，当然，在我看来，也是延续这种标签，特别是组织的价值观、内部的利益格局和行为规范的手段和方式。而在持有功利主义思想传统的研究（列维特和马奇，1988）看来，组织学习是组织为缩小和消除与其他组织在组织表现上的差距而采取的一种对知识的寻求过程。这一过程的功能也许在于创造一个知识和技能交换的网络，并且由于这种知识的含糊、隐喻和与特定的环境不能分离，因此只能成为拥有者的特殊财富，并且是建立在特异形式基础上的特殊财富（鲍马德 Baumard，1996；野中和竹内，Nonaka and Takeuchi，1995 等）。组织学习的结论更多地体现为指导学习的常规、规则、传统、战略和技术（列维特和马奇，1988）。而在基于社会学涂尔干传统的研究中，某些研究似乎认为组织学习应被理解为组织的一个从属性的属性，其功能表现为既保持组织特性的稳定性，又保证组织在某些条件下的变革。而该传统的另一些研究（邓肯和韦斯，1979，等）似乎说明组织学习是一种将特定的文化准则普及和传承下去的手段和途径。在微观互动论传统的语境中，某些研究似乎认为，组织学习是一种既在群体内传播和交流知识也在传播意识形态和社会关系的过程。即把组织学习看做是一个特定群体进行社会建构的过程，这一视角是我十分认同的。按照这一视角的逻辑，组织学习不仅在个体之间相互赋予知识，也在赋予知识的意义和知识的指向，并用知识来定义自身的意义。

四、政治学视角

政治学对组织理论的关注似乎比较晚近。其对包括组织学习在内的组织理论的关注似乎主要出现在 20 世纪 40 年代以后。自那时起，学者们开始关注对代表市民社会和民族国家的公共政治组织的研究，而对它们进行组织学习的研究也隐含在其中（凯，1942；贝利，1950；哈斯，1968；芬诺，1973；史密斯和迪林，1984；阿吉里斯和肖恩，1978，1996；赫尔和奎因，1981；等等）。这些研究的突出特点是，研究组织的制度变革、文化适应性与学习的关系。如贝利（1950）的研究描述了国会与各种相关组织围绕立法问题的相互作用；凯（1942）研究了地方文化对政党组织的影响；哈斯（1968）考察了欧共体机构的专家与相关国家组织之间的互动对推动欧共体建立共同价值观和认识体系的作用。认为学习是引发组织变化的中心现象。而专家之间的合作是知识扩展的主要渠道。在他看来，组织学习是在组织之间的互动压力之下，是重新界定组织利益及实现组织利益的工具。总之，在某些政治学研究者看来，组织学习是在公共组织的利益互动中组织的一种自我延续和修正方式，以吸收新的知识和建立新的目标、规则和内部关系为特征。其实，在我看来，在与政治学相关的更早的研究中，大量关于个体与群体规则关系的研究，已经涉及组织学习问题。霍布斯主义中关于人类通过建立社会契约和国家来弥补自然法则的不足的思想隐含着人类从冲突中学习和改进行为规则的规律，在这里的学习是人类群体整体的学习，是一种无意识和不自觉的群体学习和进步。马克思主义关于经济基础决定上层建筑，而上层建筑反作用于经济基础的经典论述也包含着人类群体意识与客观环境相互作用，并就此推进社会形态发展和人类理性进步的思想，是对组织学习的一种宏观诠释。更宽泛一点说，中国古代哲学中的“天人合一”、“道法自然”的哲学观念（中国哲学观念与中国的统治思想密不可分）隐含着人类作为一个自然界的群体本能地遵从自然演化规律的、以自然为本体的特点。这里揭示的人类效法自然的本性（对个体来说常常是无意识的）是对组织学习的隐喻性的一个很好诠释。

第二节
组织学习的经济学含义

新古典经济学的公理化体系中，暗含的基本条件是：决策者具有完全的理性，并且与决策相关的信息是完备的，在决策者之间的分布也是均匀的，决策者之间没有相互制约。因此，决策者可以根据现有的已知资源约束和个人的偏好（行为人的效用函数）对资源的利用加以控制，以实现个人收益或效用的最大化。数十年来，主流经济学对新古典经济学的“超理性人”假设进行的修正性研究中，发展出了各种理论模型，这些理论模型实际上都是包含组织学习因素的模型，或者说是一种组织学习视角下的研究。

一、有限理性与经济演化

有限理性问题是哈耶克思想的核心之一。在他看来，整个人类的社会体系是一种“人类合作的扩展秩序”。他指出，人类之所以能够从原始社会相依为命的小部落群体发展到当今在异常复杂的关系结构中彼此和谐相处的巨型社会，是人类中某一群体有一种相对占优的社会规则，从而不断将其他群体纳入这一规则的统治，最终成为控制整个社会的规则。这一规则在很大程度上不是人类长远计划或追求的结果，而是根据当时的处境和条件作出的临时性安排，并不断加以调整，在漫长的岁月中逐步形成和完善起来的，在起点上，无人能预知结果。这一进程就如同自然界中生物种群的进化过程一样，是一系列“碰撞——反应——适应——生存”的结果。与其说理性的完善和国家的建立是文明发展的动因，不如说前者是后者的结果。在“人类合作的扩展秩序”的思想中，起主要作用的是知识的积累。在哈耶克的语境中，人类的知识分为两类，一类是知其然的知识，是一种关于行为规范和模式的了解和掌握，通过学习和模仿来获得，比如大量的法律和社会道德知识就属于这一类。对这类知识我们往往难以深究其由来，是一种介于本能和理性之间的知识。只能在学习和模仿中，渐渐在思维中沉淀为一种习惯，并通过这类知识的指导获得安全和发展。另一类知识则是知其所以然的知识，这类知识是人类探索和思考的结果，比如各类自然科学知识。哈耶克认为，在人类文明进程中，起决定性作用的是介于本能和理性之间的只知其然的知识，它使人类具有介于本能和理性之间的能力，从而推动人类合作秩序的扩展。在我看来，哈耶克的思想是对人类社会发展和经济交往中“有限理性”问题的最深刻诠释。

将有限理性模型化并用于经济活动分析的主要经济学家有赫伯特·西蒙等人。

西蒙（1957b）[①] 否定了传统模型中行为者的超理性，提出了有限理性的概念。其运用脑科学和心理学知识分析了完全理性的不可能性。在西蒙看来，现实决策问题的复杂性意味着企业根本不能对全部可想象的选择进行功能最大化处理。企业只是运用简单的决策规则和程序来指导自己的行为而已。

西蒙的理性模型有许多关于组织学习的有用特质。首先，管理人员应有的计算技能比传统模型里所说的要低得多，管理人员不必去计算普遍最佳状态，只须将计算结果与预先界定的目标相比较。其次，经济行为者无须将全部可想象选择物作为完整的选择排列，而只须把主观选择物作为部分排列即可。管理人员实际上可以随着附加信息的获得而重新确定意愿。

由西蒙开启的有限理性模型随后由众多学者进行了深入研究。康利斯克（1996）认为，采取超理性假说所预言的许多技术创新应该比实际出

① Simon, H. A. (1976b): Models of Man: social and rational; Mathematical Essays on Rrational Human Behavior in a Social Setting, New York, Wiley.

现要早得多，但实际情况并非如此。在他看来，有限理性是技术变化的主要决定因素。在艾利森和弗登堡（1993）的有限理性行为者学习模型中，当行为者在其决策过程中结合了普遍的不同行为时，决策才会改进，并发现某些简单的启发因素会导致有效决策。

信息不完备或不对称问题是导致人类理性不能全部发挥的重要因素。这导致了企业不断从市场和经验中学习提高的过程。在这方面的研究是全部制度经济学和信息经济学的核心。

阿尔奇安（1950）认为，企业在一个不确定的环境中运作，必然缺乏利润最大化所必要的一切相关信息。起作用的只是两种学习类型，第一种是企业进行模仿。由于缺乏信息或计算技能，企业可以选择模仿其他运行良好的企业，有趣的是，这种模仿也许会导致意想不到的创新，在努力模仿其他成功的行为者的格局和行为时，企业也许会犯错，结果却出现了更为成功的格局；第二种是试错学习，试错学习也可以是企业面对不确定性而获得成功的重要决定因素。他认为，为了使试错学习卓有成效，经济行为者必须有可能对过去实验的结果作出结论。学习也许部分地受到机会的影响，当经济行为者发现了在特定场合碰巧有用的决策规则时，他们似乎就在学习。

阿卡洛夫（Akerlof，1970）基于对旧车市场考察提出的模型中，消费者对产品质量的不确定性导致了“逆向选择”效应，迫使相对高质量的商品逐次推出市场交易，在极端的情况下，会导致市场的消失。他的模型事实上提出了有害选择的普遍性问题，当买卖的一方对另一方具有信息优势，有害选择就会发生。“逆向选择”的含义是信息缺乏会导致一种只有在特点上与委托人期望相反的代理人才愿意交易的状况。斯蒂格利茨关于风险导致信贷配额的模型①（Stiglitz 和 Weiss，1981）及价格代表风险程度的模型②（1987）是对信息不完备或不对称环境中市场失效的精彩诠释。在前一个模型中，潜在借款人接受的利率水平代表了不同的风险水平，银行基于还款概率和利润最大化的考虑，对贷款实行配给制，只将资

① Stiglitz，J E and A Weiss（1981）：Credit Rationing in Markets with Imperfect Information，American Economic Review 71，pp. 393 –410.

② Stiglitz，J E（1987）：The Causes and Consequences of the Dependence of Quality on Prices，Journal of Economic Literature：1987. 3. 25，pp. 1 –48.

金借给接受利率较低而信誉良好的客户；在后一个模型中，工人愿意在低于效率工资的水平下工作，意味着该工人具有较低的劳动生产率，因而不被雇佣。这些模型都反映了在信息不对称的条件下，委托人根据价格代表质量信息这一具有概率优势的判断来作出选择而导致的市场失灵或扭曲的机理。

信息不完备或不对称问题导致了企业经营面临巨大的风险，更促使企业永远处于不断从市场和经验中学习提高的过程。这种学习不是个体的学习，而是企业作为组织的学习，并且作为习惯和组织记忆在企业中保存下去。

博弈论特别是进化博弈理论是对“有限理性”思想的重要诠释。

传统经济学理论的框架中，作为个体行为的总结果的反馈系统是即时的，不存在个体之间的相互作用和策略调整的过程。博弈论对此作出了重要的修正，博弈论是在考虑到多个决策主体行为互动情形下，研究理性人如何决策及决策的均衡问题的理论，从而对经济学的基本分析框架作出了革命性的贡献。自从冯·诺依曼和奥斯卡·摩根斯坦的《博弈论与经济行为》（1944）出版以来，博弈论取得了巨大进展，并在经济学上广泛应用，纳什、海萨尼、泽尔滕等人对博弈论的发展作出了重要的贡献。博弈论有两个基本假设：博弈主体对博弈结果有稳定的偏好序和主体进行决策时基于对方的策略决定自己的策略性反应。前者在经济学中扮演着中心角色，后者是博弈论对经济的创新。虽然博弈论考虑到决策主体的行为互动，但是博弈论对博弈主体的理性要求过于苛刻，特别是那种“共同知识”要求决策者近乎全知全能；另一方面，当博弈遇上多重均衡时博弈论本身也无法确定究竟将达到哪一个均衡，这无疑是理论本身的局限。20世纪70年代以来，从进化生物学发展起来的进化博弈论（Evolutionary Games Theory），运用有限理性假设来解释经济现象无疑给博弈论注入了新鲜活力。

进化生态学与博弈论的结合导致了进化博弈论的产生。由于进化博弈论相对于博弈论而言，对局中人的理性要求较少，并且引入了模仿和学习，这更接近于现实，因此在较短的时间里就获得了迅速发展，特别是从该理论的基本概念——进化稳定策略（Evolutionarily Stable Strategy，ESS）提出以来，该概念早已超出了生物进化理论的使用范围，现已被广泛地应用于经济领域、社会领域来解释并预测人的群体决策行为。

进化稳定策略是由梅纳德·史密斯和普莱斯（Maynard Smith 和 Price，1973）以及梅纳德·史密斯（1974）在考察种群中个体的适应度由各个个体行为共同决定的环境下，个体对成功策略的选择时提出来的。进化稳定策略的基本思想是：假设在一个全部选择某一特定策略的大群体中，闯入一个选择不同策略的小群体（变异或外来入侵等），如果该突变小群体在混合群体的博弈中所得到的支付（适应度）大于原群体中个体得到的支付，则该小群体能够侵入大群体，在演化过程中该小群体将逐步壮大并可能取而代之成为大群体；反之，该小群体在演化过程中将自然消亡。如果一个群体能够消除任何小群体的入侵，那么就称该群体达到了一种进化稳定状态，此时该群体选择的策略就是进化稳定策略。

成功地运用进化博弈论来分析人类行为的例子有重复囚徒困境和最后通牒博弈等。阿克赛罗德和哈密尔顿（Axelrod and Hamilton，1981）最早用进化博弈论方法研究了重复囚徒困境，阿克赛罗德（1984）则进一步通过实验来研究此博弈问题。阿克赛罗德通过互联网征集众多参赛策略，然后通过计算机模拟来计算各种策略的最后得分。在有限次重复囚徒困境博弈中，每一次双方都背叛为唯一的纳什均衡策略。然而，在阿克赛罗德（1984）的实验研究却表明，竞赛中简单的“以牙还牙”（Tit－for－Tat）策略是一个较优的选择。所谓“以牙还牙”策略是指一开始采取合作策略，接下来便是采用对方在上一回合所采取的策略。从某种层面上可以说，进化博弈论是因为降低了博弈论中对局中人完美理性的要求而迅速发展的。

进化博弈中的有限理性，通常由以下三要素组成：惯性（inertia）、近视眼（myopia）、试错法实验（trial and errors or experiments）。进化博弈论对理性的要求有三个层面：毫无理性要求的生物意义上的进化机制、理性要求较强的学习机制以及理性要求介于上面两者之间的模仿学习机制。进化机制并不强调主观有意识的努力，更多强调个体本能潜意识的选择倾向性，或者通过自然选择和淘汰的过程，使得较优的策略和行为模式在群体频率意义上被更多地采用，从而实现策略的稳定和均衡。学习机制则强调个体主观调整和努力改进，通过有意识地积累实践经验，不断调整自己的判断和策略。学习机制通常是个体意义上的学习，包括从自己过去经验的纵向学习（调整）和向其他个体实际经验的横向学习（模仿）。模仿的学习机制对理性要求介于前两者之间，更接近于现实。

从实现纳什均衡的完全理性到生物进化机制的完全不需要理性是两个极端过程，博弈主体分别被“刘易斯之手”（理性、理性的共同知识，主观的认识和判断）和“达尔文之手”（自然选择法则和时间作用）所引导，介于这两种极端之间的更加现实的认识模式有“认识学习过程”和“行为学习过程”。前者是博弈主体有关于对对手特征的不完美判断，并在观察对手的行为之后不断更新这些判断，因而是被“贝叶斯之手”（条件概率的贝叶斯法则）所引导。后者是博弈主体只通过观察其过去行为的效用，通过时间作用强化好的行为和废弃坏的行为，这两种认识的中间过程与进化博弈论中模仿和学习的思想是相当一致的。

二、不确定性

20 世纪中期逐步发展起来的复杂系统科学提出了“时间不可逆性”命题。根据我有限的理解，其基本含义是：在自然界（当然也包含社会）的运动中，各单元之间的联系具有不稳定性和不确定性，在以时间为基本变量的坐标系中，我们难以建立一个标准的函数关系，用以精确地描述各变量及其关系的未来状态。量子物理学的“测不准原理”表明，人们无法在同一时间精确地获知一个粒子的运动速度和位置，总是只能二者取一。这一现象不是人类测试手段不完善的结果，而是客观事物的基本属性。由此可以推广的思想是，在人类的经验世界中，不存在一种绝对可靠的方法让我们预知未来的状态未来的状态本身是不确定的。

作为经济学不确定性分析范式的开山者——富兰克・H. 奈特的全部企业理论是建立在不确定性的基础之上的。在奈特的语境中，不确定性是指人们对未来发生的事情无法有效预知的状态。用他的话说，不确定性是无法用稳定的概率来描述未来状态的一种情况。在奈特看来，企业存在是由于人们在经济交往中具有克服不确定性、实现经济利益的需求，于是具有风险规避和风险中性的人愿意出让一部分权利给另一部分风险偏好者，以换取稳定的收入，由此构成一个类似企业这样的组织。在企业制度下，企业家通过承担风险获得剩余，工人通过转嫁风险获得工资。同时，企业通过集中化和专业化，实现了风险控制成本的降低，以更好地应对不确定性。

斯蒂格勒（Stigler，1961）提出了一种不确定条件下的搜寻模型。其中学习是市场交易的突出功能。在所有的市场中价格都是变动的。作为反应，买方花高价搜求卖方提供合理价位，同样卖方也在设法使买方接受自己的价位，在这种背景中努力搜寻要付出很高的代价。首先，买方在寻求合理价位的过程中有物质上的花费。其二，买方要确定在一定背景中合理交易的组成部分，也需要付出高代价。最后，买卖双方相互交往中也有花费。由于有这些费用，经济行为者的搜求并不是盲目的，而是在搜求所付出的费用与搜求所带来的好处相抵时才开始搜求。

不确定性模型所包含的组织学习意义表现在两个方面：一是这些模型强化了认识的局限性和不确定性，经济行为者可以运用简单的启发方式和模仿来简化学习。二是在认识有限和存在搜寻成本的情况下，会产生各种机制来支持学习者获取有关有用的信息，提高交易效率。

三、社会学习和路径依赖性研究

社会学习的概念是赫伯特·西蒙在《有限理性模型》（1982）中首次提出的，西蒙给出的解释是人们在社会中向他人学习的行为。[①] 在他看来，人类的社会学习是顺从社会规则从而获得生存和发展空间的需要。他给出了社会学习对提高人的社会适应性的两个基本功能：一是“提供了所有生命活动中均有用的知识和技能，特别是在和环境的交易中有用的知识和技能”，二是传播社会共同的目标、价值和态度。值得注意的是，西蒙将社会学习看作是人类建立“利他主义”行为模式的过程，这里的“利他主义”应当是指人们进行社会合作的取向。西蒙对“社会学习”的定义和论述为我们如何理解个体学习和组织学习的关系提供了一种视角，在这一视角下，个体学习的本质是“社会学习”，而“社会学习”是组织学习的基础因素和途径。

近年来，“社会学习”得到广泛的研究。在巴纳基（1992）的一个模型里，经济行为者对他人的决定作出合理的反应，因为这些决定可能含有

---

① 相关论述可参见西蒙，黄涛译：《西蒙选集》，首都经济贸易大学出版社 2001 年版，第 440—444 页。

不为人知的信息。其结果就是群体行为——每个人做其他人正在做的事，即个人信息叫他做不同的事。例如，一个企业要进入某个市场的决定，除了依靠企业自己独有的有关市场长期获利的信息外，还要观察其他企业的进入决定所提供的信号，后者往往提供了该市场有利可图的信息。阿尔巴赫和金（1998）认为，当足够数量的企业进入这个市场后，所有潜在的进入者会不管自己得到的信息如何都会进入。比克钱达尼、赫什莱佛和韦尔奇（1998）把这个学习过程叫做“信息串联”，[①] 即对一个观察别人行动的人来说，最好的方法就是学别人的样，不管自己掌握什么信息。在组织学习的背景下，“信息串联”现象有时会误导企业。

“社会学习”表明，经济行为者在其中运作的制度环境不仅提供了学习背景，而且会推动学习。一定的经济行为者的行为可能取决于发生在所有行为者身上的学习，或者说，学习过程可能取决于所有学习者的过去行为，即知识的获得可能具有路径依赖性。

阿瑟（Athur，1989）开发了一种简单模型，描述了技术进步的渐进性和路径依赖性。在这一模型中，共有两种技术类型，存在大量行为者，他们被分为两组，每组的成员偏好一种技术类型。每个选取一定技术的行为者的报酬就是他固有的报酬加上报酬系数乘以使用一定技术的人数。在考察报酬增长、持平和下降三种情况后，阿瑟发现，可以很精确地预知报酬持平和下降情况下使用每一种技术的行为者比例，但无法预知报酬增长的情况。由于存在报酬增长，所以一定技术使用率的上升所带来的收益最终会压倒个人对其他技术的偏爱，因此，随着报酬增长，很有可能所有行为者最后选择统一技术。阿瑟的模型说明，技术发展受制于自我循环，这种循环一旦启动，会把将来的发展纳入一个特定的路径。

“社会学习”模型的基本观点是，初始状况和偶然事件可以决定经济行为者如何获得新知识，也就是说，在历史发展的轨迹中，组织通过不断学习，实现发展和进化。这种发展不是跳跃性的，而是渐进性的，遵循一

---

① Bikhchandani, S. , Hirschleifer, D. , and Welch, I: Learning from the Behavior of Others: Cibfirnity, Fads, and Informational Cascades, Journal of Econimic Perspectives: (1998), pp. 151 - 170.

定方向和路径的。在这一进程中，历史通过组织学习的手段，展现了组织和社会变迁的神奇生态。

四、干中学问题

传统新古典主义模型认为反馈机制是即时的。但经济学的大量观察表明，个人和组织所获得的经验会滞后于改进行为，即个人和组织是“边干边学”的。经济学家普遍认为，个人生产力和技能的提高不是来自边干边学就是来自于投资培训。这个学习形式最突出的例证是亚当·斯密（1776）所列举的制针工厂的例子，在那里重复接触制针过程的个别工序使工人能提高生产效率。贝克尔的研究（1964）则表明个人和企业为培训进行投资，可以改进个人技能和提高生产力。基林斯沃奇（1982）努力将训练模型与边干边学模型结合起来，开发了一种通过两种模型来积累人的能力的新模型。阿罗（1962）和罗森（1972）的研究表明，人的生产效率的提高源于以前长期从事某项工作。

部分经济学家进一步深入研究了个人学习转化为组织学习的机制。格鲁伯（1992）对半导体企业进行了考察，提出了组织层面边干边学的经典例证。他发现，半导体芯片的产量与企业经验的积累有密切的关系，企业的生产具有“学习曲线”的特征。哈奇和莫厄里（1998）的研究表明，在半导体制造业，产品开发创新活动同时也是干中学的过程，这一活动所积累起来的特定环境中的知识推动了产量的增长。蒂斯（1977）同样发现，在技术转换过程中，经验的积累对降低单位成本和提高生产效率起到重要作用。本卡德（1999）在对商业飞机生产的分析中找到了许多证据，不仅表明平均生产成本的下降与学习曲线相对应，还表明生产经验会随时间推移而降低作用，并且还表明某一生产过程积累的经验可以对另一生产过程产生影响，即才存在知识外溢现象。

关于“干中学”问题的讨论给我们的启示是：学习往往是一个组织进行的具有其他目标的生产或作业过程的副产品，并且学习的价值效果是随机变量，只有某些阶段的学习具有较重要的价值和效果。而研究和了解组织的生产或作业过程的特性及学习曲线的特征具有重要价值。

第三节
组织学习的特征

一、组织学习的主体是组织

组织学习不是个体学习的简单加总，而是以个体学习为基础，在个体学习的动态交互作用基础上形成的组织功能。组织学习虽然依赖于所有组织个体的学习，但是却独立于单个个体，表现为一种一个组织或一个群体的整体特性。

二、组织学习是组织具有的一种能力

它使组织不断适应内部环境和外部条件的变化，不断进行组织调整和变革，维持组织延续和发挥应有功能。

三、组织学习表现为组织记忆的推动力

组织记忆是指潜移默化在组织成员意识和潜意识中的经验、观念、习惯、方法和行为方式，其外化的表现形式是一个组织的正式与非正式制度。组织记忆依赖于组织成员有意和无意的记忆，但又超越个体记忆，成为一种可以在组织成员中进行代际传递，并且在组织发展过程中不断演化和变迁的知识信息集合体。而推动组织记忆进行代际传递和演化的是组织学习，它是组织的固有功能。组织学习既表现为一个历史过程，又表现为接受和吸收新知识、新方法的过程。

四、组织学习具有行为动态性

组织学习首先表现为动态的累进过程。组织在发展过程中，不断面对外部环境的改变和内部机制的调整适应过程，在这一过程中面对大量的知识经验供给和需求，组织发展的实践过程，也是组织不断学习的过程；其次，组织的学习过程，也是组织和个体之间、组织和组织之间以及个体和组织之间不断学习、影响的过程，是一个在横向、纵向、内外不断交流知识和经验的动态过程。

五、组织学习具有功能的相对持久性和稳定性

组织学习是在“刺激”、“挑战”和“反应”、“应战”之间不断循环的过程，在循环中，组织的性状不断得到变革和改进。所谓持久性和稳定性具有两层含义：一是组织学习对组织特征的改变作用具有内在稳定性，这种变化不应该是某种特定的情景因素造成的结果。不具有持久性影响的群体学习行为不是组织学习行为。这就好比生物性状的变化是源于生物基因的变化，具有代际传递性和长久的稳定性。二是组织学习将持续性地推动是组织行为特征的长期变化，并且这种变化具有“路径依赖性”，在缺乏强有力的外部冲击的情况下，组织行为特征不会发生突变，而只能发生渐变。组织行为的特征变化的趋势是绝对的，但特征的改变却是相对的。

以下是我综合其他学者的相关研究及自己的理解画出的组织学习描述图，如图 7.1 所示：

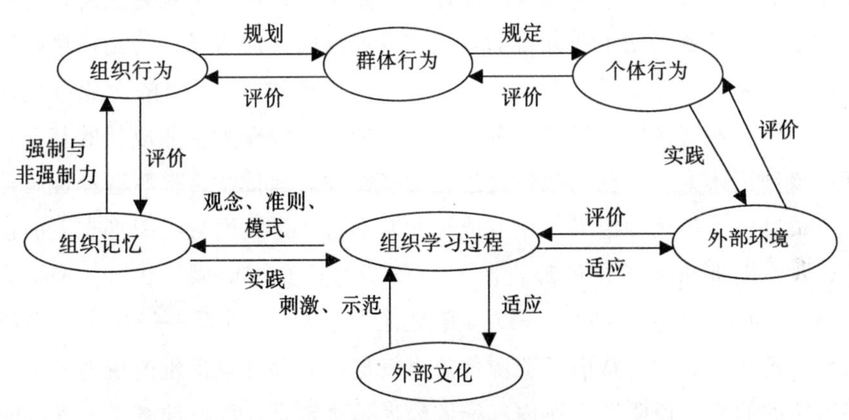

图 7.1　组织学习的描述

第四节
组织学习与企业发展

一、企业发展的根本动力

根据企业发展理论的研究进展和我的有限理解，在我看来，决定企业

发展的根本因素来自三个方面：

（一）企业资源和战略对外部环境的变通性和适应性

企业的发展过程是一个企业以内部可控资源（资本、劳动、人力资本、企业经营战略、制度、业务合作基础、信誉与知名度等等）不断适应外部不可控资源（比如供求、价格、宏观政策环境、特殊事件、公共关系等等）的过程。在这一过程中，企业最重要的是调整和适应能力，这种能力要素包括：管理和组织结构的调整能力、经营政策和方向的调整能力、产品设计和制造过程的调整能力、营销政策的调整能力、人力资源政策的调整能力、外部资源的整合沟通能力等等。企业适应外部环境变化的能力显然可以看作是具有路径依赖的渐变性的能力，具有某些进化的特征，是企业自我选择和外部环境制约的交互作用的结果。贝恩在发表于1959年的《产业经济》一书中提到，围绕企业经营的三个基本要素是市场结构、市场行为和市场效果。在这三要素中，市场结构是企业所处的基本环境，市场效果是企业获得的业绩和发展局面，而市场行为是连接环境与经济成果的关键要素。在温特等人（1982，1988）[①] 提出的企业进化理论中，将企业资源的差异性及资源和环境的统一性作为企业成长的基本要素。该理论认为，企业的成长是进化的多样性、遗传性、自然选择性三种核心机制相互作用的结果。企业成长的基本特征是在原有组织形态上的创新，具有渐进性和路径依赖性。安德鲁斯等[②]（Andrews，1971；Ansoff，1965；Hofer and Schendel，1987）开发的"优势——劣势——机会"分析模型讨论了企业如何从内部资源优势出发把握外部环境提供的机遇实施发展战略的问题，说明了企业内部资源约束是决定企业战略的基本因素。

在中国，周辉提出了"企业生命模型"[③]，将企业描述为一个自我进化功能的生命体，企业的生命"基因"是由资本链和人力资本链构成的"DNA 双螺旋体"，而连接双链的因素归结为企业家、公司治理、技术与文化四要素。他指出，四要素发挥功能的经济学逻辑是其决定或提高了企业的技术效率与代理效率，其管理学逻辑是四要素与双链构成了一个自组织系统。

---

① 纳尔逊，温特，胡世凯译：《经济变迁的演化理论》，商务印书馆 1997 年版。

② 刘刚：《企业的异质性假设》，中国人民大学出版社 2005 年版，第 121 页。

③ 周辉："企业生命模型研究"，中国博士后理论与管理前言论坛 2002 年。

在四要素中，公司治理作为慢变量在企业成长和演化中起最后的决定作用。而一个完全公平竞争的内外市场环境，将提高企业的信息传输效率。

（二）企业创新和资源的差异性

创新是企业的生命力和灵魂，这在全社会已经成为共识。迈克尔·波特（1980）发表的《竞争战略》一书指出决定企业竞争优势的根本因素是产业吸引力。而构成产业吸引力的具体要素是：成本优势、差别化战略和集中化战略。一般认为，成本优势体现的是规模经济效应，但在我看来，也体现了企业的内部管理创新能力，例如日本企业在20世纪80年代以来推广的“零库存”战略，就体现了以高度技术性和规划性为特征的内部管理能力。差别化战略则主要体现范围经济效应。但产品范围的选择不完全是市场条件约束下的被动选择，往往是企业基于市场判断和长远发展战略的主动选择的结果。集中化策略主要体现的是对产品市场的细分和提高附加值，这当然也是企业基于市场和自身优势的判断采取的发展战略，充分体现差异化的原则。在波特看来，上述三种策略企业应当只择其一，不可兼用，这本身就反映了差异化经营的理念。刘刚（2005）① 的研究则认为，在有限理性的条件下，企业对外部条件变化的反应、企业自身的经营方式都存在着巨大的差异，这些差异决定了企业的不同生存发展空间和竞争优势。这体现了企业内部资源（更多的是无形资源）的异质性。在异质性的假设条件下，企业所具有知识和能力的积累是创新和取得竞争优势的来源，而这种知识和能力积累的能力是内生的。

企业发展理论关于企业创新和资源的差异性的讨论更多是在企业家对企业的作用的视角下进行的。这一研究可以追溯到弗兰克·奈特（1921）关于企业性质的研究。奈特将企业看作是一个由企业家进行操纵并运用企业家的智慧和特质克服不确定性以实现利润目标的装置，显然，这样的企业带有明显的企业家人格化特征，存在企业资源与外部环境的人为的动态适应过程。熊彼特（1945）认为，经济发展的根本动力是创新，而所谓创新就是“建立一种新的生产函数”，将一种从未有过的关于生产要素和生产条件的“新组合”引入生产体系，以打破原有平衡。如此不断的循环往复，形成企业乃至整个经济的发展道路。在他看来，企业是创新的基

① 刘刚：《企业的异质性假设》，中国人民大学出版社2005年版，第57—82页。

地或创新的策源地，而企业家则是创新的灵魂。企业家的核心使命是创新，而不是从事日常管理工作。企业家就是均衡的破坏者或新的生产函数的创造者，并通过破坏和创造活动推动经济向前发展。哈耶克和柯斯纳强调企业家在获取及处理方面的优势，认为企业家是决策者、经济机会的发现者，企业家对利润机会的敏感反应，使得他在企业适应环境并不断成长中发挥关键作用。哈耶克关于企业家的见解根源于其制度的“自发演进秩序”的思想，在他看来，企业是一种自发演进的制度，遵循“路径依赖”，企业家是这一制度的人格化代表，通过企业家的创造性活动，推动企业乃至整个社会发展。

（三）企业的知识和能力的积累

事实上，决定以上两个要素的最根本因素是企业的知识和能力的积累。在我看来，这里的知识积累是一个多元的概念，既有历史经验的积累，也包括企业在全部生命周期中形成的文化、规则、行为方式和各种稳定的社会关系积累。大量学者从知识构成的能力或知识本身的视角对企业发展的动力进行的研究表明，决定企业发展的主要因素是知识或能力的积累。

1. 知识基础论视角。这一视角将企业的能力看作是知识的积累。潘罗斯（1959）认为，企业的能力是在企业内部逐步积累起来的知识，知识的积累可以拓展内部管理资源，使企业能够有更广泛的发展机会。普雷斯科特和维斯切（Prescott 和 Visscher，1980）提出了组织资本的概念。认为组织资本是知识和信息，可以提高企业的生产可能性曲线。这里的组织资本，是企业中的个人知识和组织共同知识的集合，可以提高组织运行的效率。库尔曼（Coleman，1988）提出了社会资本的概念。按照库尔曼的描述，所谓社会资本是指组织成员的共同价值观，构成成员之间的一种社会关系结构。广义地看，社会资本仍然可以被纳入知识的范畴，并且是组织内部长期逐步形成的规则，也就是哈耶克形容的“知其然而不知其所以然”的知识。以普拉哈拉德和哈梅尔（Prahalad 和 Harmel，1990）为代表的核心能力理论认为，企业是能力的综合体。企业的核心能力是保持企业竞争优势的根本因素。这种核心能力集中体现在市场的开拓能力和企业经营范围的广度和深度。在他们看来，企业的核心能力是企业的积累性知识，主要是协调各种生产技能和整合各种生产技术的能力。他们认为企业的核心能力基本特性有：不可分割性，即不能被私人占有，只能归属于企业组织；关键性，离开这种核心能力，企业难以保障自己的生存和可持续发展；特殊性，即能在满足顾客对其产品和服务的一般性需求之外，带给他们额外的价值和满足；决定企业的未来，即利用核心能力可以持续开拓市场空间；历史性，即企业的核心能力是历史积累的产物，主要靠企业内部培育。在我看来，企业能力的本质不是企业知识的简单积累或叠加，而是知识的某种升华，这种升华表现在企业具备的某些惯例、规则、价值观等具有鲜明特征的要素，通过这些要素，企业实现了差异化或者异质化的经营，同时这些要素和企业目标及其他资源之间形成了特定的生产函数，企业沿着这个特定的生产函数所刻画的路径（当然，这样的函数体系如果存在的话，一定是一组随机微分方程）实现发展和变迁。

2. 企业家知识积累和知识利用视角。近年来的研究发现，作为分工产物的企业具有保护企业家专有性知识的能力，而这恰恰是企业拥有的最关键资源（Rajian 和 Zinggales，2000）。杨其静（2004）[①] 对此的解释是：可以称得上企业家的人往往拥有在未来市场上具有潜在获利希望的创意或设想，而这些创意或设想是不可能在以平等合约为特征的市场交易方式的环境中施展的，因为这将导致这些创意和设想被广泛模仿或复制。在企业的权威格局中，企业是企业家实现创意或设想的工具，隔绝了市场对企业家创意或设想的窃取，使之可以相对顺利地实施。杨其静同时认为，企业制度还有一个重要的功能，即对分散知识的合理利用。他认为，推动企业发展的，往往是一个企业家领导的实行分工合作的高层经营团队，通过合作企业家将分散的知识整合为一个整体。这一思想与我们在第六章阐述的关于在企业制度下企业成员之间的知识交流具有更高效率和更可靠保障的观点具有相同点。只不过在我们的视角下，知识的交流（包括创新型知识的交流）和整合不仅在企业的高层领导中进行，而是在整个员工队伍中进行。引申开来，我们认为，个体知识的交流和整合将在长期的发展中上升成为企业的组织学习过程，形成企业的某些经营性格和特质，而企业经营性格和特质的集中表现，就是企业家的创新性知识的积累。

① 杨其静：《企业家的企业》，中国人民大学出版社 2004 年版，第 186—188 页。

二、企业的组织学习特性

结合企业成长理论观点及我的认识，我们可以概括出企业制度的某些特性，而这些特性无疑是带有组织学习特点的：

（一）企业是一种具有自我进化功能的系统

主要体现在：

1. 企业是具有长期存续性的社会组织。这种长期存续性表现为具有生命周期特征，任何企业都经历从诞生、成长、成熟到衰亡的过程，在存续过程中，体现出系统的稳定性和对资源投入产出的持续性需要。按照交易费用经济学理论的解释，控制企业的生命周期的内在要素是其控制内部无组织力量（即导致无效率的因素）的治理成本的大小。具体来看，企业的治理成本可以分为两个方面，第一是内部管理的成本，即控制内部机会主义倾向、协调产权利益、维持内部激励所花费的成本；第二是外部交易的成本，整合内部资源适应外部环境变化并吸收外部资源保持活力所付出的成本。将以上两种成本维持在具有比较优势的能力是企业生存和发展的关键。其中前一种能力是后一种能力的基础和保证。当企业以上两种能力蜕化和枯竭后，企业就进入衰老和死亡期。

2. 企业具有稳定的组织性状的遗传特征。企业的组织性状的稳定性，主要体现在企业的正式与非正式制度的延续性上，具体体现在公司治理、技术与文化三个要素上。员工是企业生命运动的细胞，随着生命运动的“新陈代谢”过程，老员工不断退出企业，新员工不断进入企业，但企业的治理结构特征（包括企业全部正式制度的总和）、技术特点和规则，特别是代表企业独特性的企业内部的约定俗成的工作运作规则、人际交往规则、观念和信仰等等（包括企业全部非正式制度的总和）却在员工身上自然地延续和复制，起到基因的作用。

3. 企业具有对外部刺激的适应性和损害的自我修复能力。企业在整个生命周期中都存在一个以内部可控资源去适应外部不可控的环境变化以保持组织存续和发展的问题。这种适应能力突出地表现为企业治理结构特征、技术特点和规则及内部文化存在变异性和弹性，当面临外部冲击和刺激时，企业可以以自身的组织性状为基础，在可行的制度选择中集中选择一种或若干种制度参照物对自身的基因进行修改，以降低由于外部冲击形成的外部交易成本和内部治理成本。

（二）企业具有人格化的记忆、思维和行为能力，是一个人格化的系统

这主要表现在组织成员对信息的认知和加工表现出一种正常状态和规律性。企业首先是由人组成和被人驾驭的组织，企业中的人，首先是企业家，掌握和传递着企业的经历、经验，并且将自身的人格特点、好恶、行为方式和行为能力投射到企业的整体特征中。同时，企业作为一个长期存续，有着内在的生命周期的系统，其特征是在集体行动和集体意志的基础上在长期动态的过程中形成和改变的，因此企业的特征并不完全取决于一个个体或一个固定的群体，而是具有超越个体和小群体的整体特征，具有成员的代际传递性和渐变性。

（三）企业是一个知识和制度创新装置

企业进化和成长的关键在于知识的积累，其核心是知识的获取和配置能力，知识是企业生命系统的蛋白质。所谓知识的获取能力是指企业在运作过程中识别、捕捉并从外部和内部获取对企业有用的知识（包括信息、知识和技能）并持续地保持在组织记忆中的能力；而知识的配置能力是指对知识进行解读、整合、开发和在不同部门和岗位的企业成员之间分配经整合、开发的知识的过程。企业对知识的获取和配置过程不仅是加工对组织机体的有用知识，维持静态的平衡过程，更是在外界的不断变化中不断创造新的知识组合和新的认知，以突破机体内部在原有外部条件下的均衡状态，建立新的均衡状态的过程。但对企业来说，知识的积累、配置沿着企业的制度惯性进行演化，以便在创新和稳定性之间寻求平衡，共同克服不确定性。

以上特征的源泉，来自于企业中的个体学习能力和群体对个体学习的整合能力和规范能力，这种能力，就是组织学习能力。我们认为，组织学习可以看作是一个企业组织促进知识创新或知识获得并使之传播于全组织的过程。通过这种学习，使得企业面对变化的经济和商业环境能够修改和发展新技术，调整不适应的组织结构和经营实践，能够推进无形资产的创造。这里所说的无形资产，是蕴涵在企业产品、服务和组织运行中的核心竞争力，体现在对知识的积累、配置和创新的能力上，它能够在外部和内部环境的不断变化中，保持组织结构和政策的弹性，不断打破旧的均衡并达到新的均衡，维持企业的生存和成长。

第五节 企业人力资本生产与组织学习

一、引言

组织学习实际上是企业在外部环境不断变换的条件下，通过不断调整组织信念、信息流程、行为方式以适应环境，寻求发展的能力。从总体的意义上看，也就是我们前文所说的知识的积累和配置能力，是企业发展最重要的核心能力。事实上，组织学习是一种互动过程，这种互动使组织成员个人信念与组织信念趋于一致，个人的知识和技能与组织的知识和能力有机地结合在一起。在组织学习的框架下，组织学习和企业的人力资本生产的关系表现为：组织学习为人力资本的生产规定了目标、范围和规范，而人力资本的生产过程是组织学习功能的具体实现过程，并且人力资本生产的相关制度安排可以作为组织学习的实施策略发挥重要作用。从一定意义上说，人力资本的生产是组织学习的基本实现方式之一。

二、组织学习和企业的人力资本生产的关系

我们可以从组织学习的功能、形式和层次来理解组织学习和企业人力资本生产的关系。

（一）组织学习的核心功能：组织记忆和组织变革

1. 组织记忆。瓦尔斯和昂格森（Walsh & Ungson，1991）将组织记忆定义为“组织所贮存的从其历史发展过程中获取的能制约当前决策的信息，其核心是引发决策过程的刺激和组织的回应”。① 而在我看来，组织记忆是组织在历史发展过程中逐步积累起来的知识和信息的总和，表现为潜移默化在组织成员意识和潜意识中的经验、观念、习惯、方法和行为

① Walsh，J. P.，Ungson，G，R.（1991），Organization Memory，Dcademy of Management Review；Vol. 16，pp. 57 -91.

方式，外在表现是组织的正式与非正式制度。这种记忆并不是组织成员个体记忆的简单加总，而是超越个体记忆和行为，表现在整个组织的制度和行为中，是整个组织对知识和信息的掌握和运用，具有代际的传递性、时间的延伸性、内容和形态的历史演进性。根据我有限的理解，组织记忆的关键要素有：

（1）信息获取：即组织从内外部环境的挑战和刺激中获取相关信息的过程。这些信息包括事物的环境、性状、因素、方式和方法等。比如企业面对外部市场变化，获取的信息包括某种产品价格的变化，原因是某一需求群体的偏好或收入变化，得到的经验是营销方式或产品性能必须变化等等。

（2）信息加工：即组织对获取的信息进行有意识和无意识的取舍和加工的过程。其中有些非关键信息可能会舍弃，而一些关键要素则保留下来。保留下来的信息经过组织原来已有的知识和文化作为基础和工具加工成新的知识和文化因素。这里的知识是指对事物规律的认识，而文化指价值观和行为规则。

（3）知识和文化延续：组织成员是组织记忆的承载者，但并不是所有的知识和文化都是个体有意识地选择和记忆的对象，知识和文化往往是潜移默化地沉淀在个体的意识和行为之中，成为一种思维和行为惯性模式。而知识和文化在组织成员之间的代际传递有些是通过有形的方式，如企业培训、师徒制和其他教育形式实现，有些是通过组织内部的技术和人文环境润物无声地深入成员的意识之中。根据有关学者的研究（Walsh & Ungson，1991），组织记忆与个体记忆的连接往往是通过组织成员在组织结构中的某一相对固定的定位来实现的。通过组织成员的角色定位，组织成员对组织的运作规则、价值取向、禁忌、偏好和组织与个体的关系形成固定的认识和遵循习惯。

2. 组织变革。组织变革是组织基本特征的变迁过程，其核心是组织记忆的改变过程。基于组织记忆变化的“路径依赖性”，组织变革一般会采取渐变的形式，但也不排除在某些外部因素的冲击下，采取突变的形式。比如日本的社会形态特别是意识形态在西方文明的冲击下，在近代以来发生了比较急剧的变化。但中国社会的转变则更有渐进性的特征。一般来说，组织变革包括以下要素：

（1）组织观念和思维方式的变更。核心价值观、对事物的认识方式是组织文化的核心，这些文化要素潜移默化地融合在组织成员的思维和观念当中，并影响他们的行为，是组织变革的源泉或第一推动力。当面对内外部环境的冲击或刺激，发生转变的首先是组织成员的价值观和或认知方式的调整，进而形成核心成员的系统认知，从而形成组织的整体认知。比如对东方民族来说，人权和民主的思想是在长期的外部冲击和历史经验总结中逐步被接受的。

（2）组织制度变革。如果说组织观念和思维方式是组织的软制度或非正式制度的话，那么组织的有形制度或者说显性制度则是组织的正式制度。这里所说的制度变革是指后者。组织的正式制度是定义组织成员的相互关系以及组织成员的行为规则的一种相对固定化的规定或模式。其中最主要的改变是对组织成员在组织运作所产生的利益分配格局中的地位或者说产权边界的重新认定。从某种意义上说，组织制度变革是产权格局的调整。从制度历史学的角度来看，或者从历史演化的角度看，组织变革的力量来自于人类对组织效率的不自觉追求。根据诺斯等人的研究，人类历史之所以从狩猎文明形态转向农耕文明，最根本的原因是在人口增长的压力下，要求生产的效率更高，而土地占有权（基于其固定性）的实现比猎物（基于其迁移性）占有权的实现具有更低的成本，[①] 从而实现更高的产出效率。而国家的出现，是社会成员为降低利益冲突的成本而采取的调和结果。[②] 在我看来，甚至人权、民主观念本身，也不是人类单纯的良心发现，而是实现社会生产力发展的内在需求在起决定性作用。

（3）组织行为变革。组织行为学对组织行为的定义：是指组织的个体、群体或组织本身从组织的角度出发，对内源性或外源性的刺激所作出的反应。在我看来，对组织行为的定义应当更加宽泛，包括一切在组织目标的规定下、在相关因素刺激下组织运用一切资源采取的作业行为。组织目标和组织的作业行为离不开组织观念、组织制度对其性质的规定性，当前两者逐步变迁后，组织行为也会相应作出改变。比如，在现代文明时

---

① 道格拉斯·诺斯著，陈郁等译：《经济史中的结构变迁》，上海三联书店、上海人民出版社 1998 年版，第 88—100 页。

② 霍布斯著，黎思复等译：《利维坦》，商务印书馆 1985 年版，第 128—132 页。

代，处理国家争端的首要手段是平等谈判，至少在道义上如此，但在人类历史的相当一段时间里，国家之间利益争端更多是依赖战争手段来解决，这与意识形态的改变和人类有形制度（比如国际法）的制约有直接关系。

（二）组织学习的形式

哈佛大学教授 David A. Garvin（1993）将组织学习区分为五种形式，即系统地解决问题、试验、从自己的过去与经验中学习，向他人学习以及促进组织内迅速有效的传递知识。[①] 综合专家的观点及个人的理解，我认为组织学习的主要形式可以概括为五种：

1. 刺激反应模式下的因果关系检讨。组织学习的根本动力是组织面临的问题和挑战，问题和挑战的不断出现，迫使组织不断作出反应。这种反应可以分为以下几个阶段：问题和挑战造成的各种紧张关系，检讨组织内部因素与外部因素的不和谐，发现实现和谐的路径或推动因素，取得新的知识、方法、技能和经验，改造组织文化、制度和行为，实现组织内外部因素的相对和谐。

2. 回顾性反思和前瞻性探索。因果关系检讨往往出现在组织面临现实的挑战和威胁时，然而对组织内部出现的隐含危机和忧虑，组织还往往具有某种自省机制。这种自省机制常常通过回顾与对比历史和现实来确定解决组织面临的隐含危机的性质和解决之道。还往往通过对前瞻性设想的尝试来验证对组织方向的选择。情况往往如此，一种僵化的组织文化和制度不待外部因素的冲击和破坏或者这种冲击和破坏还没有足够大时就完成了自我的更新，这就是组织自我完善的基础上组织对历史经验的回顾和对未来发展方向的某种合乎逻辑的判断。

3. 主动尝试。历史经验告诉我们，尽管人类历史前进的轨迹是一种自发的演化轨迹，不依赖于人类的设计，但事实上人类从来不是客观规律的被动接受者，而是基于历史经验的主动探索和构想者。历史前进的轨迹恰恰是在人类主动尝试中被选择的，不是浑然不觉中被历史引领的。对一个国家是如此，对一个社会组织也是如此。

4. 组织之间的影响。林毅夫在总结人类制度变迁的原因时，曾将外

---

① Garvin, D. A. (1993): Building a Learning Organization, Harvard Business Review, July - August: pp. 78 - 91.

部制度的影响和示范看作是与“生产要素价格的相对变化”并列的因素。组织学习的一种重要的形式是模仿表现出更高效率的外部组织的文化和制度。中国社会制度和文化观念的历史变迁表现出很强的组织间外生影响的特点。对企业来说，来自同行和顾客的观点和行为的影响最大。

5. 组织内部的互动影响。包括组织内各组成部分的相互影响、渗透，组织成员间的交流及组织与个人之间的互动。其中最重要的互动影响是后两者。构成组织的是一个个个体，组织学习归根结底是通过个体的学习行为来实现的，个体之间的相互影响及组织与个体之间的相互影响是决定上述四种学习方式的根本方式。其中，由优秀个体组成的精英集团是决定组织学习效果的重要因素。因为精英集团的表现不仅是组织学习成果的集中体现，也是组织学习成果能否运用于实践的决定因素。而往往组织学习的成果和成果的运用是交织进行的。在国家的发展中，方向的选择诚然是大众实践的结果，但对结果的总结和将总结升华为成熟的认识并付诸实践则是精英和领导集团的使命。

三、组织学习的层级

由组织学习的形式出发，可以认为，组织学习分为四个层面[①]：

（一）个体学习

个体学习可分为压力和刺激下的学习和自主学习。前者是指在组织环境的压力或制约下进行的被动学习。组织环境的压力或制约一方面是组织记忆和制度惯性的一种必然表现，比如一个企业的文化、制度、技术环境等等，迫使处于组织中的个体接受必要的知识；另一方面来自组织整体面临的问题和挑战，比如整体的国家危机迫使公民进行分析和探索。后者是组织成员出于偏好、责任感或个人发展的需要作出的主动选择。比如在国家和组织发展平稳期，有大量的公民或组织成员思考问题、揭示隐忧，寻求组织发展的方向。

（二）群体学习

群体学习是一个十分模糊的概念。在我看来，群体学习不是个体学习

---

① 关于四个层次的划分，来自郭维维根据相关文献的概括，见郭维维：《从组织学习看企业培训》，浙江大学硕士论文，2002 年，第 14 页。笔者赞同这一划分并对具体内涵进行了全新的表述。

的简单加总，而是一个群体基于共同的目标所进行的有针对性的学习。但群体学习与组织学习是有本质区别的，这种区别在于，组织学习表现为组织层面的一种记忆和功能，其决定组织的整体特性和行为，并且具有稳定性和遗传性，而群体学习则依然表现为个体对一种观念、经验或知识的掌握，只不过有一种群体的协调和制约机制。群体学习依然是组织学习的一种方式，即组织记忆和组织变革的一种传递方式，但不能代替或包含全部组织学习要素。通常认为，群体学习包括三种形式①：团队学习、实践群体学习、职业群体学习。三种群体学习各有侧重和背景，都以个体学习为基础。

（三）组织内学习

组织内学习实际上是组织与成员之间交流观念、知识和经验，是通过有形的规定、引导、教育、培训等形式和无形的示范、暗示、影响等方式实现的。个体学习和群体学习可以是组织内学习的方式，但不能代替和涵盖组织学习的全部内涵和外延。

（四）组织间学习

严格来说，组织间学习与组织内学习不是底层和高层的关系，而更像是一种平行关系。但组织之间的学习肯定是超越个体学习和群体学习层次的一种学习。并且在很大程度上，组织之间的学习，不仅要依赖个体学习和群体学习的渠道来实现，也往往需要在个体和组织之间的交流中实现。比如对两种组织制度的优劣比较，往往是由组织内部的精英分子作出的，进而通过交流和传播成为群体共同的认识，再通过提炼成为一个国家或组织保有并且可以延续下去的知识和观念，推动国家或组织发展。

四、对企业人力资本生产功能及特性的再认识

经济学意义上的企业人力资本生产的概念和范畴是贝克尔给出的。这里的企业人力资本生产，在贝克尔的语境中，被称为培训，是企业积累生产所需的人力资本的活动。包含两方面的活动和过程：一是“干中学”，即通过主动和被动的生产实践活动积累知识、经验和技能，二是“在职培训”，即企业通过有计划地组织教学、观摩、指导和示范性活动，增加

---

① 关于这三种形式的描述，来自郭维维（同上）。详细描述参见原文。

企业员工身上积累知识、经验和技能。贝克尔把人力资本分为一般价值的人力资本和企业特定人力资本。两种人力资本结合形成组织资本（organizational capital），组织资本即一个人满足一个特定企业需要的能力，在罗森（1972）[①] 看来，组织资本是一个合成品，是企业生产过程的附带产品，并不增加生产成本。

在我看来，企业培训是企业计划并实施地促进个体或群体学习，从而改进技能，提高工作效绩的组织学习过程。

企业培训的概念具备以下内容：

1. 企业培训的主体是个体或群体。这里所说的群体是指个体的组合，不是作为组织的统一的概念。培训在针对个体发生作用的同时，自然会对群体发生作用。这种作用表现为个体知识的增长自然是群体知识的增长，个体之间的交流可以增加其他个体的知识，也表现为群体知识的增长。

2. 企业培训的直接目的是提高员工的能力。通常这种能力包括技术技能（一般性技能和特殊性技能）、人际关系技能（与企业内外相关个体的交往、沟通和合作能力）和问题解决能力（逻辑、推理和确定问题的能力，制定有关问题解决的可行性方案，并分析方案和选定最终的解决办法等）。

3. 经验学习是企业培训的重要内容。无论是传统的师徒制还是现代企业举办的培训班和职工学校，经验性知识的传授都是企业培训的重要内容。

4. 企业培训是由企业计划或安排的。任何企业的培训活动都不是盲目的，而是有目的、有计划、有组织的活动。

5. 企业培训本质上是一个过程。企业培训同样表现为把输入转换成输出的各种作业和行动的集合，其输入是经验、知识等，输出是员工的知识、技能和工作绩效的改进；团队和组织绩效的改进；组织变革、组织复兴等直接的、间接的结果。其转换过程从培训的运作角度来看一般依次包括需求分析、设计与开发、实施、评估与评价，以及对员工的训后支持。

---

① Rosen, S.（1972）：Learning by Experience as Joint Production, Quartly Journal of Economics, 86：pp. 366 – 382.

五、企业的人力资本生产与组织学习

1. 从功能上看，企业的人力资本生产与组织学习具有共同的指向。

通过分析企业人力资本生产（或培训）的概念和特性，我们不难发现，虽然企业人力资本生产直接指向的是企业中个体的知识、经验和技能的积累，但实际上，其真正指向的是企业的组织记忆和组织变革。这可以从以下几方面加以理解：

（1）企业培训的内容涵盖技术技能、人际关系技能和问题解决能力，这三种能力中，部分技能是企业特有的技能，并且以经验知识的形式体现出来，这些技能从特性上看，是组织记忆的重要基础。

（2）企业培训的过程，是增强群体知识的过程。是个体之间的相互作用过程，一方面，企业中的个体知识具有外溢性，通过知识的交流可以达到群体知识的增长，另一方面个体知识的增长，在整体上也表现为群体知识的增长。

（3）企业培训表现出强烈的向历史和经验学习的特点。这就使培训具有在代际间传递组织记忆的特征，是企业的组织变革遵循“路径依赖”和稳定的组织遗传特点。

（4）培训不仅传递现成的操作知识，更强调审视和处理问题的方法，不仅强调内部经验的积累，也强调对外部知识的吸纳和总结。后者更多地是依靠人员的更替来实现的，因此，培训为组织记忆的变更和革新提供了具体的渠道和方式。

2. 从形式上看，人力资本的生产过程包括了组织学习所涉及的一切因素。

组织学习在形式上可以分为：通过系统地解决问题来学习、通过项目实验来学习、从过去的经验中学习、向他人进行学习、组织内部各成员之间进行学习。这些形式都可以概括为“在职培训”和“干中学”两种方式，也就是企业人力资本生产的基本方式。但企业在人力资本生产的体系中，这些方式都被纳入一种具有主动性和人为干预的，有计划、有规则、有秩序的状态。因此，借助人力资本生产体系，可以大大提高组织学习的效率。

3. 从层级上看，人力资本的生产过程是组织学习的基础。

从最直接的意义上说，企业人力资本的着眼点是企业中的个体学习。通过对个体学习的主动的、全方位的规划和实施，使员工在企业中由个体的人变为组织的人，变为组织机体的一个细胞，具有组织共同的基因特性。但企业人力资本并不局限于个体学习，通过个体学习在纵向（历史过程的代际传递）和横向（团队的互动和交流）的外溢，实现了群体学习进而过渡到组织学习的层次。

总之，企业的人力资本生产不是盲目的活动，而是有计划、有目的的活动，这些计划和目的根本出发点是企业实现组织功能的需要。企业人力资本的生产制度作为企业组织学习体系得以运转的基本制度安排发挥着应有的作用。这种作用突出体现在：在具体形式上将组织学习从组织层面的虚拟状态上还原为真实的个体学习的行动上；在实施环节上将个体行动整合成集体行动。更确切地说，企业的人力资本生产是为了增强企业的组织记忆和组织变革能力而采取的具体活动，是组织学习的良好实现形式。

组织学习与企业人力资本生产的关系如图 7.2 所示。

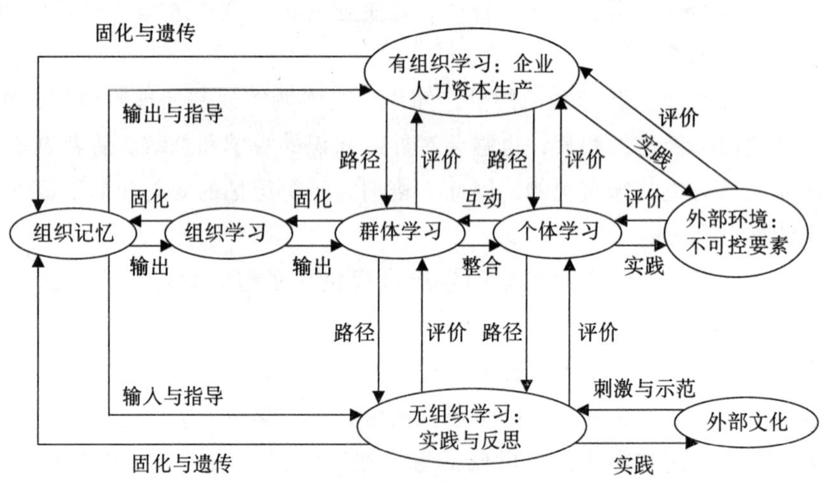

图 7.2　组织学习与企业人力资本生产的关系

第六节
人力资本生产的制度安排：组织学习的方式

从某种意义上说，我们在本节讨论的问题与在第六章第三节讨论的问题具有密切的联系，是对该节思想的进一步扩展和延续。

一、提高组织学习效率的途径

许多文献涉及关于组织学习的内在动因问题，或者说如何提高组织学习的学习效率问题的研究。其中，原献学（2005）① 提出的一个关于组织学习的协调博弈模型对我们是深有启发的。

原献学认为，组织学习发生在组织层面，因此其效率受到组织内部结构动力的影响。更具体地说，组织学习是由组织中的每个个体的学习行为和这些学习行为的交互作用所构成的过程。由于组织中的每个个体存在利益竞争关系，组织中的个体学习行为与整体的组织学习所要求的行为不可能达成完全的和谐和统一，个体在组织学习中所采取的行动策略是各方利益博弈的均衡结果。而组织学习的状态和结果，取决于每个个体在组织学习过程中所采取这种的纳什均衡策略（行为）。按照协调博弈理论，一种博弈过程可能存在多重均衡，有些属于帕累托最优均衡，有些属于次优均衡。如果各方在博弈过程中相互协调并取得成功，则可能达成帕累托最优均衡，协调失败，则选择次优均衡。如果在博弈过程中增加各自策略的互补性（一方策略的赢得增加将导致其他方策略的赢得增加），则可能导致各方协调行动达成帕累托最优均衡。因此，促进组织学习效率提高的关键因素是：降低组织学习中知识获取和拥有的利益竞争性因素，增加组织学习中知识获取和拥有的知识互补性，从而使个体之间积极交流和沟通成为个人效用最大化的策略选择，从而也是组织学习的效率最大化的策略选择。

---

① 原献学：《组织学习管理》，海南出版公司 2005 年版，第 195—218 页。

二、组织学习中的利益竞争和互补性

从组织学习的角度看，个体之间由于存在信息不对称性，在组织学习中的社会责任履行情况不易监督，组织成员容易产生“偷懒”，因此信息不对称导致组织学习中的非合作性。这种非合作性的基本背景是个体之间围绕知识交流的利益竞争性。

组织成员在知识、经验和技能方面分布是不均匀的，这些个人资源具有极大的私密性。加之组织学习的成员通过学习寻求各自效用最大化，因此，参加学习的每个局中人就不能确定其他局中人的学习努力程度，因此，采取具有较低努力水平的行动以避免这种努力外溢使他人受益。这可以从两方面理解，一是努力水平较高，对组织的产出贡献较大，不符合个人的效用最大化原则；二是与他人交流知识和技能的积极性较高，会损害个人在组织中的竞争力。比如组织成员在薪酬、领导的重视、在组织中的地位和前途等都依赖个人掌握的知识、经验和技能，并且其他人的知识、经验和技能与本人的知识、经验和技能的落差越大，个人的上述收益越高。因此，个人可能采取交流封闭政策或消极态度，以保留在知识上的优势。

竞争性的存在使组织学习中成员之间进行协调成为必要。也就是说，每一个学习者都站在自己的角度，预测其他局中人学习的努力程度（尤其是与他人交流知识的程度），然后选择自己最佳的学习行动策略。由于组织学习的竞争性，常常使组织成员不能很好地协调各自的策略，使组织学习的效率不如个人的学习效率。因此，必须用一定的激励机制来鼓励成员进行知识学习和交流的积极性。使个体理解努力进行知识学习和交流的预期效用高于不努力学习和交流的预期效用是一种基本的途径。这就必须扩大组织中知识的互补性。

组织学习是每个成员进行合作进行知识积累、知识创造和知识分享的过程，每个成员拥有的知识在客观上具有互补性。因此交流是知识互补的过程，这使交流具有互补性。所谓互补性是指某一个成员的知识增长所带来的收益必须依靠其他成员的知识增长。比如在企业内部，成员之间进行团队生产，当团队利益体现在全体团队成员的平均知识增长量时，每一个人的知识增长的边际效用取决于其他成员知识增长量，从而形成知识互补。知识的互补性具有策略相互作用的正反馈机制，促进成员之间采取较高的积极性来学习和交流知识，增进组织学习的效率和总收益。显然，在组织学习的框架下，知识和信息具有公共性，知识和信息的交流是其由私人性转化为公共性的过程。

促进组织学习效率的一个关键是抑制组织学习过程中个体之间的知识竞争性，扩大知识的互补性。其实，根据我们在第六章第一节的讨论，在企业边界范围内的“准公共领域”，个体之间的知识产权具有天然的互补性，使企业中的组织学习效率优于社会意义上的组织学习。但在探讨企业内部组织学习效率时，我们也不可忽视同样存在的知识产权竞争性问题，尽管这种竞争性相对社会上平等的相同产品生产者之间的知识产权交易来说可能更弱一些。

促进组织学习效率的方法有：情感沟通（以增加相互信任）、外部干预、在知识学习和掌握上设置共同利益等等，比如我们在第六章中阐述的集体惩罚和奖励可以实现在知识交流领域个人效用最大化与集体效用最大化的一致性。而有计划、有组织的企业人力资本生产活动可以在这些方面发挥积极的作用。

三、企业培训的制度安排对组织学习效率的促进作用

1. 企业的有计划的集体培训制度可以有效地形成外部干预，抑制员工之间由于知识产权的竞争性所导致的知识交流粘滞性。任何企业的培训实际上都是一种集体培训，这主要表现在：

首先，企业对是否培训和如何培训具有决定或主导权。员工虽然有选择在培训中付出努力的隐性权力，但在名义上必须服从企业的培训计划安排。企业往往将培训与考核及薪酬相挂钩，这就给员工参与培训并付出努力施加了一种强制性的激励，减弱了员工基于人力资本边际贡献的模糊性和“公共性”导致知识学习的偷懒和“搭便车”问题，促使员工努力学习，掌握岗位所需要的专业知识，为企业的组织记忆增加新的知识。

其次，企业可以通过集体性的集中培训安排来促进员工在学习中的知识交流。在企业中，集体性的员工培训往往采取老员工带新员工的方式进行，并且配以严格的培训效果和质量考核，授课或知识与技能指导中的努力程度不仅直接体现在培训效果和质量考核的结果上，也可以直接体现在

学习者的直接意见反馈中，这种制度安排可以导致老员工对向新员工传授知识、经验和技能采取积极的态度。

2. 师徒制的普遍实行有效地降低了员工之间的知识交流障碍，保证了企业知识代际传递的稳定性，体现了情感沟通和知识产权互补性的双重功能。师徒制的历史长于企业的历史，是企业传递知识和技能、维持企业基本的组织制度特征的基本方式，并曾经长期作为企业生产专用性人力资本的基本形式发挥核心作用。师徒制的特点是，老员工固定地来带领新员工在实际的生产作业中进行“干中学”，教学的方法主要是言传身教，现场指导。在师徒制度下，师徒之间长期相处，结成固定的组织学习和生产合作伙伴，相互之间不仅在情感上比较接近，更容易产生思想沟通和行为协调性，并且由于师徒在地位上的差别，双方在掌握知识上的竞争性较弱，同时，还具有知识上的互补性，这种互补性表现在：（1）徒弟的学习效果直接关系到师傅的声誉和在企业中的地位；（2）师徒之间不仅是知识和技能学习上的合作者，也是生产上的合作者，徒弟的知识和技能的掌握程度和师傅在生产中需要花费的努力成本具有负相关关系，徒弟越快越好地掌握生产知识和技能，越快越好地具有较高的劳动生产率，师傅就越早越好地卸掉自己在生产中的部分责任，越早越好地减少在生产中的付出。在某种程度上，就象旧时代的婆媳关系一样，媳妇越早承担起家务，婆婆越早享受到权威和闲暇带来的效用。

3. 在专业分工的背景下，培训作为不同专业技能中“共同知识”的交流平台发挥积极作用。按照巴泽尔的观点，同一种产品的产权可以划分为许多细小的属性，某些属性被留在公共领域并根据效率的原则进行分配将导致效率的提高。在专业化分工中，某些共同性知识的共享可以为双方带来福利的增加。而采取集中和有计划的培训方式进行这种共同知识的交流在效率上优于个别和自发的交流。

企业在培训中严格的专业知识划分导致了企业成员之间具有知识互补性，促进了公共性知识的交流。严格的专业化分工是企业越来越明显的制度特征，与之相适应的企业培训制度在传授知识的类型和专业划分上也日益呈现出严格的区分。由于企业严格的专业分工，使得不同岗位之间在效率上的依赖性大大加强，出于保持和提高自身劳动生产率的需要，员工之间往往愿意交流各自专业知识中的某些需要共享的知识，而有关的培训的制度安排，为这种交流，提供了平台和渠道。比如在我曾经工作过的金融机构，计算机操作知识是每个工作岗位必备的知识，电脑部门负责全系统的网络设置及应用软件开发、网络、日常设备、软件的运行维护、许多部门在日常工作中遇到的与电脑操作有关的问题都需要电脑部门来解决。为减轻工作压力，电脑部门十分乐于开展培训活动，更多地普及电脑操作和设备、系统的维护知识，以便提高员工操作电脑和自行排除小故障的能力，这在客观上，起到了促进全体员工电脑知识和技能水平提高的作用。

4. 与培训制度相伴随的集体考核制度增进了知识互补性。与企业培训制度相伴随的集体奖励制度也提高了成员之间的知识互补性。在企业有计划、有组织的培训制度安排中，往往采取以专业部门为基本单位进行集体学习（特别是学习新的技术和制度性知识的时候）的方式，并且根据培训效果考核的结果确定集体奖励。这就促使本部门成员之间积极进行知识交流，从而提高全部门的总体业务水平。我过去所在的单位就经常进行这样的业务培训，然后采取集体考试的办法检验学习效果，并与有关奖励挂钩。

本章小结

企业的人力资本生产制度是组织学习制度的基础和具体操作形式，这是因为，二者具有的共同功能指向，并且从形式上看，人力资本的生产过程包括了组织学习所涉及的一切因素；从层级上看，人力资本的生产过程是组织学习的基础。企业的人力资本生产制度还可以作为重要的组织学习途径发挥作用。这种途径作用表现在：通过具体的制度安排，在个体行动和集体（团队）行动上附加收益的互补性或利益的相关联性，提高集体学习行为的总体效率，从而将个体学习再次转化为组织学习，推动企业组织学习体系的有效运转。

第八章

企业人力资本内部生产的效率范围

为集体单位的最优规模构建一种理论，那是一件相当简单的事。在这里，这种最优规模也取决于各种宪法性的规定。只要被排除在外的辖区产生的溢出效应的预期成本，大于增加被排除的辖区产生的预期决策成本增量，群体规模就应扩大。

——詹姆斯·M. 布坎南《同意的计算》

本章的研究目的是在第六、第七章的基础上，继续运用交易成本的分析方法对企业人力资本内部生产的效率范围进行界定，并在此基础上讨论企业的人力资本生产功能在整个人力资本生产的社会分工中的位置和作用演变，以及企业进行一般性或半一般性人力资本生产的制度合理性，进而解释现实中存在的企业办学、企校合作等现象存在的原因。

第一节 引　　言

根据上面的推理，由于企业所需人力资本的专用性及企业制度的某些特征，使得专用性人力资本在企业内部进行生产具有治理成本的比较优势。从这一意义上说，事实上，企业是与社会上各种教育机构并列的教育机构。但企业作为教育机构的这种比较优势是有条件和范围的。事实上并不是企业所需的一切带有专用性的人力资本在内部生产都具有比较优势，也不是所有带有非专用性的人力资本在企业外部生产都具有比较优势，而只是第一层次的企业人力资本（即企业所需的人力资本的最终产品）和它的某些构成要素（即某些中间产品）在企业内部生产具有比较优势，即处于图 6.2 中 $k^* > \hat{k}$ 的位置，应被纳入内部生产的范围。当然，我们在此需要赋予 k 值新的含义，即内部生产可行度，与综合生产成本（包括治理成本和技术成本）正相关。

第二节
与企业治理结构相对应的人力资本要素特征

根据我们在第五章的讨论，人力资本可以划分成许多要素集合并可以划分为三个产品层次，每一种层次又可以划分成许多要素，因此，每一种要素都面临生产与购买的选择。问题不在于要不要将人力资本的生产纳入企业范围，而是哪个层次的人力资本或每个层次的人力资本的哪些人力资本要素应纳入企业的范围，哪个层次的人力资本或每个层次的人力资本的哪些人力资本要素应通过市场交易来取得。

威廉姆森认为，导致不同交易治理结构安排的要素有交易频率、不确定性和资产专用性。所谓交易频率是指针对某一资产的交易的经常性或持续性程度；不确定性是指交易双方对的预期结果与实际结果之间存在发生偏差的可能性，这是由交易双方的有限理性和投机特征决定的；而资产专用性则前面已经做过解释，即为相应的治理结构的运作花费的成本。

针对人力资本属性的不同，他给出了四种治理结构①。(1) 纯粹市场

① 见奥利弗·E. 威廉姆森著，陈郁才等译：《资本主义经济制度》，商务印书馆 2002 年版，第 336—346 页。他只是从不同形态的劳动组织的角度看待这四种治理结构的，没有涉及对人力资本的生产实行一体化的问题，但我们可以借用来对人力资本的企业生产和市场交易进行比较。

交易的治理结构[①]，前提是人力资本没有专业性，并且可以明确地测量和定价，在这种情况下，不需要设计专门的治理结构来保护人力资本的权益，人力资本的生产将在市场中进行，企业通过购买引进人力资本用于生产（往往通过掮客提供劳动力）；（2）初级团队结构，即人力资本没有专用性，每个人的产出不容易计量，人力资本具有不可分割性，因此很难对每个人的人力资本（或者劳动）定价，在这种情况下，为企业提供劳动力的掮客还具有一项监督职能，这种结构形成一个初级团队；（3）互担责任的市场（obligational market），在这样的市场条件下，人力资本的构成具有专用性，但其边际产品比较容易测量，交易双方都必须维持这种长期的雇佣关系，否则双方都将受损。并且为防止一方单方面终止合作，需要在管理程序上设计出某些保护性措施；（4）亲密型团队，在这种团队中，人力资本既有专用性，又难以进行分割和测量，在这样的条件下，“团队合作中特别困难而又重要的是讲求效率的适应能力”[②]，必须强调管理者与工人的合作。

威廉姆森关于针对不同的人力资本属性的四种治理结构划分给我们的启发是：

1. 在第一、二种结构中，人力资本不具有专用性，无论人力资本是否可以进行分割和测量，人力资本的交易都可以通过市场交易来完成，只要交易合同作出完备的规定；

2. 在第三种结构中，人力资本具有专用性，但可以进行分割和测量，企业可以在对等的市场交易和内部生产之间作出选择，只要保护性措施足够到位并且真正能发挥作用，通过市场交易也是可取的。但在大多数情况下，由于在企业内部进行生产更具有保障性（我们前面做过充分的分析），因此在企业内部进行生产会更可取。

3. 在第四种结构中，人力资本既具有专用性，又不能进行分割和测量。由于不能清晰地界定交易双方围绕人力资本的产权，这实际上将人力资本的部分权益推入“公共领域”，在这样的条件下，人力资本只有在企

① 威廉姆森称为现成的内部市场（internal spot market）。

② 奥利弗·E. 威廉姆森著，陈郁才等译：《资本主义经济制度》，商务印书馆 2002 年 6 月第 1 版，第 247—248 页。

业内部进行生产才是有效率的，因为只有在企业治理结构（长期雇佣、共同利益、内部劳动力市场）的充分保障下，企业及企业内部的员工才有信心进行这种投资，并确信可以从这种投资中取得收益。

第三节
企业人力资本内部生产的效率范围

事实上，我们并不能满足于从威廉姆森关于人力资本属性与相关治理结构的对应性划分中得到的启发，必须作出更进一步的分析。

我们可以将企业所需要的一切人力资本要素划分为以下几类：

1. 具有完全一般性，但其人力资本的价值（即其所代表的劳动生产率）可以被明确识别的人力资本要素。这类要素的特征是可以实行大规模的集约化生产，并可以采用标准化的方法对其价值或等级进行测试。比如在一般的正规教育和其他教育形式中提供的具有普遍使用价值的知识和技能，可以通过考试和颁发文凭对其价值进行识别和标示。

2. 具有半一般性（即适用范围有限的人力资本要素，因此保持边际劳动生产率的范围有限），但其人力资本的价值可以被明确识别的人力资本要素。这类要素的特征也可以实行大规模的集约化生产，并可以采用标准化的方法对其价值或等级进行测试。比如在某一行业的职业教育中提供的具有一定适用范围的知识和技能，也可以通过考试和颁发文凭对其价值进行识别和标示。

3. 具有完全一般性或半一般性，但其人力资本价值不能被明确标识的人力资本要素。这类要素往往没有固定的生产或形成模式，除去长期观察，也没有有效的测试和识别手段对其价值进行评估。比如社会经验、领导能力、某一专业的实践经验、推销能力、社交能力等等。

4. 具有一般性或半一般性，其人力资本的价值可以被明确识别的人力资本要素，但由于其所具有的某些特殊属性（比如经常变化，需要与某些特殊知识混合使用等），不适宜大规模生产的人力资本要素。比如，企业中某些岗位的劳动技能，可以颁发技能证书。

5. 具有完全特殊性，但其人力资本的价值（即其所代表的劳动生产率）可以被明确识别的人力资本要素。比如军队中战斗机驾驶员的驾驶技术，侦察兵的野外生存能力等等。

6. 具有完全特殊性，但其人力资本的价值（即其所代表的劳动生产率）难以被明确识别的人力资本要素。比如工人在企业中形成的团队适应能力，对企业正式制度与人文环境的熟悉程度等，虽然渗透在工人的处事能力中，但难以识别和计量。

上述各种类型的人力资本要素主要构成了我们第五章所说的第二、三层次的人力资本，并通过第二、三层次的人力资本形成第一层次的人力资本。

根据我们在本章第一至第三节围绕企业人力资本生产所具有的治理成本和生产成本优势的讨论，从实际情况来考察，我们可以得出以下结论：

1. 第一个层次的人力资本，即企业人力资本的最终产品的生产应该在企业内部进行。因为很显然，由于第一层次的企业人力资本具有明显的专用性，并且具有某种程度的不可计量性、不可标准化生产性，因此基本处于图 6.2 中 $k^* > \hat{k}$ 的位置，必须在企业内部进行生产。

2. 第二、三个层次中，第一、二类因素的生产应该在企业外部进行并通过市场交易实现对企业的供给。这是因为：这两类因素可以大规模标准化生产，并且可以通过专家系统进行明确的识别和定价，具有市场筛选的优势。根据筛选理论，这种筛选优势可以降低企业投资的不确定性风险，弥补企业在专家系统方面的不足，避免小规模生产的规模效益和范围效益损失。

3. 第三类因素的生产应该在企业内部进行。这是因为，由于这类因素没有固定的生产模式，难以进行大规模的标准化生产，并且难以进行明确的识别和定价，因此通过市场交易方式在企业外部组织生产，不具有生产成本和治理成本优势。而在企业内部生产，则由于企业治理结构的特点，可以节约生产成本和治理成本。

4. 第四类因素的生产也应该在企业内部进行。因为这类因素虽然可以进行明确的识别和定价，但由于需要持续的改进和调整，并且不能进行大规模的标准化生产，因此通过市场交易方式在企业外部组织生产，同样不具有生产成本和治理成本优势。而在企业内部进行生产，则可以节约成本。例如由于电脑技术不断发展，企业中需要经常进行电脑知识的劳动技能培训，并且颁发技能证书。电脑知识虽属一般性知识，但由于经常性和小规模性，将员工送入正规学校进行培训成本较高，采取在企业内部不脱产或半脱产培训成本较低。

5. 第五、六类人力资本要素，是完全意义上的企业特殊人力资本，天然地处于 $k^* > \hat{k}$ 的位置，应被纳入内部生产的范围。其原因我们在第二、三节进行过充分的讨论。

需要指出的是，上述各类人力资本要素中，第一、二、三、四类因素没有严格的界限，在某些条件下，第一、二类因素可能转化为第三、四类因素，或者相反，比如某些技能可以在职业技术学校传授，但由于这类技能经常更新，需要不断进行补充培训，很多情况下，在企业内部进行不长期脱产的小规模的培训，成本会比较低。

由以上分析，我们可以大致勾画出企业人力资本生产的效率边界，如图 8.1 所示。

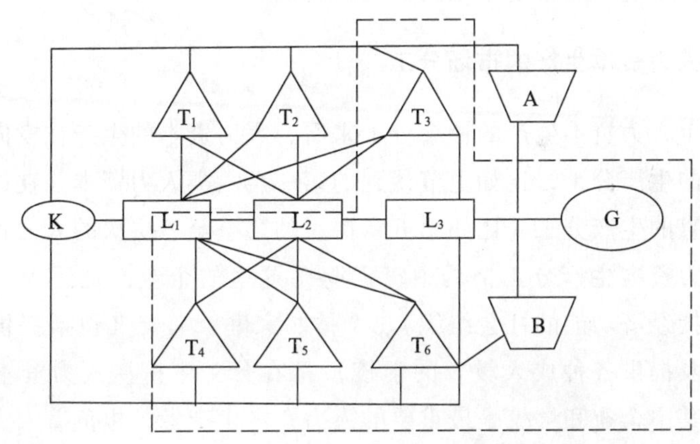

图 8.1　企业人力资本生产的效率边界

注：图中，T_1、T_2、T_3、T_4、T_5、T_6 分别表示上述第一、二、三、四、五、六类人力资本要素，L_1、L_2、L_3 分别表示第一、二、三层次的人力资本，K 表示企业全部生产过程（包括人力资本在内的）总的预先资金投入，A 表示企业从外部购买的其他生产要素，B 表示企业内部生产的其他生产要素，G 表示企业的最终产品，虚线表示包括人力资本生产过程在内的企业边界，虚线跨过的要素为部分由企业生产。

第四节 从人力资本生产的市场分工看企业的教育功能

生产活动是人类及人类社会维持生存及发展的最重要活动，在彻底脱离动物界以前就以集体活动的方式存在。在生产活动中，最重要的投入物是劳动工具和劳动本身。随着知识的积累和分工的发展，劳动工具（资本）和劳动本身的复杂程度日益提高，劳动投入中的知识和技术含量要求日益增高，并逐步专门化，生产所需的劳动日益异质化，生产人力资本——异质劳动产生的源泉的专门活动日益成为人力整体生产活动的重要环节，并且人力生产的方式、结构、过程和分工受到产品市场上劳动分工、专业化、技术进步和市场半径的制约和规定。

一、人力资本生产的市场分工

从整个人力资本生产的社会分工来看，人力资本的生产在横向上存在若干平行的生产分工，比如上节谈到的第一至六类人力资本。在纵向上存在若干垂直的生产分工，比如第五章探讨的第一至三层次的人力资本。在总体的人力资本生产分工格局中，企业（这里的企业，是泛指一切具有直接和间接经济功能的社会组织）、个体、家庭、学校（包括提供正规教育的学校及提供各种成人教育的学校）都在分工中扮演人力资本生产者的角色，其中企业和学校是最重要的人力资本生产者，担负着人力资本生产的主要角色。因此，我们主要探讨企业与学校在人力资本生产上的分工。而个体或家庭教育，可以归入以上两个部门的生产分工中去，比如家庭可以看作是一种变相的企业，个人的人力资本生产，部分可以归入学校教育，部分可以归入企业教育。

总体来看，在平行分工上，企业主要承担着部分具有专用性特征、具有不可分割性（边际贡献不可计量）、难以进行价值评估的人力资本要素，或虽然具有可分割性并可以进行价值评估和计量，但价值的增加具有动态持续性或难以批量标准化生产的人力资本要素的生产；而学校教育主要承担着可以进行价值标识（无论是否具有可分割性），进行大规模标准化生产，并具有价值相对稳定性的人力资本要素的生产。由于技术和制度环境的变化，人力资本要素的性质是相对的，因此企业和学校的人力资本生产分工存在部分重叠和交叉。

在垂直分工上，企业是人力资本最终产品和部分中间产品的生产者，而学校是人力资本的部分中间产品的生产者。这一观点可以做如下解释：

按照我们的划分，人力资本作为一种具有要素性质的产品，具有三个不同的层次，这三个层次分别代表了人力资本生产过程中的次中间产品、中间产品和最终产品。而从人力资本的经济功能来看，企业（或者一切生产性组织）是人力资本的最终使用者，并且面临购买或在内部生产人力资本的投资政策选择。基于治理成本和生产成本的优势，企业选择将具有专用性的人力资本最终产品（第一层次）的生产和部分具有通用性与专用性的次中间产品、中间产品纳入企业内部进行生产。而与之相对应，学校选择将部分具有通用性与专用性的次中间产品、中间产品的生产纳入内部生产并与企业进行交换具有成本优势。事实上，由于学校教育形成的人力资本产权具有部分社会公共性，企业并未完全按照市场交易规则获取人力资本，而只是与个人拥有的部分人力资本产权进行交换，并且作为人力资本载体的个人与引进人力资本的企业之间分享了社会投入的收益，并通过人力资本的外溢性回报给社会。

二、人力资本生产分工演进

我们在第三章介绍了杨小凯和黄有光（1994）从交易成本理论出发，建立的一个关于企业一般均衡的契约模型（实际上是市场交易组织方式的一般均衡模型）。在该模型中，提出了对市场分工演进的解释。根据他们的模型，消费者——生产者、专业化经济和交易成本三方面的因素被纳入其中，交易机制的选择范围包括自给经济、市场、企业三者。在他们看来，导致不同的交易机制存在的原因是与技术水平相对应的专业化程度和市场交易效率水平。经济交易机制（即经济交易的组织方式）随着交易效率的改进及不同产品和劳动交易的效率差异由自给自足自发地演进到分工和企业制度。

在他们的模型中，产品被分为两种，即中间产品和最终产品，经济交易的组织方式有四种：

1. 自给自足的经济制度，在这一制度中，生产最终产品的生产者选择自己生产中间产品，并自己消费最终产品；

2. 产品市场的对称合约方式，即一部分人完全生产中间产品，另一部分人完全生产最终产品，双方通过签订对称合约，实现中间产品和最终产品的交换；

3. 采取企业制度的交易方式。这种交易方式的特点是以生产产品的劳动的市场交易代替产品本身的市场交易。按照交易对象的不同，又可以分为两种形式：

（1）劳动雇佣资本（或管理）模式的企业制度其特点是从事最终产品生产的工人雇佣从事中间产品生产（这里指管理）的工人并拥有剩余权，并且在市场上，前者用最终产品与后者的劳动进行交换。

（2）资本（或管理）雇佣劳动的常态企业制度，其特点是从事中间产品生产的工人雇佣从事最终产品生产的工人并拥有剩余权。并且在市场上，前者用最终产品与后者的劳动进行交换。

在每一种选择中，交易者所遵循的原则是，对同一种产品不会同时选择两种交易方式，即“个人至多出售一种产品，并且不购买和自给同一产品。如果他出售消费品，则自给之”。因此所有市场参与人在任何市场结构下都只面临角点均衡而不是内点均衡，即对某一产品只面临一种决策选择。

选择哪种经济交易的组织方式，取决于交易效率的比较：

（1）当专业化经济程度（与技术复杂性有关）以及产品和劳动的交易效率足够小时，自给自足的经济制度是最佳选择。

（2）当专业化经济程度以及最终产品的交易效率足够高，且中间产品的交易效率与劳动的交易效率足够高，则对称合约方式中的角点均衡是完全均衡。

（3）当专业化程度以及最终产品的交易效率足够高，且用于生产中间产品的劳动的交易效率与中间产品的交易效率以及用于生产最终产品的劳动的交易效率相比足够高，则劳动雇佣资本交易方式中的角点均衡是完全均衡。

（4）当专业化程度以及最终产品的交易效率足够高，且用于生产最终产品的劳动的交易效率与生产中间产品的劳动的交易效率以及中间产品的交易效率相比足够高，则结构资本雇佣劳动交易方式中的角点均衡是完全均衡。

根据我的理解，这里决定交易效率的关键是技术进步所导致的劳动分工和中间产品的出现，当技术水平较低并且不存在中间产品时，没有必要实行专业化生产，个人生产比购买同一种产品在效率上具有优势。当技术水平发生进步并且出现中间产品后，在技术复杂程度不高时，中间产品和最终产品的价值及质量可以比较好地区分，在中间产品市场上寻找购买者及讨价还价的交易成本较低，此时直接的进行对等产品交易要优于通过购买劳动在由自己生产中间产品的交易，因为后者对劳动的监督和管理成本相对较高。在技术复杂程度较高且分工明显时，在市场上分辨中间产品的价值和质量比较困难，在中间产品市场上寻找购买者及讨价还价的交易成本较高，此时直接的产品交易要劣于通过购买劳动在内部自己生产中间产品的交易，即企业制度的交易方式优于在中间市场上对等交易的方式，因为后者对劳动的监督和管理成本相对较低。而企业内部的两种交易方式，则取决于生产中间产品的劳动和生产最终产品的劳动哪一个更难定价。将剩余权利给予拥有更难定价的劳动的一方，可以产生更大的激励，提高交易效率。在这里，杨小凯与黄有光将中间产品简化为管理服务，解释起来有些牵强。

杨小凯与黄有光关于分工的思想给我们的启示是：

1. 市场交易的组织方式，取决于各种方式的交易效率，而交易效率则取决于技术进步、市场专业化程度和市场范围。具体来看，产品生产的中间层次越多，技术复杂性增强，则中间产品的直接市场交易的成本相对越低，而生产中间产品的劳动的交易效率相对越高；

2. 伴随着技术进步、市场专业化程度和市场范围的扩大，市场交易的组织方式必然经历由自给自足到发达的企业制度的演进过程；

3. 由于不同产品在生产技术上的差异，自给自足、对等的产品市场交易和企业制度同时在市场上存在；

4. 从某种意义上说，自给自足与企业制度具有某种共同性，即都表现为最终产品的生产者自己制造某些中间产品。但二者的区别在于：（1）前者制造的最终产品用于自己消费，而后者制造的最终产品用于市场交换。(2) 前者是从个体的利益出发来决定行为，而后者则是在群体利益博弈的基础上决定一种行为。(3) 在后者的行为中，个体通过优势互补的合作实现团队生产条件下的部分中间产品的自给自足，是更高意义上的自给自足。

上述思想，在很大程度上适用于对人力资本生产的分工演进进行解释。

如果我们将人力资本看作一个具有要素功能的完整产品的话，则这一产品的最终使用者为企业或个人，最终使用者面临的选择有自给自足或市场交易引进（购买或租赁）。

可以设想，在一个将人力资本作为中间产品的交易世界中：

当生产所要求的技术含量较低，并且专业化分工并不发达时，不存在专门和独立的人力资本生产活动，人力资本最初由个体或家族实行自给自足的方式进行生产，并且人力资本的生产主要采取不脱离生产的“干中学”的方式进行；

当技术有一定发展并且出现对多方面人才的需求以后（即中间产品的制造的专业分工以后），人们开始采取对等的市场交易方式获取生产过程中所需要的人力资本。这一时期，真正生产性的知识和技能（发挥经济功能的人力资本）主要在个体之间进行传播，如中世纪西欧的“学艺制”等方式；

随着技术的进一步进步和分工的发展，企业制度出现，对部分人力资本实行内部生产，并且形成人力资本的市场交易与内部生产并存的局面，形成相对明确的市场分工，但企业所具有的人力资本生产功能还是相对简单的。

当技术进步和分工达到一定的发达程度之后，由于人力资本的结构和层次日益复杂。因此，一方面，企业对人力资本内部生产的功能得到进一步加强，另一方面，真正传播生产性知识的学校教育得到大力发展。企业和个人所承担的一部分人力资本生产功能让位于学校。

当技术进步和分工达到空前高度后，以企业教育和学校教育为代表的社会人力资本生产也达到空前发达的高度。由于技术进步和市场分工（专业化生产）导致的产品中间层次的复杂化，企业和学校在人力资本生产的分工方面出现部分重叠。关于这一点，我们将在下面（第七节）专门进行讨论。

三、一个基于生产和交易效率的人力资本生产分工模型

关于上述观点，我们可以用一个模型来做理论证明。

设生产者A在生产人力资本品x的过程中需要人力资本要素h，h即可由A来生产，也可由专用生产者B来生产，由A向B购买，设p为A向B购买h的价格，l为A自行生产需要花费的劳动，k为每单位l的成本。则A面临三种市场分工选择：

（1）A自己生产h；

（2）A将专门生产x，由B来生产h；

（3）A生产一部分h，其余的向B来购买。

在上述条件下，A的效用函数为：

$$U_A = U_A(h^m + h^d) \tag{1}$$

h^m 的生产函数为：

$$h^m = f(l) \tag{2}$$

其中，h^m、h^d 分别表示A自己生产的h数量和向B购买的h数量。

则效用最大化的拉格朗日函数为：

$$N = U_A(h^m + h^d) - Ph^d - kl + \lambda(f(l) - h^m) \tag{3}$$

根据效用最大化的库恩—塔克条件：

$$\frac{\partial N}{\partial h^m} = U'_A - \lambda \leqslant 0, \quad h\frac{\partial N}{\partial h^m} = 0 \tag{4}$$

$$\frac{\partial N}{\partial l} = \lambda f'(l) - k \leqslant 0, \quad l\frac{\partial N}{\partial L} = 0 \tag{5}$$

其中（3）式中的λ为A选择自己生产h机会成本，与B对A生产h的效率（包括生产效率和交易效率）比呈正相关。B生产h的效率相对越高，则λ越大。

由（4）、（5）可得：

$$MC_h = \frac{k}{f'(l)} \geqslant \lambda \geqslant U'_A \tag{6}$$

（6）式中，MC_h 表示A生产h的边际成本，（6）式表明，A对h的

生产数量将维持在边际成本等于边际收益的水平上。

当 $U'_A = p < \lambda$ 时，市场购买成本低于自行生产的机会成本，此时 $h^m = 0$，$h^d > 0$，即 A 选择第二种分工方式，A 将专门生产 x，由 B 来生产 h；当 $U'_A = \lambda < p$ 时，市场购买成本高于自行生产的机会成本，此时 $h^d = 0$，$h^m > 0$，即 A 选择第一种分工方式，A 将既生产 x，也生产 h；当 $U'_A = p = \lambda$ 时，市场购买成本等于自行生产的机会成本，则 $h^m > 0$，$h^d > 0$，即 A 选择第三种分工方式，A 将既生产 x，也向 B 购买 h。关于第三种分工方式，实际上可以做更细微的划分，对某些种类的 h，自己生产，对某些种类的 h 则向 B 购买或委托 B 生产。

导致人力资本生产分工方式不同的根本原因是 A、B 二者生产和交易 h 的效率。其中 A 的效率直接影响 λ，B 的效率既影响 λ 也影响 p。

由上述模型可以部分证明我们在前面阐述的理论。当人力资本的综合生产成本（技术成本和交易费用之和）较低时，产品生产者往往采取在内部自行生产的方式（自我学习或自给自足）来获得人力资本要素。比如在原始社会，生产所需的人力资本水平较低，劳动者可以通过经验积累或氏族成员的互助来学习生产知识和技能，又比如在高技术条件下，某一企业所需的专用性人力资本要素由自己来生产无论是技术成本还是交易费用都较企业外的专门生产者（比如学校）更低。当人力资本要素的综合购买成本较低时，产品生产者往往采取向市场上专门的生产者购买的方式（直接引进具有某些知识或技能的人才或委托培养）来获得人力资本要素。比如在工业革命兴起后，生产所需的人力资本水平较高，人力资本的构成要素复杂，对某些基础性知识和技能培训得由专门的机构（比如专门的学校或培训机构）进行并颁发具有权威性的文凭作为标识将大大降低综合成本。当某些虽然属于一般性的人力资本要素（基础性知识和技能要素）但产品生产者对其的要求标准（如程度、侧重点或更细分的知识或技能要素种类的差别）与市场专门供给者所能提供的标准有一定差异时，产品生产者可能采取对部分一般性的人力资本要素自己生产（内部培训或教育）、部分一般性的人力资本要素从市场专业生产者手中购买的方式来满足需要。

第五节
人力资本生产分工演进的历史考察

通过对教育史的简单考察，我们可以找到上述观点的佐证。

根据有关专家的研究，有关生产技能的教育活动，早在氏族公社时期就已经普遍存在。但这一时期的教育活动主要以家庭内部或社会成员的个体之间进行生产技能传播为主，处于人力资本的自给自足的状态。《韩非子·五蠹》载："上古之世……有圣人作，钻燧取火，以化腥臊，而民说之，号之曰燧人氏"，《尸子》卷上记载："宓羲氏之世，天下多兽，故教民以猎"，《白虎通》卷一上说："古之人民皆食禽兽肉。至于神农，人民众多，禽兽不足，于是神农因天之时，分地之利，制耒耜，教民农耕……"。《孟子·滕文公上》上说："后稷教民稼穑，树艺五谷，五谷熟而民人育"，记述了氏族公社时期圣人教人们取火、狩猎、农耕的经历，实际上，反映了人们在生产实践中学习和相互传播生产知识和技能的经历①。

从古籍的记载来看，我国正规学校出现于刚刚进入奴隶社会的夏代，当时社会上已经有了"庠"、"序"、"校"三种学校名称。据考证，"庠"是贵族和庶民养老并教育后代的地方，"序"、"校"是贵族子女进行骑射等军事体育训练的地方。到了商代，正规的学校制度已经比较成熟，学校有"庠"、"序"、"学"之分，上述学校功能得到进一步加强。西周时期，在教育方面集前代之大成，汇合各种学校构成比较完备的学校教育体系。西周的学校分为国学和乡学之分，国学由小学和大学之分，乡学有"庠"、"序"、"校"、塾"。这一时期的教育体系，实际上形成了整个中国古代教育模式的基础。但直到近代以前，中国古代学校教育的内容主要是军事、礼、乐、政治、伦理、道德。主要内容有"文、行、忠、信"、

① 毛礼锐、沈灌群主编：《中国教育史》，上海教育出版社1989年版，第1—11页；毛礼锐、沈灌群主编：《中国教育通史》，山东教育出版社1985年版，第1—11页。

“德行、言语、文学、政事”、“诗、书、礼、乐、易、春秋”（《论语》），总体来看，这一时期的所谓教育，还只是作为承担一般社会化义务的机构，而不是专门传授生产技术的专业技术的机构，教育的经济功能还不明显。真正的生产性知识和技能还只是以学徒制等形式在个体之间进行交易。①

在欧洲，古希腊和古罗马时期，就已经具有比较发达的教育体系。但直到中世纪的中期，学校教育基本上承担社会的教化义务，但也有少量的生产性知识。以古罗马的“文法学校”（公元前3至公元1世纪）为例，教育内容有文法、修辞学、逻辑、音乐、天文学、几何、算术、医学和建筑学。

在西欧中世纪，广泛存在的学徒制代表了工商业发展环境下专用性人力资本的基本生产和交易方式。②

10世纪至11世纪，西欧的经济生活发生了重大变化，在农业生产力得到发展的同时，手工业生产力也取得了显著的进步。采矿、冶金、金属制造、织布、制革、石料和木材加工的技术都不断地被改良，建筑技术也达到很高的程度。随着生产力的发展和劳动技术的提高和改进，农业和手工业实现了分离。庄园手工业者陆续定居于有利于生产和销售的交通要道、渡口、关隘等地，从事生产活动，形成了城市。这些城市在英格兰、德意志、意大利等国广泛存在。城市的发展为工商业的发展提供了越来越广阔的空间。由于城市建立在封建主手里，并对商人和手工业者进行盘剥。为维护自己的利益，商人和手工业者自愿组织起来，结成了行会。行会的主要功能是成员之间相互提供帮助和保护并增进行业利益。其中一个重要的职能是为成员的子弟提供职业教育。行会提供的教育分为两种，一是行会学徒制度，另一个是行会学校。

行会中的正式成员称为行东，行东之下有帮工和学徒。行东和学徒之间有着封建性的师徒关系。按照行会制度，想从事某种行业的人必须加入行会，接受学徒训练。一般学徒要分三个阶段进行。首先是充当学徒，期

① 李桂林主编：《中国教育史》，上海教育出版社1989年版，第12—30页；毛礼锐、沈灌群主编：《中国教育通史》，山东教育出版社1985年版，第52—142页。

② 藤大春主编：《外国教育通史》，山东教育出版社1989年版，第144—153页。

限是2—10年不等。学徒期满后才能出师。学徒制度一般由行会主持，制定师徒合同，规定职业技术要求，师傅享有父权。一般学徒期间师傅训练学徒掌握某种职业技术，并学习读写及一些计算和宗教知识。在学徒期间，师傅为学徒提供住所、食物和衣服，有些时候还付给学徒少量工资。合同规定学徒应尽的义务有：勤奋学习和工作、学习期间不得结婚、遵从师傅指教、保守本行业秘密、恪守行会的道德规范、信奉本行业的教派等等。其次，学徒期满后成为帮工。帮工是师傅的帮手，从师傅那里取得工钱，但不得开业。帮工又称为旅游者。他可以旅游到各地，为不同的师傅工作。并以其收入的一部分作为对师傅和行会的报偿。当技艺和随着帮工的经历增长到专精的程度后，经过师傅和行会的鉴定，可以成为工匠，优秀者可以成为师傅，有权独自开设作坊，经营某些手工业。这种制度的弊病在于，师傅把徒弟视为奴仆，使用多而教育少，并且不愿徒弟早日出师成立自己的作坊，以免失去劳动力而增加竞争者。因而，师傅们往往保守秘密，对学徒实行技术封锁，把独招绝技传给子婿。

行会也资助和兴办学校。为了本行会会员子弟能受到必要的文化教育并为将来的职业生涯做好准备，行会对于创办学校颇为热心。行会建立和资助了许多语法和技术学校。英国在33种行会中，28个设立了学校。至今仍然存在的有绸缎学校，文具商学校等等。伦敦的泰勒学校后来成为英国9大公学之一。日耳曼地区的慕尼黑设有技艺学校，柏林的裁缝行会也设立多种技术学校。由手工业行会创办的学校成为行会学校，由商人行会开办的学校成为基尔特学校。这些学校的兴起和发展对于萌芽阶段的资本主义生产方式的成长起到了促进作用。

但从总体上看，西欧学徒制所代表的人力资本生产和交易模式仍然主要是平等的市场交易，已经包含有社会职业教育和正规教育的雏形。但学徒制中也同时包含了企业人力资本内部生产的因素，学徒在一定意义上说是学徒者在师傅的手工作坊内部进行的，并且学徒者是在为师傅进行辅助性生产的过程中进行学习的。

几乎与西欧学徒制流行的同时（12世纪），具有规范意义的高等教育在西欧出现。表8.1是在西欧最早出现的大学①：

① 马骥雄著：《外国教育史略》，人民教育出版社1991年版，第141—161页。

表 8.1 西欧最早出现的大学

名称	国别	成立年份
萨勒诺	意大利	不详
波伦亚	意大利	不详
巴黎	法国	不详
蒙彼利埃	法国	不详
牛津	英国	1167—1168 年

但直到工业革命之前，西欧存在的大学与现代意义上以传播科学为基础的高等教育机构有很大区别，其主要是一种社会的教化工具，人力资本的生产功能弱于社会化功能，这可以从它的一般特征上看出。在这些大学中，不论社会背景如何，都必须忠于统一的信仰，即基督教，忠于统一的社会机构，即教会。大学的课程设置由大学规程或教皇命令固定下来，主要学科为：神学，该学科修业时间最长，得到神学最高学位神学博士大约需要 8 年，修业的中心是彼德 · 朗巴德的四卷本《教父明言录》法律；法律科的修业分为民法和教会法，民法是攻读教会法的预备知识，是为担负教会行政权利作准备的，民法课使大学成为民族国家利益的保护者；医学，在 12—13 世纪，医学修业主要是希波克拉底和盖伦的论文及穆斯林医师的著作；艺科，艺科是规定的修业核心，所有本科生都要进艺科修业，课程包括文法、修辞学、哲学、辩证法、算术、音乐、欧几里德几何、托密勒天文学。所有的课都以亚里士多德为基础，他被看作最高的权威。中世纪西欧大学培养的目标主要是祭师、医师、律师，没有培养直接使用在物质生产上的人才，其经济功能较弱，但在一定意义上，也为当时的社会培养人才，具有人力资本生产功能。

直到工业革命前后，在西欧才出现真正规范化的以满足生产需要为明确目标的正规教育体系。工业革命和工厂制度将旧的手艺分为一些简单的工序，工厂的工人往往只需要一道工序的知识，学徒制下徒弟全面学习一件完整产品的制造工艺的需要不存在了，训练青年从事各种手艺的学徒制也就结束了。开办专门学校对青年人进行一般知识的教育和培训（过去师傅们提供的教育的一部分）成为必要。17 世纪，在英国，出现了由慈善团体，有时由政府开办并资助的许多工业学校。1646 年在北美殖民地仿照英国模样为穷人开办了工业训练学校。在 18 世纪的最后 10 年中，在德国的国民学校中采用了工业训练，在德国许多城市为穷人办了工业学校。1763 年赫克尔在柏林开办实科学校，为国家培养各种熟练工人。1870 年，魏玛时期末，德国进入高度工业化阶段，国家鼓励职业技术教育，具有职业教育特征的高级小学也像其他欧洲国家一样，有很大的发展。在法国，工业革命后学徒制也彻底崩溃了。1880 年根据法律成立了手工学徒学校，1881 年和 1882 年根据法律开办了三所国民职业学校。劳动教育在英美已经普遍实施了①。

几乎在职业教育发展的同一时期，普通教育更多地吸纳了科学技术因素。德国是较早将科学知识纳入大学生活中的国家。1736 年，格丁根大学首先设立了自然科学课程。19 世纪 30 年代，德意志各大学中普遍设立了科学讲座，成立了教学实验室，大学在推进科学研究方面发挥着日益增大的作用。19 世纪早期，由于新人文主义的促进，古典文科中学开设了科学课程。19 世纪前 25 年，小学的科学学科，在不同年级有自然历史、生理学、物理学、地理学和制图课程。在维也纳、柏林等多个城市开办的高等技术学校主要承担培养工厂经理和科学家、技术的职能。在法国，17 世纪中期开始，中心学校中科学知识占课程的三分之一。在法国革命以前，技术学校已经出现，多科技术学校与 1794 年创办的高等师范学校一起，取代了一批 1789 年创办的大学。“多技毕业生”中许多的人进入私人工业企业。法国革命后，大学实际上不存在了，学部成为法国的高等教育机构。1896 年，学部重新联合，有了十七所省立大学。英国的普通教育与现代工业建立联系较晚。由于深深囿于性格陶冶说，造就绅士而不是工作专门家，是英国学校教育所祈求的目的。尽管 18 世纪剑桥大学设立了几个自然科学的讲座，但总体来看，牛津和剑桥大学在科学教育上是落后的。19 世纪中叶，科学技术教育在牛津和剑桥大学才显著起来。在已有的大学里增设了新的系。同时由于工业的需求，在一些重要的工业城市如伯明翰、曼彻斯特、利物浦开办了新的市立大学。1880 年，矿业主开办了物理科学学院。设立英国的第一个矿业讲座。还授予商业学位。1851 年成立了皇家矿业学校，1864 年成立了皇家造船工程和海运学校，1868

① 马骥雄著：《外国教育史略》，人民教育出版社 1991 年版，第 180—301 页；藤大春主编：《外国教育通史》，山东教育出版社 1989 年版，第 155—363 页。

年成立了科学师范学校，上述三所学校于1890年合并成立了皇家科学学院。1881年成立市和基尔特学院，1907年成立著名的帝国科学学院。与此同时，许多大学开设了科学技术课程。在美国，学院和文实学校很早就教科学了，但建立新的院校，注重科学的应用，则是19世纪中叶的事。其中，比较值得注意的举措是：1825年开办的伦塞勒多科学技术学院，1862年成立的马萨诸塞理工学院，该学院的特点是将科学应用到工业上，与技术结合起来。1862年根据摩雷尔法拨联邦公有土地给各州创办“拨地学院”，这类学院不仅自己进行实验，还设立推广站，传播科学知识，使之与生产结合，实现“教科研一体化”。[①]

总体来看，普通教育与生产实际的紧密结合，是伴随着资本主义生产方式的逐步确立，技术进步和工业化进程而出现的。毫无疑问，在普通教育大规模发展并贴近生产实际的同时，以学徒制和集中培训教育为方式的企业内部教育无疑也同时出现和逐步完善起来。由于缺乏资料，我们无从充分描述企业内部进行生产技术教育的情况，这里仅举同时代我国山西商号中的学徒制来对企业内部学徒制的情况进行一个简单描述[②]：

商号经理的选用一丝不苟，店员、学徒的录用也是十分严格，慎之又慎。学徒必须年龄在15—20岁之间，身高5尺，五官端正，仪态大方，家世清白，懂礼貌，会珠算，精楷书，不怕远行，能吃苦。学徒入号，须有人担保。入号前，由主考人当面测试其智力，试其文字。通过者，择日进号。进号称请进，表示人才请入，前途不可量。入号后，总号派年资较深者任教师进行培养。培训内容包括两个方面：一是业务技术，包括珠算、习字、抄录信稿、记账、写信等，学习蒙、满、俄语，了解商品性能，熟记银两成色。一是职业道德训练，主要有重信义、除虚伪、节情欲、敦品行、贵忠诚、鄙利己、奉博爱、薄嫉、幸辛苦、戒奢华，并派往繁华商埠，以观其色。山西商人的习商谚语充分说明了其对学徒要求之严。谚称：“十年寒窗考状元，十年学商倍加难”；“忙时心不乱，闲时心

① 马骥雄著：《外国教育史略》，人民教育出版社1991年版，第180—301页；藤大春主编：《外国教育通史》，山东教育出版社1989年版，第155—363页。

② 张正明：《晋商兴衰史》，山西古籍出版社2001年版，第154—155页。

不散”；“快在柜前，忙在柜台”；“人有站相，货有摆样”。在山西商人中还流传着这样的学徒工作规矩：“黎明即起，侍奉掌柜；五壶四把（茶壶、酒壶、水烟壶、喷壶、夜壶和笤帚、掸子、毛巾、抹布），终日伴随；一丝不苟，谨小慎微；顾客上门，礼貌相待；不分童叟，不看衣服；察言观色，惟恐得罪；精于业务，体会精髓；算盘口诀，必须熟练；有客实践，无客默诵；学以致用，口无怨言；每岁终了，经得考验；最所担心，铺盖之卷；一旦学成，身股入柜；已有奔头，双亲得慰。由于学徒制执行很严格，从而培育了不少人才，成为晋商的骨干力量。

总之，伴随着技术进步和社会分工发展，资本主义生产方式的逐步确立，企业出现了，个人契约方式的学徒制让位于企业内部以雇佣合同为基础的内部学徒制和在企业外部实行规模化人力资本生产的学校教育（普通教育和职业教育），最终形成了在企业制度背景下全社会人力资本生产分工的基本格局。

第六节　一般性人力资本的生产及其净收益

一、企业提供一般培训的必然性

根据我们在第一至五节的分析，企业将部分人力资本纳入内部进行生产具有制度的合理性。这种合理性体现在在企业内部生产具有专用性特征的企业人力资本具有治理成本和生产成本的比较优势。上述讨论中，在逻辑上已经直接和间接地说明了，在某些情况下，将部分一般性或半一般性人力资本要素纳入企业内部生产也同样具有治理成本和生产成本的比较优势。这里可以将对这一问题的认识进行一个简单的梳理：

概括地说，将一般性和半一般性人力资本要素的生产纳入企业内部生产所具有的合理性在于：

1. 人力资本的生产功能（或者可以称为企业的教育功能）是企业制

度的必然产物，是内生于企业制度的属性。企业所需的人力资本在总体上具有专用性，但这种专用性的人力资本由众多的知识、技能和体能因素构成，其中一般和半一般性的知识、技能和体能因素占有相当大的比例，因此，获取一般性及半一般性的知识和技能培训是生产专用性人力资本的必要过程。而作为整体的（最终产品）企业人力资本具有专用性。由于不同企业对各种一般性知识和技能赋予的价值权重不同，使用量和程度不同，并且还混杂着部分没有外部（市场）价值的特殊人力资本要素。由这些因素构成的整体人力资本存在内部价值和外部价值的差异，降低了一般培训引起的流动性风险。

2. 由于各种一般性和半一般性人力资本在使用频率、可分割性及可测量性方面属性的不同，并且伴随企业发展的市场竞争环境、法律和其他人文环境的改变，企业的经营管理目标及相应的技术和制度处于不断变化中，企业对知识和技能要素提出了不断更新的要求，由于对知识和技能要素需求的小规模性、掌握程度和掌握量的差异性以及需求变化的持续性，部分一般性和半一般性人力资本因素在企业内部生产相对市场交易具有生产成本和治理成本优势，因此被纳入企业内部进行生产。例如电脑知识、法律法规知识等都需要不断学习，如果频繁地到学校进行这些知识的学习，则企业要付出更多的时间、效果鉴定和与学校的讨价还价成本。

3. 部分一般性和半一般性人力资本因素与特殊性人力资本因素具有粘连性，属于一个不可分割的整体，前者的掌握程度、掌握量和掌握的结构必须根据后者的要求来决定。在企业内部进行生产，可以减少盲目性，增加针对性，便于量体裁衣，看菜吃饭，避免社会标准化生产方式产生的资源浪费。我们还是可以以电脑知识为例子，假如，某企业开发出了一套会计和财务管理的电脑信息系统，为此需要对会计和财务人员进行操作培训，如果受训人员的电脑知识比较缺乏，就需要首先讲授一些必要的电脑基础和操作知识。电脑技术知识十分庞杂，是一个宏大的体系，而掌握这套管理系统所需的，仅仅是其中的很小一部分。因此，由企业的技术人员根据实际需要向受训人员传授相关电脑知识，比将受训人员送出企业进入相关学校进行培训更具有成本和效率优势，并且通常正规学校也不可能接受这种短时间、完全按照企业要求进行内容组合的培训任务。

4. 部分一般性和半一般性人力资本在企业内部进行生产，特别是半一般性人力资本在企业内部进行生产，也具有在第六章第三节和第四节所列举的治理成本优势。即由于知识积累的利益互补性和内部劳动市场所提供的就业安全性保证和激励，企业内部的员工具有进行人力资本投资的积极性，更愿意进行知识交流，因此可以提高人力资本生产效率，降低治理成本。

5. 进行培训除为满足制度和技术的发展要求（我们统统归结为制度因素）外，还有意通过培训适当提高员工的外部价值。这是因为：(1) 在充满竞争和不确定性的劳动力市场上，具有一定程度的通用价值是预防职业风险和降低职业搜寻难度的现实需要，并且越是高素质的人才，对通用价值的需要越高（因为高素质的人更容易不安于现状，并且接受一般培训的成本更低），因此，企业提供一般培训的一个重要动机，是赢得劳动力市场上人才竞争的主动，吸引优秀人才。(2) 企业发展总是要求不断淘汰不适合企业制度和技术要求的员工，适当增加员工的外部价值，可以降低淘汰行为的操作成本（通常在工会组织强大的行业或企业，这种操作成本可能很高），是企业提供一般培训的另一个策略选择。从某种意义上说，这两种动机是同一动机，即企业“吐故纳新”的需要。比较典型的通过培训行为实现招揽优秀人才和顺利实现团队更新的例子是军队通常向士兵提供一般民用技能的培训（这种情况在我国军队中就大量存在，我们称之为培养“军地两用人才”）。

基于以上原因，企业一般会进行一般性人力资本因素的生产（培训）。但具体承担的一般人力资本投资份额，则要受到收益、风险、双方谈判力量、工人的积极性等方面因素的影响。我们将在第九章专门讨论这一问题。

二、关于企业进行一般人力资本生产的实证检验

从实践的角度看，也没有充分的证据证明：一般培训（包括对一般性和半一般性知识和技能的传授，以下同）与人力资本的流动性有确定的正相关关系。

我们在第三章介绍过，明瑟尔通过大量的实证检验证明：教育水平、培训与人力资本的流动性呈负相关（见明瑟尔，1970，1988a 和 1988b），这一检验被用来支持贝克尔—奥依假说，即培训形成的特殊人力资本存量增加，导致人力资本的外部价值降低，减少了员工的工作转换可能性。但

在我们看来，这一实证检验结果事实上证明了我们的观点：即一般培训和特殊培训都是在为形成企业特定的专用性人力资本服务，而专用性人力资本的价值越高，将越有利于员工任职期的稳定性。这是因为：

1. 毫无疑问，正规教育所形成的人力资本，对企业来说是标准意义上的一般性人力资本，按照贝克尔假说的逻辑，具有较高教育水平的人应该比具有较低教育水平的人具有更高的流动性，但事实却正相反：明瑟尔的研究表明，拥有更高教育的员工同时也会接受更多的培训，这自然与较高教育程度的员工通常处于需要较高技术复杂性的工作岗位上，同时也说明，较高的教育水平是接受企业所要求的专业技术培训的基础，换句话说，教育仅仅作为构成企业员工整体人力资本的一个因素，并且是一个必备的基础性因素在发挥作用，教育水平在一定程度上决定员工接受培训的数量、层次和质量，从而决定特殊人力资本的存量。

2. 明瑟尔的研究还表明：培训，而不仅仅是特殊培训减少了员工的流动性（明瑟尔的实证检验），显然大量的一般性培训与特殊培训相互依托，共同存在，服务于生产适合企业需要的人力资本的过程。明瑟尔在他的研究中，曾经多次强调的一个基本假设是：一般培训量与所观察到的总培训量是正相关的。因此，从逻辑上说，在明瑟尔所考察的培训中，一般培训是大量存在的。没有事实说明，在他所了解到的关于企业培训的大量投资中，企业完全没有对一般培训进行任何投资，即使是在像美国那样系统发达、信息充分、雇佣制度灵活的劳动力市场上。因此，一般培训作为特殊培训的基础和保障是与特殊培训不可能截然分开的，二者是作为形成具有专用性特征的整体人力资本的不可分割的手段相互依托，共同发挥作用的，具有强烈的互补性特征。

四、一般培训：投资收益大于成本的制度保障

从现实情况来看，企业一般会作出各种制度安排，以降低由接受培训的员工的流动造成的人力资本产权损失。以保证一般培训的收益大于成本。这些制度安排包括：

1. 建立、健全内部考核、晋升和职业生涯设计制度。以增加员工离职的机会成本，鼓励员工立足本企业发展，并且通常越是大的企业，这些制度越发达。关于企业内部劳动力市场的作用在第六章已做过充分介绍，

在此不再赘述。

2. 赔偿及奖励制度。一般来说，建立正规培训制度的企业都建立有相应的流动性赔偿制度，即对接受过正规培训的工人的离职设定一定的限制条件，如服务期等等，超过限制条件的规定离职的，则必须给予补偿。以下为我走访过的某高科技企业有关接受过培训员工的离职赔偿的规定："员工提出离职申请时，人力资源部将对其各项外派培训余额进行累计，累计结果大于3000元者，员工或者将超出部分返还公司，或者继续在公司服务到累计值不大于3000元时为止，否则公司将不予办理离职手续，并保持追索的权利，直至员工履行上述责任"。类似的规定在比较正规的企业几乎都有。另外，部分企业对在雇佣合同期内离职的员工收取的"违约金"也包含培训费赔偿的成分。威廉姆森（2002，pp. 247）谈到，为防止工人随意跳槽，企业往往采取特殊性的福利措施，如"非法定退休金"（non-vested retirement）等等，以提高工人的离职机会成本[①]。例如，美国电话业的主要企业 Bellsouth，为了吸引和稳定职工长期在企业工作，让职工将其工资的25%存放在一个特定账户，对于按照退休年龄或双方协商提前退休的职工，在离开企业时其特别账户的存款可得到高出市场利率两倍的利息，而对单方面辞职的职工，只按市场利率支付利息。对于工作时间较长的工人来说，这两者之间的差额可能高达10万美元左右。[②]

3. 培训方式的选择。企业还可以通过培训方式的选择进一步降低培训成本，以减低工人流动造成的损失。如尽量减少集中脱产培训而更多地采取在岗不脱产学习等等。从现实情况来看，中小企业比大企业更多地采取不脱产培训的方式进行员工培训。

五、企业一般培训的供给与投资分割：几何描述

赫什莱佛和赖利[③]就专利发明具有的外部性和收益进行的研究表明，尽管专利发明存在着强烈的外部性，可能在一定程度上降低人们开展技术

---

① 见威廉姆森著，段毅才等译：《资本主义经济制度》，商务印书馆2002年版，第247页。

② 见赵增耀："内部劳动市场的经济理性及其在我国的适应性"，《经济研究》2002年第3期，第76—82页。

③ 见J. 赫什莱佛、G. 赖利：《不确定性与信息分析》，中国社会科学出版社2000年版，第304—313页。

开发和研究的积极性，但由于高额的一般性收益和投机性收益①，使得人们预期进行专利发明性活动仍然是合算的。企业一般培训供给也具有与专利发明同样的选择决策原理，即由于制度和技术上的双重收益，一般来说，其总体收益高于总体成本，因此企业一般会投资进行一般（或一般性很高的培训）培训。如图 8.2 所示：

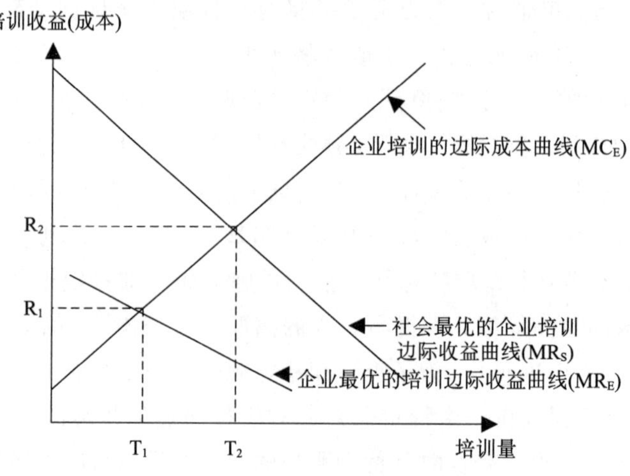

图 8.2　企业一般培训的均衡供给

图 8.2 中，由于进行一般培训会增加人力资本的流动性，面临产权损失，而从社会的角度看，企业培训无疑会增加全社会的人力资本存量，人力资本在企业之间的流动不仅不是风险，还会带来知识和技能的扩散，产生强烈的外部效应，因此企业预期的边际收益低于社会最优的培训边际收益，即 MR_E（企业最优的培训边际收益曲线）曲线比 MR_S 曲线（社会最优的培训边际收益曲线）更平缓。也即每单位的一般培训投资产生的收益低于从全社会角度来衡量的收益，均衡的培训投资量 T_1 和收益 R_1（$MR_E = MC_E$）低于社会最优的培训投资量（$MR_S = MC_E$）T_2 和收益 R_2。当企业规模和技术复杂程度的增加时，培训的制度性收益逐步增加，MR_E 曲线逐步趋于陡峭，T_1 和 R_1 会逐步接近于 T_2 和 R_2；当企业规模和技术复杂程度的降低时，培训的制度性收益逐步减少，MR_E 曲线逐步趋于陡

① 关于一般性收益，我的理解是：在专利受到完全保护（没有外部效应）的情况下，人们的从专利发明中可能的获利；投机性收益是指：发明的成功可能带来的超额收益。

峭，T_1 和 R_1 与 T_2 和 R_2差距较大，但由于培训的制度性收益的持续存在，企业的培训边际收益曲线不会平缓到与横轴重合，因此对企业来说，最优的一般培训投资量不会为0。

第七节 为什么存在企业与高校合作办学或企业自主办学 ——内点解[①]的存在

一、有关研究背景

（一）企业与高校合作办学

当今社会，企业与高校合作培养企业人才的情况在世界各国十分普遍。在美国，许多高校根据企业需要为企业职工提供各种课程，甚至全套学位课程。如贝尔实验室、马里兰大学、斯坦福大学、加州大学戴维分校、密执安大学、乔治亚理工学院等37所大学都分别与企业合作，为企业培养在职研究生，向完成学业的员工授予学位。[②] 在中国，近年来企业与高校办学（主要是委托高校为企业培训员工）的热潮也方兴未艾，在职学位教育成为一种时尚。

企业与高校联合开办学校的现象也比较普遍。在美国，有不少企业与普通高校联合开办"企业大学"，开设企业急需的专业课程，为职工提供进修的机会，进行授予学位的在职培训。[③]

（二）企业自主办学

企业自主办学的现象也十分普遍。在美国，可以授予学位的企业学院由第二次世界大战以前的3所发展到1987年的27所，其中可以授予博士

---

① 内点解的意思是对同一种人力资本，企业既在内部生产，也从市场购买的情况。

② 陈开凯摘编："美国企业对在职员工的职业教育"，《上海企业》1998年第1期，第48页。

③ 同②。

学位的达到4所。这些企业学院得到所在州或地区教育机构的鉴定和认可。有些已列入正式出版的官方高等教育机构名录中。[1]

企业自主办学或与高校联合办学的情况，可以理解为一种介于在企业内部进行人力资本生产和通过正规教育进行人力资本生产两种方式之间的一种特殊方式。这一现象存在的原因，可以从人力资本交易效率的角度加以解释。

在我们看来，就企业所需的人力资本的生产过程来说，同一种中间性产品具有不同层次的属性，从交易效率的原则来看，某些属性适宜通过市场交易在企业外部进行生产，某些属性适宜通过购买劳动在企业内部进行生产，或者采取企业与学校之间联合生产。也就是说，对企业来说，获取人力资本的方式选择不仅存在角点均衡（即对同一种人力资本要素，要么购买，要么内部生产，不会同时选择二者），也存在内点均衡，同一个交易者，可能既生产又购买同一种商品。

二、相关分析

我们在前面（第四节）给出的一个模型中已经证明，当企业 A 生产某种人力资本要素的机会成本 λ 与向市场上的专门生产者 B 给出的市场价格 p 相等时，企业将选择部分生产、部分购买的方式满足需求。如果我们可以对这类要素进行更细致的划分，则这类要素中的部分生产要素（即生产这些要素的要素）处于 $\lambda < p$ 的范围，部分处于 $\lambda > p$ 的范围。因此，往往企业与学校联合生产将比单个生产的综合成本更低。

具体来看：

1. 从属性构成上看，某些人力资本要素采取企业与学校联合生产的方式可以节约生产和治理成本，因此企业与学校合作办学具有制度合理性。

从知识的属性来看，大体可分为可交流知识和不可交流知识。所谓可交流知识，在我看来，是指可用一般性的语言传授、行为指导和模仿可以领会或传递的知识内容，我认为，从属性上，可进一步分为直接可交流知识和间接可交流知识，直接可交流知识指用语言传授或指导可以领会或启发的知识，间接可交流知识指通过模仿可以领会的知识。不可交流知识是

---

① 陈开凯摘编："美国企业对在职员工的职业教育"，《上海企业》1998年第1期，第48页。

指人与生俱来或只有在实际行为中逐步体悟和掌握的、成为下意识的技能，如花样滑冰技能。可交流和不可交流知识在学习者身上是相互渗透、相互依托的关系，一个人的实际能力是可交流和不可交流知识有机结合、综合作用的结果，如一个出色的小提琴大师，其令人眼花缭乱的技巧和夺人心魄的表现力，是可交流知识和不可交流知识的完美结合。很显然，在大多数情况下，由于规模效益因素，学校是学习直接可交流知识最经济的场所（知识的综合学习交易成本最低），而社会（包括企业）是学习间接可交流知识和不可交流知识最经济的场所（交易成本最低）。某些专业知识和技能是直接可交流知识、间接可交流知识和不可交流知识的混合体，其学习质量不仅要依靠学校教育来保证，而且必须与实践密切结合，因此同时进行学校学习和实践是最经济（最有效率）的，典型的此类专业包括企业管理、医学、某些工程学、艺术等。

对企业来说，对某些人力资本要素的生产选择与学校联合培养的方式，可以借助正规教育机构良好的师资力量、设施和规范的人力资本筛选和评估系统提高人力资本的生产效率，准确评估人力资本的价值，节约了人力资本要素生产的成本；对学校来说，选择具有实践经验（特别是成功经验）的学生，节约了生源的筛选成本。总之，对双方来说，采取联合培养的（在职学习）方式，提高了生产效率和质量，因此具有经济学意义上的合理性。德国在技工培养中的“二元制”，即部分在校学习，部分在企业内实践的学习制度安排，被实践证明是成功的。

2. 某些人力资本要素具有不断调整和追加的动态生产特性，由企业开办学校进行生产可以节约生产成本和治理成本。

当今社会，随着科技的进步和社会的不断发展，企业面临的技术和制度环境处于不断的变化调整中。一些与企业的生产实际具有密切联系的知识和技能必须通过不断学习加以充实、调整才能满足实际需要。这类知识和技能既包括制度性知识，如与企业管理相关的法律法规知识等，也包括技术性知识，如信息技术知识等。由于此类知识和技能变化、升级极快，故员工需要不断地学习和充实才能满足工作的实际需要。但由于不同的企业和工作岗位对这类知识和技能在需求量、需求范围和侧重点、需求程度方面具有差异性，工人往往需要从工作实际出发，小规模地、有范围和侧重点地学习它们，并且需要持续不断地跟踪学习。如果采用企业委托正规教育机构传授这些知识，则可能存在学生规模过小，知识传授范围、程度、考核标准难以统一，学习时间难以固定，工人离职学习的成本过高，脱离企业实际要求等一系列问题，因此，从企业和学校的角度看，都是没有效率的。但这类知识中的大部分知识又必须通过较为正规的课堂教育来传授，并且由专家系统来测评学习者的学习能力和学习效果，因此，在企业内部开办正规学校来进行动态的教育和培训是比较有效率的选择。

事实证明，企业开办的学校所传授的知识都是与企业的生产实际密切相关并且需要不断充实的知识。美国企业学院开设的课程紧密结合了当今科学技术的发展和企业的实际需要。例如由美国几个纺织公司联合创办的纺织技术学院，在两年的学习期间，学生的学习内容是：工作中所需要的科学知识和管理知识，并多次下厂承担一定的任务并提交生产实习报告。学院在课堂教学中，结合生产中出现的问题向学生讲授，并鼓励学生大胆研究生产中的问题，从而不断地促进企业的技术改造和产品更新。①

总之，企业与学校联合办学或自主办学所生产的人力资本要素，一般是属于需要理论结合实际进行生产的要素，或者需要持续不断进行调整和充实的要素。对这类人力资本要素的生产采取企业与正规教育联合办学或企业自主办学的方式可以节约成本，提高效率。

上述不同培养方式都体现出员工在职接受比较正规的学校教育这一共同特性，其所生产的人力资本要素一般来说是一般人力资本要素。从某种意义上说，在职接受正规教育方式的选择，也是企业与员工关于培训成本与收益对策达成均衡的结果。在这种方式中，员工通过闲暇、精力和货币的直接付出，企业通过损失劳动生产率和货币付出，共同实现了对培训的投资。培训中，企业既占有了员工的新知识和技能带来的部分收益，也降低了员工流动的可能性②，节约了员工转换成本③，员工则获得了与培训期间低工作效率相比较而言的高工资（一种租金）和人力资本价值④的提

① 陈开凯摘编："美国企业对在职员工的职业教育"，《上海企业》1998年第1期，第48页。

② 员工签订合约，规定服务期限；另一方面，由于存在在职学习机会，有志进一步深造的员工不必辞职去正规学校学习。因此，在职培训不是增加，而是降低了员工的流动性。

③ 包括员工离职后企业招募新员工所花费的搜寻成本、培训费用和新募员工与离职员工在一定时间内劳动生产率的差距。

④ 同②。

升。至于企业和员工具体的投资和收益分配比例，则取决于员工对企业的重要性和学习内容对企业的重要性。一般来说，员工对企业越重要，企业越支持其在职学习（员工离职的岗位转换成本高），学习内容与企业的业务关系越密切，企业越支持其在职学习。因此，有的员工可以挂职脱产学习，有的只能在业余时间学习。毫无疑问，上述分析也适用于其他非赢利的社会组织中员工培训的政策。

第八节
引申性思考：关于企业教育与学校教育功能的再认识

企业教育和学校教育[①]在人力资本生产方面的职能分工是在社会技术进步和专业分工不断演进的历史背景下逐步形成的。从本质上看，二者的职能分工只是一个历史范畴，会随着社会技术进步、分工发展和其他社会制度及文化因素的不断发展而不断调整，二者的功能边界是动态的和多重的。

一、企业教育与学校教育的功能差异分析

从总体上看，二者在功能特征上具有以下区别：

（一）经济性质差别

从总体上看，学校教育是人力资本生产与消费的综合体，除去获取有形与无形收益之外，教育过程也是一种人们的消费过程，因此存在相对劳动力市场实际需求的过度问题。企业的教育活动是一种纯粹的人力资本生产活动，具有较强的经济功能。

正规教育的消费功能在高等教育层次表现得最为突出，因此，我们可以以高等教育为参照系来理解这一问题。对接受教育者来说，高等教育的消费功能表现在：

---

① 这里所说的学校教育指通过专职教育机构传授知识的教育形式，包括正规教育、职业教育、成人教育等。

1. 享受大学生活的追求：校园精神消费。大学生活对每一个接受过高等教育者来说，都是一段美好的时光，校园宁静、安详的氛围，漫长而悠闲的假期，同学之间绝少利益冲突的相处和交往，丰富多彩的课外生活和清纯的异性情感交往，大学生活的一切都与社会上残酷与激烈的竞争、巨大的心理和身体压力、充满不确定的工作和生活形成强烈对比。因此，享受大学生活是大多数年轻人除学习知识与技能、积累人力资本之外的第二追求，对某些人来说，可能是第一追求，这一点从大量存在的大学生就业“恐惧症”现象中可见一斑。

2. 追求声誉收益，提高社会地位。对教育带来的名誉收益的追求，是古今中外人们对教育的核心追求之一，这一点，在中国的文化背景下尤为突出。中国古代就盛行“万般皆下品，唯有读书高”的思想和通过学习“光宗耀祖”的诉求，当然这种追求中既有通过教育获得人力资本提升取得社会地位和收益的成分，也有纯粹追求受尊重、取得精神满足的成分。特别是对许多处于社会较低阶层的家庭来说，子女上大学不仅意味着未来经济地位的提高，也意味着一种精神满足和获得社会尊重的追求。

3. 建立社会网络，积累社会资本。大学生活具备的一个重要功能是为受教育者建立一个高层次的社会关系网络，为未来走向社会积累一个高价值的社会资本。所谓社会资本，在我看来，就是一个社会人基于地位、职业和个人偏好形成的人际关系网络，在信息不完备和经济社会发展不均衡的现实世界中，具有雄厚的社会资本是保证一个社会人获得生存和发展机会的重要资源和依托。许多人在社会的发展和立足，都是靠大学时代建立起来的由同学、校友和师生关系形成的社会网络。这是生活经验告诉我们的常识。

从一定意义上说，其他层次的正规教育和职业教育也具有和高等教育相类似的消费功能，但没有高等教育的消费功能表现的如此突出和全面。

与学校教育不同，企业的教育活动主要围绕企业生产活动的需要展开，较少具有上述消费功能。

（二）人力资本产权维度的差别

人力资本的生产具有三重功能。一方面，其具有在个体身上积累知识和体能的功能，我们称之为直接的生产功能；另一方面，人力资本的生产过程也是人力资本的价值衡量和价值标定的过程，这一过程为在信息不对称的情况下，人力资本的需求方对劳动力进行筛选和配置提供了安全保证，避免了过多的搜寻、鉴别和讨价还价成本，提高了人力资本投资和配置的效率。此外，人力资本的生产过程也是知识外溢的过程，所谓“外溢”是指在人力资本的生产过程中，不仅作为人力资本的载体的个人会受益，还由于个体之间的知识交流和互动，增加其他个体的知识存量，进而促进群体和组织的知识存量的迅速增长。

从社会效率的角度来看，只有人力资本生产的三重功能都能得以充分发挥，人力资本生产才能达到最大的效能。在我看来，学校教育与企业教育在发挥后两项功能方面各有侧重，扮演着不同的角色。

学校教育除去人力资本的直接生产功能外，更侧重于人力资本的筛选功能或强化产权界定的功能。这一点突出表现在其完备的课程设置以及学习效果和学识等级考评的专家系统上，并集中体现在其标志性的信号——教育文凭上。我们知道，知识所具有的一个突出特性是不存在获取的权利障碍（在某些历史时期或制度下，可以有学习权利上的障碍），只要智力健全，任何人都可以学习和掌握知识，并且都可以声称拥有知识。但人的知识存量，或者说个体的人力资本是附着在人的身体上的，具有隐匿性，在知识分工日益精细，知识存量不断增长的背景下，没有一套高效率的专家系统和鉴别方法，是无法有效对个体的知识存量或人力资本价值进行评估和鉴别的，即使有其他的方法，其成本也极高，比如长期观察等等。但在信息不对称的情况下，这种鉴别又是极其重要的，它关系到进行人力资本投资各方的权益安全性。不进行这种鉴别，将大大影响高能力个体的人力资本投资积极性，降低人力资本的配置效率和整个社会生产效率，妨碍技术进步。因此，学校教育所扮演的人力资本的筛选功能是极其重要的，它大大节约了社会对人力资本价值进行鉴定的成本，为劳动力市场进行筛选提供了有用的信号，起到了其他教育机构不可替代的作用。

通过考察教育发展史，我们不难看出，在西欧，颁发文凭的正规教育的出现是中世纪中期（12 世纪左右）以后的事情，而比较大规模的扩张是在工业革命时期，这说明随着技术进步和劳动力市场的规模扩大，人力资本需求结构和层次的复杂化，整个社会对人力资本鉴定和筛选机制的要求进一步扩大。

企业内部的教育除去增加员工个体的人力资本存量或价值外，在很大程度上强化了人力资本的“外溢”功能。这可以从以下两方面来理解：

1. 在企业制度下，人力资本的产权被置于“准公共领域”。由于企业团队生产的特性和内部劳动力市场的特点，工人所创造的边际产品不会与其劳动报酬相等，人力资本产权存在一定的模糊性，在一定程度上，企业与员工之间、员工与员工之间相互分享了彼此的人力资本收益。

2. 在企业内部，个体的学习被置于群体学习和组织学习的背景和机制中，由于学习利益的互补性和组织的强制与非强制性引导，个体有更多的鼓励进行知识的交流和互动。[①] 个体的学习不仅直接提高了自身的知识存量，还通过知识的“外溢”提高了其他成员的知识存量，从而提高了企业整体的知识存量。

3. 个体的知识存量通过组织学习机制实现了知识（组织记忆）在代际之间的传递，推动了组织的变革。

总之，在企业内部形成的人力资本具有团队和组织共享的特性，企业内部的人力资本生产扩大了人力资本产权的“公共性”，使人力资本的产权边界变得模糊。而学校教育，则通过学术水平的鉴别系统及其学术水平的标志——文凭实现了人力资本的产权界定，强化了人力资本产权的“私人性”。

二、学校教育与企业教育产品组合的生产效率前沿：个人投资者的视角

对个人来说，在其一生中面临着运用有限的智力、体力、时间和财力资源购买不同的人力资本要素的选择。如果我们将学校教育和企业教育看作是提供这些人力资本要素的主要渠道的话，则个人进行人力资本投资主要面临的是对学校教育的系列产品（可以看作是各种具有普遍适用价值的专业知识和技能）和企业的系列产品（可以看作是各种具有不同程度的专用性的专业知识和技能）的组合的选择。

赵宏斌博士曾经运用现代资产组合理论提出过一个“教育资产的组合选择决策”模型。[②] 在该模型中，教育（这里未明确区分各种教育种类）中的多个学科知识被作为教育资产市场的不同产品，由家庭成员从共同效用最大化目标出发进行教育资产组合选择（在这里，他将婚姻作

---

① 关于知识学习的互补性和企业的强制与非强制性引导，我们在第六章已做过充分阐述。

② 见赵宏斌：《人力资本投资风险与决策方法》，北京师范大学博士论文，2004 年，第 114—121 页。

为一种教育资产的组合选择的结果)。并且投资者具有追求收益最大化、风险厌恶的特性。模型中的投资决策变量是受教育年限和职业选择(代表选择学习不同专业知识)影响，这些选择分别对应着不同的收益和方差(风险)，构成了分布于由平均收益和方差构成的坐标系上的散点，这些散点的平滑移动，构成了投资效率曲线(效率前沿)。如图 8.3 所示：

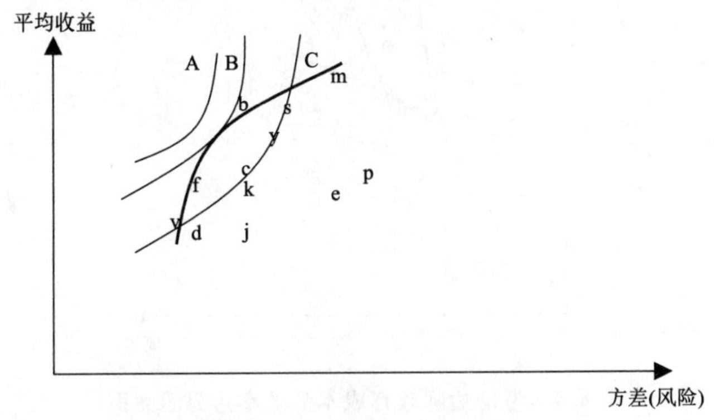

图 8.3　收益——风险散点效率边界示意图①

图中每个小英文字母代表一种教育资产组合方式的平均收益和方差，效率曲线由 v，f，b，m 平滑而成，其他各点代表缺乏效率的教育资产组合。A 、B、C 三条曲线代表了不同风险厌恶程度的投资者的效用曲线，这里由于投资者一般都具有风险厌恶的倾向，因此效用曲线是凸的，并且厌恶程度越高，要求的补偿就越高。在效率曲线与效用曲线 B 相切的 b 点代表的教育资产组合为最优组合，能够带来最大效用。

但在上述模型中，有一个基本的隐含约定，即个人在学习能力方面是相同的，不存在学习成本的差异。在不同教育产品上的投资只面临教育投资市场的风险。但我们可以肯定，在个人进行教育决策的时候，个人的能力及教育投资市场的风险都将成为个人的教育决策变量。如果我们将个人教育决策函数的方差变量替换为包含方差和个人教育的努力成本因素在内的成本变量，并且成本变量与效用曲线的陡峭度正相关的话(增加教育量的边际成本越高，要求的补偿越高)，则可能对具有不同风险厌恶度和边际教育成本的投资者来说，都存在最优的教育组合选择。如图 8.4 所示：

① 见赵宏斌：《人力资本投资风险与决策方法》，北京师范大学博士论文，2004 年，第 118 页。

图 8.4 中，A 、B、C 三条曲线分别代表了不同风险厌恶度和教育成本的投资者的效用曲线（这里假定风险厌恶度和教育成本有正相关关系），而教育成本反映的是投资者的学习能力。不同的投资者在 f、b、m 点分别与效率曲线相切，在 f、b、m 各自达到最优的教育组合选择。

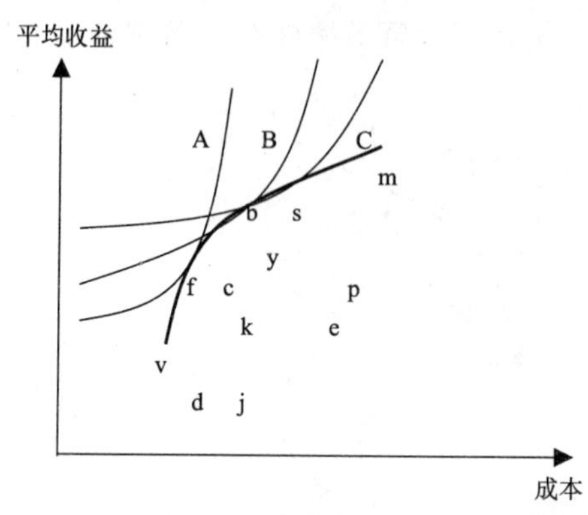

图 8.4　考虑边际教育成本的效率边界示意图

这里 f、b、m 三点的含义具有较大的差异性，对 A 曲线代表的投资者来说，教育的边际成本较高，可能更多地选择不需要较高的智力投入就能购买的教育资产，比如在接受完中学教育后，尽早工作，干一份熟能生巧的工作是比较稳妥的；对 C 曲线代表的投资者来说，因为具有较强的学习能力，选择更多地接受学校教育并从事高智力和技术性的工作（在工作中继续学习）是比较适宜的；而对 B 代表的投资者来说，智力水平介于 A、C 之间，选择接受适度的学校教育和一份具有一定的技术含量的工作并在工作中继续学习是效用最优的。

上述思想可以用图 8.5 进一步加以说明：

图 8.5 中，C_A、C_B、C_C分别代表低、中、高学习能力者的教育边际成本曲线，P 代表低、中、高学习能力者的教育投资边际风险曲线[①]。教育程度越高，付出的成本越高，对补偿的要求越高，因此教育边际成本曲线为教育程度的增函数。同时智商越高，每增加一个单位的学校教育的边际成本越低，因此，智商越高，教育边际成本曲线越平缓。一般来说，受教育程度越高，失业的风险越小，因此教育边际风险曲线为教育程度的减

① 这里假定不同学习能力者面临的教育投资风险相同。

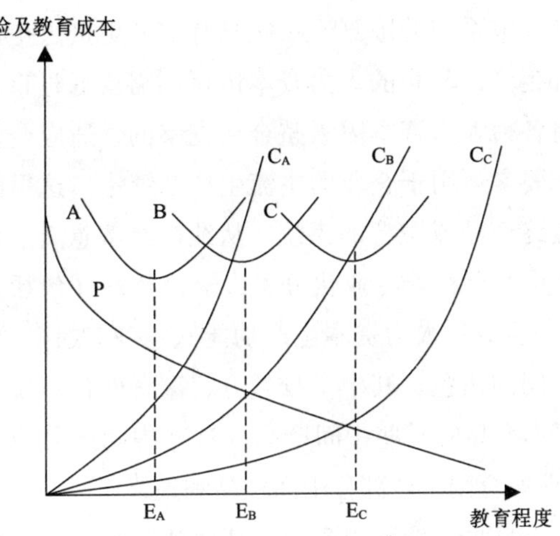

图 8.5　不同学习能力者的教育成本曲线

函数。A、B、C 分别为由教育边际风险曲线和教育边际成本曲线决定的低、中、高学习能力者的教育综合边际成本曲线。E_A、E_B、E_C 分别为 A、B、C 所对应的边际成本曲线的最低点对应的教育水平，在 E_A、E_B、E_C 点，低、中、高学习能力者分别实现了最优的教育产品组合。这里 E 代表的教育是由学校教育和企业教育构成的综合教育水平，具体包括：一是各种学校教育产品的组合，二是与不同的教育水平相对应的企业教育产品的组合（如果我们用 S、T 分别表示学校和企业教育水平，则 $E = S + T$，并且 $\frac{dT}{dS} > 0$，即教育程度越高，接受的培训水平越高①），并且 E_A、E_B、E_C 代表不同的知识和技能含量。

本章小结

1. 企业人力资本生产的效率边界。诚如我们在第六、七章的分析，企业所需的人力资本生产过程是由许多环节和阶段构成的，并且涉及许多的中间产品（即构成完整的企业人力资本的各种知识和技能因素），由于规模效益、

① 这里学校教育与企业教育呈现出一种互补关系，这已为大量的实证检验所证明。

范围经济效益和专家系统的限制，一般只有部分更接近生产实际的人力资本因素在企业内部生产，其余的人力资本因素则需要通过市场交易来购买，然后在企业内部将各种人力资本因素整合成完整的、适应企业需要的人力资本产品并作为生产要素运用于企业的主流生产系统中。这里的主流生产系统是指企业生产其最终产品或服务的系统。从纯粹经济意义上说，在人力资本的生产和交易过程中，存在着专业化分工，学校教育（包括正规教育和成人教育）、企业教育（企业的人力资本生产功能）、家庭教育、社会职业教育等都在分工中扮演不同的角色。其中学校教育、家庭教育、社会职业教育等都在生产最终人力资本产品的某些中间产品（这些中间产品功能呈纵向排列和横向联系），而企业教育则生产部分中间产品和最终产品。人力资本生产的分工经历了从个体自给自足，到正规教育、其他社会教育与企业教育的专业化分工生产，再到企业教育与其他教育方式的进一步融合和细化分工的不同阶段。

2. 对企业进行一般性人力资本要素生产的解释。企业将部分一般性及半一般性人力资本要素纳入内部生产的原因，是这部分人力资本要素通常具有需求的小规模性、掌握程度和掌握量的差异性以及需求变化的动态性，因此在企业内部生产相对市场交易具有生产成本和治理成本优势。企业独立办学或与学校合作办学是企业进行一般人力资本生产（或投资）的典型形式和明确例证。这一现象存在的原因除去企业对部分一般性知识和技能需求变化的动态性、非规范性及小规模性等因素之外，还有部分人力资本的生产需要采取实践和理论结合的方式。企业与工人在一般性人力资本生产成本中所承担的份额取决于整体收益和风险的比较。

3. 学校教育与企业教育的功能差别及个人的教育投资决策。总体来看，学校教育同时具有人力资本的生产功能和消费功能以及人力资本的筛选功能。而企业则更侧重于单纯的人力资本生产功能①。学校教育通过筛选功能促进了人力资本产权的私人性，而企业教育促进了人力资本产权的外溢，因而更具有更强的公共性②。从个体教育投资者来说，选择学校教育和企业教育产品组合的依据是市场投资风险和个人的学习能力。

---

① 企业教育也具有筛选功能，但与正规教育相比，因大多数情况下不颁发文凭，在适用范围上有限，并且与其筛选功能相比，产权外溢作用更为突出。

② 由于企业教育给员工带来的人力资本收益在很大程度上被企业和其他员工分享，增加了员工人力资本的公共性。

附录：

关于正规教育、培训、工龄、对工人工资、任职期和职业稳定性的影响的实证检验

我于 2005 年 9 月对东北地区数家大型国有企业进行了小范围问卷调查。调查数据涉及上述企业职工的正规教育、培训、工龄、工资、培训量、工作变化次数、在本企业签约期的长短等指标。根据调查数据，对相关变量之间的关系进行了测算。以对比测算结果与人力资本理论及本章所提观点的相符性。

研究内容是：（1）计算以下的培训量的平均值及占比：①职工自参加工作以来累计接受的职业培训量（按年计算）；②到本企业后累计所接受的职业培训量；③到本企业后累计所接受的属于在本单位适用或主要在本单位适用的技能培训量（特殊培训量）；④到本企业后累计所接受的属于在本行业适用或主要在本行业适用的技能培训量（半一般培训量）；⑤到本企业后累计所接受的属于在本行业及其他行业均可适用或基本可适用的技能培训量（一般培训量）。（2）就正规教育、培训、工龄、工资、各种培训量、工作变化次数、签约期进行相关性分析。

研究目标：（1）检验一般培训、半一般培训和特殊培训量在职工所受教育量中的占比；（2）验证企业是否为职工的一般培训及半一般培训投资；（3）通过上述各指标的相关关系以检验本文提出的人力资本层次理论及各种教育和培训手段都在为职工的专用性人才资本奠定基础的观点。

研究结果：

（1）调查问卷显示，调查企业职工在本企业接受的各种培训在总培训中的占比情况如下：属于在本单位适用或主要在本单位适用的技能培训（特殊培训）占 36%，属于在本行业适用或主要在本行业适用的技能培训

（半一般性培训）占35%，属于在本行业及其他行业均可适用或基本可适用的技能培训占29%。后两种培训合计占比为64%。由于调查对象对培训种类区别的理解可能存在很大出入，因此填报结果可能存在一定偏差，但在工人所接受的培训中，存在很大比例的半一般培训或一般性培训却是事实。而根据我们对上述企业的深入访谈，员工在企业内部参加各种培训，一般不会扣减工资。这在事实上说明，企业为半一般培训或一般培训进行投资。见附表8.1：

附表8.1　　调查企业职工接受不同培训情况　　单位：天

		q12.1	q12.2	q12.3	q12.4
Total	Mean	702.83	252.76	246.561	203.5159
	Median	270	100	100	70
	Minimum	2	2	0	0
	Maximum	22000	6000	10000	6000

注：关于培训时间的抽样调查数据可能部分包含在岗不脱产培训时间，部分未包含在岗不脱产培训时间，因此最大值较高，最小值较低。

（2）表8.2显示了我们根据调查问卷对员工的正规教育、培训、工龄、工资、各种培训量、工作变化次数、签约期等因素进行皮尔逊相关性分析的结果。

其中各指标的含义如下：

q3.2：年收入（奖金+补贴+工资）

q6：接受普通教育（包括小学、初中、普通高中、普通高等教育）的年限

q7：接受职业教育（包括高等职业技术学校、中等职业技术学校）的年限

q9.1：工龄

q11y：参加工作到现在累计接受的职业培训时间

q12.1y：本单位后累计参加接受的职业培训时间

q12.2y：其中属于在本单位适用或主要在本单位适用的职业培训时间

q12.3y：其中属于在本行业适用或主要在本行业适用的职业培训时间

q12.4y：其中属于在本行业及其他行业均可适用或基本可适用的职业培训时间

q15.1：参加工作后累计变换工作的次数

q15.2：过去5年内工作变换的次数

q16：与本单位的劳动合同期限

附表 8.2 调查企业工人收入、各种教育培训、工作变动及任职期的皮尔逊相关系数

		q3.2	q6	q7	q9.1	q11y	q12.1y	q12.2y	q12.3y	q12.4y	q15.1	q15.2	q16
q3.2	Pearson Correlation	1	.059	.090	.139 (**)	-.045	-.053	-.023	.056	.000	.188 (**)	.130 (*)	.069
	Sig. (2-tailed)		.165	.077	.001	.306	.232	.603	.232	.997	.000	.015	.113
q6	Pearson Correlation	.059	1	.110 (*)	-.262 (**)	-.072	-.038	-.054	-.034	-.021	.038	.090	.017
	Sig. (2-tailed)	.165		.031	.000	.106	.394	.231	.470	.663	.461	.096	.694
q7	Pearson Correlation	.090	.110 (*)	1	-.148 (**)	.057	.016	.012	.010	.046	-.016	.013	-.001
	Sig. (2-tailed)	.077	.031		.003	.281	.758	.828	.858	.417	.788	.832	.983
q9.1	Pearson Correlation	.139 (**)	-.262 (**)	-.148 (**)	1	.169 (**)	.146 (**)	.160 (**)	.130 (**)	.100 (*)	.220 (**)	-.066	.210 (**)
	Sig. (2-tailed)	.001	.000	.003		.000	.001	.000	.005	.037	.000	.219	.000
q11y	Pearson Correlation	-.045	-.072	.057	.169 (**)	1	.718 (**)	.562 (**)	.446 (**)	.509 (**)	-.131 (*)	-.194 (**)	.054
	N	513	509	363	518	519	507	496	458	431	358	325	496
q12.1y	Pearson Correlation	-.053	-.038	.016	.146 (**)	.718 (**)	1	.629 (**)	.480 (**)	.626 (**)	-.064	-.069	.018
	N	507	506	360	514	507	515	496	458	430	354	321	493
q12.2y	Pearson Correlation	-.023	-.054	.012	.160 (**)	.562 (**)	.629 (**)	1	.716 (**)	.840 (**)	-.040	-.145 (**)	.062
	Sig. (2-tailed)	.603	.231	.828	.000	.000	.000		.000	.000	.457	.009	.171
	N	498	497	357	505	496	496	506	460	427	355	322	484
q12.3y	Pearson Correlation	.056	-.034	.010	.130 (**)	.446 (**)	.480 (**)	.716 (**)	1	.672 (**)	-.020	-.031	-.009
	Sig. (2-tailed)	.232	.470	.858	.005	.000	.000	.000		.000	.724	.597	.851
	N	459	457	333	464	458	458	460	465	428	322	292	445
q12.4y	Pearson Correlation	.000	-.021	.046	.100 (*)	.509 (**)	.626 (**)	.840 (**)	.672 (**)	1	.018	-.056	.049
	Sig. (2-tailed)	.997	.663	.417	.037	.000	.000	.000	.000		.749	.354	.315
	N	431	429	318	435	431	430	427	428	436	303	276	421
q15.1	Pearson Correlation	.188 (**)	.038	-.016	.220 (**)	-.131 (*)	-.064	-.040	-.020	.018	1	.628 (**)	.054
	Sig. (2-tailed)	.000	.461	.788	.000	.013	.230	.457	.724	.749		.000	.300
	N	385	380	284	388	358	354	355	322	303	389	351	371
q15.2	Pearson Correlation	.130 (*)	.090	.013	-.066	-.194 (**)	-.069	-.145 (**)	-.031	-.056	.628 (**)	1	-.075
	Sig. (2-tailed)	.015	.096	.832	.219	.000	.219	.009	.597	.354	.000		.169
	N	348	342	259	350	325	321	322	292	276	351	351	336
q16	Pearson Correlation	.069	.017	-.001	.210 (**)	.054	.018	.062	-.009	.049	.054	-.075	1
	Sig. (2-tailed)	.113	.694	.983	.000	.231	.691	.171	.851	.315	.300	.169	
	N	536	535	374	544	496	493	484	445	421	371	336	545

Correlation is significant at the 0.01 level (2-tailed). Correlation is significant at the 0.05 level (2-tailed)

* 表示相关度的显著性达到 0.05 ，** 表示相关度的显著性达到 0.01。

附表 8.2 显示：

（1）员工的收入（q3.2）与职业教育（q7）、工龄（q9.1）、工作流动性（q15.1，q15.2）正相关，其中与职业教育、工龄及工作的流动性的相关性相对较强，与普通教育（q6）无明显的相关关系。

（2）普通教育、职业教育与各种职业培训（q11y，q12.1，q12.2，q12.3，q12.4）没有明显的相关性。

（3）员工的累计培训量（q11y）与在本企业接受的培训量（q12.1，q12.2，q12.3，q12.4）呈明显的正相关关系，在一定程度上说明了先期培训越多，后期的培训量越多。

（4）员工的累计培训量（q11y）与员工的流动性（q15.1，q15.2）呈明显的负相关关系。在一定程度上说明，培训降低了员工的流动性。

（5）在本企业接受的特殊培训量（q12.2）与半一般培训（q12.3）、一般培训（q12.4）存在明显的正相关关系，结合（2）的结果，在一定程度上说明，员工接受的各种培训具有互补关系，在形成员工的工作能力上共同发挥作用。

（6）员工的流动性与在企业内部接受的特殊培训量之间呈明显的负相关关系，（q15.1，q15.2），与在企业内部接受的总培训量、一般培训量、半一般培训量之间无明显的相关关系。

（7）各种正规教育、培训与员工的签约期（q16）无明显的相关关系。

上述结果在一定程度上支持了我们关于人力资本构成的观点，即员工针对某一岗位的专用性能力实际上是由不同层次和性质的人力资本要素共同构成。正规教育、一般培训或半一般培训所形成的知识和技能都在员工的专用性人力资本中作为要素发挥作用。但由于调查样本较小，调查结果可能并未完全真实反映总体样本的情况，特别是未反映出普通教育、职业培训对收入（即能力）之间的正相关关系，似乎与人力资本理论的一般性结论相悖。

第九章

企业人力资本生产性投资的决策分析

——关于收益分割、投资比例、投资量和一般性水平的博弈

天下莫大于秋毫之末，而太山为小。

——《庄子·天下篇》

本章的研究目的，是在第六、七、八章分析的基础上，分析在员工和企业利益互动的条件上，均衡人力资本投资（这里指生产性投资）决策达成的条件和重要的影响因素，以便对上述各章中关于企业的人力资本生产功能内生于企业的观点做进一步的诠释，并在此基础上解释大企业和小企业培训行为的不同及大企业联合办学等现象存在的原因。

第一节 经典的企业人力资本投资决策理论的回顾

一、贝克尔的在职培训决策模型

在《人力资本》（1964）一书中，加里·贝克尔运用新古典经济学的

方法第一个较为系统地分析了企业在职培训的需求与供给，建立了在职培训的一般均衡分析框架。

在贝克尔看来，企业之所以对投资进行在职培训，主要是培训投资可以带来未来的收益。在产品与劳动力市场都是完全竞争的条件下，企业的工资率是既定的，不取决于企业行为。企业利润最大化的均衡条件是：

$$MP = W \tag{1}$$

（1）式中 MP 为边际产品或收益，W 为由市场决定的工资水平。这里假定在没有培训支出时，工人在每期的边际产品和获得的工资是相同的。

当企业考虑在职培训时，主要是将现期的支出（收益的降低）与未来的收益（收益的提高）之间建立联系，只要培训可以大幅度地提高未来收益或降低未来支出，企业就乐于提供培训，而不管每个时期的支出是否等于工资。更确切地说，均衡的条件是各期培训支出的现值等于各期收益的现值，即：

$$\sum_{t=0}^{n-1} \frac{R_t}{(1+i)^{t+1}} = \sum_{t=0}^{n-1} \frac{E_t}{(1+i)^{t+1}} \tag{2}$$

（2）式中，E_t 和 R_t 分别代表 t 期内的收益与支出。如果培训只在初期进行，则（2）式可以变成：

$$MP_0 + \sum_{t=1}^{n-1} \frac{MP_t}{(1+i)^t} = W_0 + K + \sum_{t=0}^{n-1} \frac{W_t}{(1+i)^t} \tag{3}$$

（3）式中，MP_0 表示初期的边际产品，W_0 表示初期的工资，K 表示培训费用，其余两项表示其他各期的边际产品和工资。如果令：

$$G = \sum_{t=1}^{n-1} \frac{MP_t}{(1+i)^t} - \sum_{t=0}^{n-1} \frac{W_t}{(1+i)^t} = \sum_{t=1}^{n-1} \frac{MP_t - W_t}{(1+i)^t} \tag{4}$$

则（3）式可以写成：

$$MP_0 + G = W_0 + K \tag{5}$$

如果考虑培训的机会成本，并且机会成本为可能的边际成品 MP′和实际的边际产品 MP_0 的差额时，则（5）式可以写成：

$$MP_0 + G = W_0 + C，其中 C = K + MP' - MP_0 \tag{6}$$

以上模型表明，企业提供在职培训的根本动力在于在未来获得更大收益。但上述模型存在两个缺陷，一是没有考虑到培训的另一个重要受益人：接受培训者的要求；二是忽略了培训面临的风险，特别是接受培训者流动出企业时给企业造成的权益损失。因此，贝克尔进一步将培训区分为存在流动性风险的一般培训和一般不存在流动性风险的特殊培训。一般培训是指对社会通用技能和知识的培训，特殊培训是指对特定企业专用的技能和知识的培训，其更严格的定义是：它使得工人在接受培训的厂商内的边际产品的增长比在其他地方更大①。

一般培训的均衡分析。

贝克尔认为，企业提供培训的前提是未来边际成品的增加率大于工资率的增加。但由于一般培训增加的知识和技能对所有的企业都有用（更严格地说是在所有的企业中边际生产率都一样），因此在所有的企业中这些知识和技能都带来同样幅度的边际产品增加，所以在完全竞争的产品市场和劳动力市场上，工资率和边际产品增加量完全相同，企业得不到任何收益。因此，企业只有在不承担任何费用的情况下才会提供一般培训，接受培训者由于可以提高未来的收益，将愿意承担一般培训的费用。

当这种培训在企业进行的时候，企业将在受训者的工资中减去培训费用。可以用以下公式表示：

由于工资与边际产品是等量增加的，在 $t>0$ 时，$MP_t=W_t$，所以

$$G=\sum_{t=1}^{n-1}\frac{MP_t}{(1+i)}=0 \tag{7}$$

（6）式因此为：

$$MP_0-C=W_0 \tag{8}$$

（8）式意味着，企业利润最大化的培训决策是：培训期间，受训人员只拿低于其边际产品的工资，其差额被企业扣除用于支付一般培训费用。

特殊培训的均衡分析。

由于接受特殊培训者流动到其他企业时，将不会增加劳动生产率，因此其得到的工资与所受的培训无关。在这种情况下，受训者因得不到任何好处而不会支付特殊培训的费用，而企业由于可以从培训中获得更多的利润而愿意承担全部费用。这一思想可以用下面的公式表示：

$$MP'_0+G=W_0+C \tag{9}$$

---

① 见明瑟尔，张凤林译：《人力资本研究》，中国经济出版社 2001 年 9 月第 1 版，第 123 页。

(9) 式中，C 为在初期提供培训的成本，MP_0'为受培训者的边际机会产品，即受训者流动到其他企业时的边际产品，G 为在 t 期时从零期培训中所得到的全部收益，而 W_0 为受训者在其他地方可以得到的工资。$MP'_0 = W_0$，$G = C$，表示受训者仍然得到市场的平均工资，而企业由于得到全部培训的收益而愿意承担全部培训费用。

但当考虑到员工离职的可能性时，问题就变得复杂一些。因为接受特殊培训的员工离职（无论是解雇还是自愿辞职）意味着企业和个人双方的损失。对企业来说，损失的不仅是投入的培训费用，而且还有新工人因为不熟练、培训等原因而低于离职工人的那部分边际生产率，或许还有新工人的搜寻成本。在这种情况下，企业的合理做法是提高培训工人的工资同时将部分培训费用转给受训者，从而使供给和需求更加一致。当采取这种办法时，企业与工人将分担培训费用并分享收益。各自的份额取决于离职率与工资、解雇率与利润之间的关系和其他一些因素。

上述结论可以用以下公式来表示：

$$MP' + \alpha C = W + C \tag{10}$$

或 $$W = MP' - (1 - \alpha) C \tag{11}$$

(10) 式中，MP′表示受训者的边际机会产品，α 为企业得到的总收益比例，C 为培训的总费用，W 表示受训者得到的工资。(10) 式表示，企业在培训的边际机会产品（即员工未培训时的边际产品）加上分享的培训收益份额等于培训总成本加上支付给工人的工资时，达到了培训投资均衡点，这里投资的完全均衡条件为 $R = C$，其中 R 为培训收益的贴现值。(11) 式表示，工人在工资等于边际机会产品减去支付的培训费用时，达到了投资均衡点。这里企业和员工分享的培训收益与承担的培训费用相等。

(10) 式实际上是上述所有结论的一般化。如果培训具有完全一般性，则 $\alpha = 0$，则 (11) 式变为 $W_0 = MP_0 - C$；如果培训具有完全特殊性，此时工人没有流动，则 $\alpha = 1$，则 (11) 式变为 $MP'_0 = W_0$；如果培训即具有一般性，又有特殊性，则 $0 < \alpha < 1$，则 (1) — (9) 无法满足这一条件。

(10) 式说明，培训的特殊性程度是与工人的流动性完全对应的。

二、贝克尔在职培训决策理论的精确化：桥本模型

桥本（Hashimoto，1981）成功地把贝克尔关于特殊培训的论述模型化，证明不存在事后谈判时，事先双方对特殊培训投资的分担比例与事后对收益的分担比例要相等，而收益的分配比例则取决于工人与雇主的信息完备程度和谈判力量。其模型可以概括如下：

设：在培训开始前工人只拥有 H 个单位的一般人力资本，企业具有给定的人力资本生产函数，并且人力资本生产的成本函数是单调递增的凸函数，即 $C = C(h)$，$C' > 0$，$C'' > 0$。由于面临工人的流动性损失，雇主只提供特殊培训。

1. 工人对企业的价值为：$\hat{v} = H + (m + \eta)h = v + \eta h$　　(1a)

工人的外部价值（及对潜在雇主的价值，由其一般人力资本决定）为：

$\hat{y} = H + \varepsilon h$　　(1b)

式中，H 表示工人进入企业时已获得的一般人力资本量，对所在企业和其他企业具有同样价值，m 表示工人每单位人力资本的产出，h 表示企业培训形成的特殊人力资本量，$\hat{v}$、$\hat{y}$ 分别表示工人对培训企业的价值和对潜在雇佣企业的价值，ε 和 η 为工人人力资本价值的随机扰动因素（对特殊人力资本价值估计的偏差），其中 ε 表示工人每单位特殊人力资本对潜在雇佣企业的价值，η 表示对工人每单位特殊人力资本在培训企业的劳动生产率估计的偏差，且服从 $\varphi(\varepsilon)$、$\psi(\eta)$ 密度分布，且 $E(\varepsilon) = 0$，$E(\eta) = 0$，$Cov(\eta, \varepsilon) = 0$。则有：

（1）对工人和雇主双方来说，将在以下条件下均选择分离：

$\hat{v} - \hat{y} \leqslant 0$　　(1c)

（2）对工人来说，将在以下条件下选择分离（辞职）：

$\varepsilon \geqslant \alpha m \equiv \varepsilon^*$（α 为工人在培训收益中所占份额，$\varepsilon^*$ 为一个适当大的常数）　(1d)

（3）对雇主来说，将在以下条件下选择分离（解雇）：

$\eta \leqslant -(1 - \alpha)m \equiv \eta^*$　　(1e)

（这里 $w = y + \alpha R$，$v = H + mh$，$\hat{r} = \hat{y} - w$，根据（1a）—（1d），则可得到（1e））

2. 如果设雇主和雇员在培训投资中的总收益分别为 M_w 和 M_e，则有：

$M_w = (1 - L)(1 - Q)E(w) + (1 - L)QE(\hat{y} \mid \varepsilon > \varepsilon^* + LE(\hat{y}) - H$　$(2a_1)$

$$M_e = (1 - L)(1 - Q)E(\hat{r} | \eta > \eta *) + LE(\hat{y}) - H \tag{2b_1}$$

且

$$G_w = M_w/(1 + i) - \beta C \tag{2a_2}$$

$0 \leqslant \beta \leqslant 1$，β为在培训成本中工人承担的份额

$$G_e = M_e/(1 + i) - (1 - \beta)C \tag{2b_2}$$

$$G = M/(1 + i) - C \qquad M \equiv M_w + M_e \tag{2c}$$

式中，L、Q、$\hat{r}$分别表示工人离职概率、雇主解雇工人概率、工人给雇主带来的收益，G、G_w、G_e表示培训的总收益现值、工人培训的总收益现值和雇主培训的总收益现值。

如果我们将α和h作为工人和雇主之间进行博弈的决策变量的话，则均衡的一阶条件为：

$$\partial G/\partial \alpha = [-L'/(1 + i)](1 - Q)[\varepsilon^* - E(\varepsilon | \varepsilon < \varepsilon^*)]h + [Q'/(1 + i)](1 - L)[\eta^* - E(\eta | \eta > \eta^*)]h$$

式中，$L' = \partial L/\partial \alpha > 0$，并且，$Q' = \partial Q/\partial \alpha < 0$ $(2d_1)$

$$\partial G/\partial h = [1/(1 + i)]\{(1 - L)(1 - Q)[m + E(\eta | \eta > \eta^*)] + (1 - L)QE(\varepsilon | \varepsilon > \varepsilon^*)]\} - C' = 0 \tag{2d_2}$$

$(2d_1)$式的第一项（加号前）和第二项（加号后）反映了α（工人所占培训收益比例）的递增对双方最优选择的负向影响（通过影响L和Q），即最优选择与次优选择的差距。因此α是双方讨价还价的结果；$(2d_2)$式表示培训量h由边际收益与边际成本相等的点决定。

根据$(2d_1)$和$(2d_2)$，双方的信息完备程度（即对工人的劳动生产率在培训企业和其他企业的分布的了解程度）和谈判力决定收益分配值α，当ε与η为0时，L和Q均为零，则α的取值是随机的，没有经济意义；当$\varepsilon = 0$，从而$Q = 0$时，企业占有单方面解雇工人的优势，此时，则$\alpha = 0$，雇主占有全部收益；当$\eta = 0$，从而$L = 0$，此时工人占有单方面辞职的优势，此时则$\alpha = 1$，即工人占有全部培训收益（即全部边际生产力价值）；当ε与η均不为0时，L和Q均不为零，此时$0 < \alpha < 1$，工人将只占有部分新增边际生产力价值，其工资剖面的增长率低于其边际生产力价值增长率。

3. 按照最优投资量原理要求，对双方来说，投资净收益的现值应为零，因此有：

$$G_w = M_w/(1 + i) - \beta C = 0 \tag{3a}$$

$$G = G_w + G_e = M/(1+i) - C = 0 \tag{3b}$$

因此有 $\beta = M_w/M$，即工人承担培训成本的份额要与在培训收益中所占的份额相等。

第二节 企业的人力资本生产决策：两个考虑制度和技术双重收益的模型

一、引言

大量相关文献表明，企业人力资本投资决策模型主要有两类：第一类是以新古典边际决策的分析方法进行的分析。这种方法为以贝克尔为首的学者所采用。这类模型从人力资本投资的有利性角度（我们称之为外生角度）出发，认为要不要进行人力资本以及投资数量的多少的决定因素是人力资本投资的收益率；第二类是运用博弈论的方法进行的分析。这种方法从人力资本投资的特性出发，认为人力资本的投资决策是在投资主体和客体的利益互动中形成的，均衡的人力资本投资决策由投资的有利性、不确定性和投资主客体的利益互动共同决定，第一节介绍过的桥本模型属于这一类。

本节提出的两个模型中的第一个是通过引入制度收益变量对贝克尔模型的修正。第二个模型是在借鉴桥本模型的基础上形成的。但我们的模型与桥本模型的区别是：（1）桥本模型是外生视角的，即人力资本的投资水平和决策与企业制度无关，可以根据策略互动条件下的收益最大化要求任意决定即单纯由人力资本投资的技术性收益来决定。而我们的模型是内生的，即人力资本投资需求是由企业的制度收益和技术收益共同决定的，投资主体和客体的利益互动只能影响双方成本与收益的分担比例，不会对投资总量构成影响；（2）桥本模型中人力资本生产的目标是单一的，即通过人力资本的增加来提高劳动生产率，而我们模型中的目标是多元的，即积累人力资本，进行人力资本筛选和吐故纳新（保持劳动力市场竞争的），保持制度延续和推动制度变革等；（3）桥本模型对人力资本属性的划分是清楚的，并且主要讨论特殊人力资本的决策问题，而我们对人力资本的属性定位是混合的，作为整体的人力资本即有一般性，又有特殊性。因此其外部价值（或流动性）是一个连续变量，均衡的培训决策变量是人力资本量 h，对一般性人力资本要素的投资比例 μ 及工人与企业的培训收益分割比率 θ，影响变量为培训实际效果与愿望的偏差 δ、工人的职业转换系数 t 及企业治理结构复杂度 s、技术等级 f 等等。

综上所述，我们关于企业人力资本投资决策的分析是对本文关于企业人力资本生产功能内生于企业制度观点的一个更精确的描述。

二、模型分析

模型一：附加制度变量的贝克尔决策模型

尽管没有充分的证据证明：一般培训与人力资本的流动性有确定的正相关关系，但工人接受培训导致其在外部劳动力市场上价值的提高则是一个合乎逻辑的结论，因此，不可否认，一般培训在带给企业技术性收益和制度性收益的同时，也在一定程度上给企业带来了流动性风险。基于这两方面的特性，在一般情况下，一般培训的费用既不会全部转嫁到工人身上，也不可能由企业全部承担，而是必须进行分割。在这里，我们借助贝克尔关于在职培训的决策模型[①]给出一个考虑一般培训制度收益的简单的决策分析。

贝克尔认为，企业提供培训的前提是未来边际成品的增加率大于工资率的增加。但由于一般培训增加的知识和技能对所有的企业都有用（更严格地说是对所有的企业的边际生产率都一样），即在所有的企业中这些知识和技能都具有同样的边际生产力，所以在完全竞争的产品市场和劳动力市场上，工资率和边际产品增加量完全相同，企业得不到任何收益。因此，企业只有在不承担任何费用的情况下才会提供一般培训，而接受培训者由于可以从未来收益的提高中获益，将愿意承担一般培训的费用。另一方面，由于接受特殊培训者流动到其他企业时，将不会增加劳动生产率，因此其得到的工资与所受的培训无关，在这种情况下，受训者因得不到任何好处而不会支付特殊培训的费用，同时因在企业内部的工资（边际产

① 见贝克尔，梁小民译：《人力资本》，北京大学出版社 1987 年版，第 5—33 页。关于贝克尔在职培训决策理论的更一般的概括性叙述也可参见本文第九章第一节。

品）高于外部市场的工资（边际产品）而不会选择离职，而企业由于可以从培训中获得更多的利润而愿意承担全部费用。当培训性质介于两者之间时，则收益和成本要在企业和工人之间进行分割。

贝克尔给出的在职培训的一般均衡模型为：

$$MP' + \alpha C = W + C \tag{1}$$

或者 $W = MP' - (1 - \alpha)C$ （2）

（1）式中，MP′表示受训者的边际机会产品，α 为企业得到的培训总收益比例，C 为培训的总费用，W 表示受训者得到的工资。这里投资的完全均衡条件为：R = C，其中 R 为培训总收益的贴现值。（1）式表示，企业在培训的边际机会产品（即工人未培训时的边际产品）加上分享的培训收益份额等于培训总成本加上支付给工人的工资时，达到了培训投资均衡点。（2）式表示，工人在工资等于边际机会产品减去支付的培训费用时，达到了投资均衡点。这里企业和工人分享的培训收益与承担的培训费用相等。

如果我们用 φ（φ≥1 并适当大）表示培训给企业带来的治理成本节约或制度性收益，则企业取得的总收益为：φR = φC，则（1）式变为：

$$MP' + [\varphi\alpha]C = W + C \tag{3}$$

或者 $W = MP' - (1 - \varphi\alpha)C$ （4）

由于 $\varphi \geqslant 1$，$0 \leqslant \alpha \leqslant 1$，则 $\varphi\alpha \geqslant \alpha$，$1 - \alpha \geqslant 1 - \varphi\alpha$，则

$$W = MP' - (1 - \varphi\alpha)C > MP' - (1 - \alpha)C \tag{5}$$

（5）式表明，在考虑制度收益的情况下，工人承担的培训成本份额低于只考虑技术收益情况下的培训成本份额。而工资高于只考虑技术收益情况下的工资，而企业承担的培训成本份额高于只考虑技术收益情况下的培训成本份额。这也就意味着，相对只考虑技术性风险的情况，在进行流动性风险较高的（即一般性程度较高的）培训时，如果考虑制度性收益，则企业更有可能承担培训的投资。当制度收益系数达到一个很高标准时，如 $\varphi\alpha \geqslant 1$ 时，即使进行的是完全意义上的一般培训，企业也将承担全部培训费用①。

---

① 当 $\alpha\varphi \geqslant 1$ 时，即使企业只考虑技术收益时的意愿培训成本分担比例为 $\alpha < 1$，仍可以使工人分担培训成本的比例降为 0，即均衡条件为 $W = MP'$，此时像完全特殊培训时一样，由企业承担全部培训费用。

我们可以对等式（3）做适当变换，得到：

$$\varphi\alpha = \frac{W + C - MP'}{C} \tag{6}$$

我们用 $\beta = \varphi\alpha$ 表示考虑制度性收益情况下企业承担的培训成本份额，$\gamma = 1 - \beta$ 表示考虑制度性收益情况下工人承担的培训成本份额，则：

$$1 - \varphi\alpha = \gamma = \frac{MP' - W}{C} \tag{7}$$

显然，培训的总成本 C① 与企业规模或治理结构的复杂性 S（包括技术、制度的结构复杂性）正相关，因此（7）可以变为：

$$1 - \varphi\alpha = \gamma = \frac{MP' - W}{C(S)} \tag{8}$$

根据式（8），γ 与 φ、S 负相关。可以以图 9.1 表示等式（8）的含义：

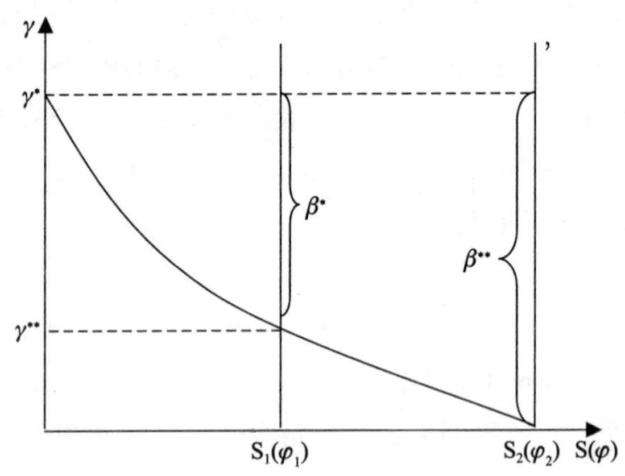

图 9.1　企业规模与一般培训成本负担的关系②

在图 9.1 中，横轴表示企业的规模及治理结构的复杂性，纵轴表示提供一般培训的成本 C。曲线为工人在培训成本中的分担份额 γ，曲线下方表示工人承担的成本，上方表示提供企业承担的成本。由于企业规模 S 越大，培训的“制度收益”越高，因此 $\partial\gamma/\partial S < 0$，即企业规模 S 越大，企

① 更确切地说，当培训的对象是工人群体时，C 既与企业规模正相关，又与企业治理结构的复杂性正相关，当培训的对象是工人个体时，C 与企业治理结构的复杂性正相关。

② 这里隐含的假定是企业在培训中占据主导地位，可以自由决定培训投资量和收益分配。在模型的分析中，我们将引入企业与工人的谈判力作为变量，分析双方谈判地位对收益分割和成本分担的影响。

业愿意承担的培训成本份额 $1-\varphi\alpha$ 越高，工人承担的培训成本份额 γ 越低，反之亦然。在原点处，企业规模为零，培训完全在市场上进行（如社会组织的职业培训），工人要承担全部培训成本，在 S_2 处，企业的规模和治理结构的复杂度和技术复杂度达到相当高的水平（具体规模要根据具体情况确定，如大型跨国集团等），此时培训成本完全由企业承担，工人免费接受培训。在原点和 S_2 之间，企业的治理结构和技术结构对一般培训的依赖使企业愿意承担部分一般培训费用，并且依赖性越强，企业愿意承担的一般培训费用比例越高。

模型二：一个考虑制度与技术双重收益的培训决策模型：以桥本模型为基础

大量事实表明，企业为职工提供一般性培训的现象十分普遍。因此，桥本模型中关于企业只为员工提供特殊培训的假设显得与现实差距较大，解释力十分有限。为此，我们在桥本模型的基础上，建立一个包含一般培训和特殊培训两种要素并考虑企业培训的制度性收益的企业培训决策模型。以说明相关要素对培训成本分摊和收益分割的影响。

基本假设：

对一个给定的企业来说，需要招聘一名工人并培训上岗，其初始的人力资本量为 H 个单位的一般性人力资本，企业需要通过培训在该名工人身上积累的人力资本量 h 及一般人力资本的比例 μ 在一定程度上由企业制度和技术因素决定，三者之间呈正向关系。但也在一定程度上具有灵活性。特别是在一定范围内，一般培训与特殊培训是可以替代的（较多的一般培训与较少的特殊培训或相反的搭配可以形成同样单位人力资本产出）。[①] 而工人在培训收益中的占比 θ、工人在投资成本中的占比 γ 由企业

① 关于这一假设，我们的想法是，对一个特定的企业来说，存在一个最优的人力资本存量或价值，这一价值由企业来进行生产，如果企业不采取主动培训的方式，则这些人力资本会通过“干中学”的方式逐步积累，究竟采取何种方式取决于两种方式边际成本的比较。在一定的范围内，不同的人力资本要素组合可以具有同样的价值或发挥同样的作用，比如一个企业家，可以具有较少的企业专用技术知识和较多的外部市场知识，另一个企业家的人力资本构成要素则相反，但二者可以将企业的经营管理搞得一样好，因此其人力资本存量是等价的。同时，企业可以通过适当增加一般培训来吸引具有较大培养潜力的员工和降低拟淘汰员工的离职“粘滞成本”，或通过降低一般培训量和增加特殊培训量来阻止部分优秀员工离职，即将培训政策作为人才竞争政策的一部分使用。

和工人谈判决定。显然，我们在此讨论的培训不是一次单纯针对某一人力资本要素的培训，而是旨在使工人具备在该企业某一岗位工作的综合职业能力（即我们所说的完整的人力资本）的一系列培训的总和。

一般人力资本的比例 μ 对企业和工人来说具有特殊意义。从我们在前面提出的人力资本的整体观和层次观出发，对企业和工人共同来说，增加一般性人力资本的含量可以从技术角度增加单位人力资本的产出，提高单位投资的效率，并且越是技术复杂和治理成本高的企业和工作岗位，越是如此；对工人来说，增加一般性人力资本的占比 μ（更确切地说，是培训形成的总体人力资本所具有的一般性程度）可以提高工人的外部价值，增加与企业讨价还价的筹码，提高学习专用性知识和技能的效率，因而可以激发学习积极性，提高学习效果；对企业来说，增加一般性人力资本的占比 μ 可以吸引潜质更好的工人加盟，调动工人学习积极性，改善培训效果，提高单位人力资本的产出水平。同时可以通过增加 μ 降低解雇工人的补偿成本，但增加 μ 也增加了工人流出企业的风险，使企业面临投资损失，同时提高 μ 也会适当提高培训成本 C。

企业具有给定的人力资本生产函数，培训成本 C 为关于 μ 的单调递增的凸函数。即 $C'(h,\mu)>0$，$C''(h,\mu)>0$。

1. 工人对企业的预期价值为：

$$\bar{u}=H+[\rho(\mu,\varphi)+\delta]h \tag{1}$$

愿望价值为：

$$u=H+\rho(\mu,\varphi)h \tag{1a}$$

工人的外部价值为：

$$\bar{y}=H+(1+t)\mu h \tag{2}$$

其中，H 表示工人进入企业时已具有的一般人力资本数量，也代表进入企业时所具有的一般人力资本的生产能力，h 代表培训形成的人力资本量，也代表培训形成的生产能力。$\mu(0\leqslant\mu\leqslant1)$为培训后一般人力资本的比例，为单调递增的线性函数，$\rho[f(\mu),s(\varphi)]=\rho(\mu,\varphi)$表示单位混合的人力资本相对单纯特殊人力资本的生产效率提高比例，由企业规模（也即技术结构和治理结构的复杂性）s 及企业的技术性质 f 共同决定，其中 s 为大于 1 的一个适当大的常数，ρ 与 s 及 f 的关系可以概括为公理 9.1 和公理 9.2：

公理 9.1 企业的规模越大，治理结构越复杂，则 s 越大，技术等级越高，则 f 越大。$\frac{\partial\rho}{\partial s}>0$，$\frac{\partial\rho}{\partial f}>0$，$\frac{\partial\rho}{\partial\mu}>0$，$\frac{\partial^2\rho}{\partial\mu^2}<0$。即 ρ 伴随企业治理结构的复杂性、技术等级 f 的提高而提高，一般人力资本比例 μ 伴随技术等级 f 的提高而提高，因此 ρ 也伴随一般人力资本比例 μ 的提高而提高。

公理 9.2　s、f 对 ρ 的正向影响，表现为对 $\rho'(\mu)$ 的正向影响，即使 ρ 对 μ 更加敏感，更具体来说，也即伴随 s 和 f 的提高，$\frac{\rho'}{\rho}$单调递增。

δ 为对每单位人力资本的产出水平与愿望水平的偏差，$\delta\leqslant 0$，服从概率密度 $\omega(\delta)$，$E(\delta)=0$。t 为人力资本转换系数，为一个适当大的数 $(-1<t<1)$。通常企业内部培训中形成的一般性人力资本通常在潜在企业可能会有价值贬值（Lezear 模型，2001），1 + t 代表工人的技能在潜在企业面临的估价率。t 的概率密度 $\lambda(t)$，$E(t)=0$，$Cov(\delta,t)=0$。

2. 不考虑其他因素，工人培训后的直接愿望收益为：

$$w=H+\theta\rho h \tag{3}$$

不考虑其他因素，企业培训后的直接愿望收益为：

$$a=u-w=H+\rho h-H-\theta\rho h=(1-\theta)\rho h \tag{4}$$

考虑制度收益因素及其他因素，企业培训后的直接预期收益为：

$$\bar{a}=\bar{u}-w=H+(\rho+\delta)h-H-\theta\rho h=[(1-\theta)+\delta]h \tag{4a}$$

培训双方的预期总收益为：

$$\bar{u}=\bar{a}+w \tag{4c}$$

对企业和工人双方来说，根据式（1）和式（2），将会在以下情况下共同选择分离：

$$\bar{u}-\bar{y}\leqslant 0 \tag{5}$$

即：$\bar{u}-\bar{y}=H+(\rho+\delta)h-H-\mu h+t\mu h=[\rho+\delta-(1+t)\mu]h\leqslant 0$

$$(\rho+\delta)h\leqslant(1+t)\mu h \tag{5a}$$

对工人来说，根据式（2）和式（3），将会在以下情况下选择辞职（如果为事前标准，则为拒绝在此企业工作）：

$w\leqslant\bar{y}$　　即 $w=H+\theta\rho h\leqslant H+(1+t)uh$

$$t\geqslant\frac{\theta\rho-\mu}{\mu}\equiv t^* \tag{6}$$

则工人辞职的概率为：$g(\mu,\theta,t)$

对企业来说，根据式（4a）将会在以下情况下解雇（如果为事前标准，则为拒绝招聘）工人：

$\bar{a} \leqslant 0$，即

$$\bar{a} = \bar{u} - w = H + (\rho + \delta)h - H - \theta\rho h = [(1-\theta)\rho + \delta]h \leqslant 0$$

$$\delta \leqslant -(1-\theta)\rho \equiv \delta^* \tag{7}$$

则企业解雇工人的概率为：$d(\delta, \mu, \theta)$

3. 设企业和工人在培训中的预期总收益分别为：R_f、R_w，为方便起见，我们将 R_f、R_w 视同经过贴现的价值。根据以上条件，则：

$$R_w = (1-d)[(1-g)E(w) + gE(\bar{y}|t > t^*)] + dE(\bar{y}) - H \tag{8}$$

$$R_f = (1-d)(1-g)E(\bar{a}|\eta > \eta^*) \tag{9}$$

培训的预期总收益为

$$R = R_w + R_f \tag{10}$$

而工人和企业在培训中的预期净收益为：

$$V_w = R_w - \gamma C \tag{11}$$

$$V_f = R_f - (1-\gamma)C \tag{12}$$

培训的总净收益为：

$$V = R - C \tag{13}$$

4. 根据以上条件，在培训问题上，工人和企业以净收益最大化为目标，围绕收益分享比例 θ、一般性人力资本的比例 μ 和成本分担比例 γ 进行讨价还价。其均衡解由 R 相对 θ、h 和 μ 的最大化的一阶条件决定①：

$$\frac{\partial V}{\partial \theta} = -d'(1-g)[t^* - E(t|t < t^*)]\mu h + g'(1-d)[\delta^* - E(\delta|\delta > \delta^*)]h = 0 \tag{14}$$

$$\frac{\partial V}{\partial h} = (1-d)(1-g)[\rho + E(\delta|\delta > \delta^*)] + (1-d)g[\mu + \mu E(t|t > t^*)] + d\mu - C' = 0 \tag{15}$$

$$\frac{\partial V}{\partial \mu} = -d'(1-g)[t^* - E(t|t < t^*)]\mu h + g'(1-d)[\delta^* - E(\delta|\delta > \delta^*)]h + (1-d)(1-g)\rho' h + g(1-d)[1 - E(t|t < t^*)]h + dh - C' = 0 \tag{16}$$

根据式（14），当工人的辞职可能性为 0 时，即当 g 及 g′为 0 时，

---

① 推导过程见附录一。

$-d'[t^* - E(t|t<t^*)]\mu h = 0$

因此，有：$t^* - E(t|t<t^*) = 0$，因 $E(t|t<t^*) = -E(t|t>t^*)$

所以有：$t^* - E(t|t<t^*) = t^* + E(t|t>t^*) = 0$，而当工人辞职的可能性为0时，$E(t|t>t^*) = 0$

因此有：$t^* = \frac{\theta\rho - \mu}{\mu} = 0$

即

$$\theta = \frac{\mu}{\rho} \tag{17}$$

当企业的解雇可能性为0，即当d及d′为0时

$g'(1-d)[\delta^* - E(\delta|\delta>\delta^*)]h = 0$,

即 $\delta^* - E(\delta|\delta>\delta^*) = \delta^* + E(\delta|\delta<\delta^*)$

因 $E(\delta|\delta<\delta^{\circ}) = 0$

则 $\delta^* = -(1-\theta)\rho = 0$

$$\theta = 1 \tag{18}$$

即工人完全分享培训收益。

由等式（17），我们可以看出，工人分享培训收益的比例取决于培训形成的人力资本的一般性程度和培训形成的人力资本产出之间的比例，前者反映的是工人的谈判能力，后者反映的是企业对工人的吸引力和控制力，即企业的谈判能力。

当$\frac{\rho'}{\rho} > \frac{1}{\mu}$时，即 $\rho'\frac{\mu}{\rho} > 1$①时，也即当人力资本产出 ρ 对人力资本的一般性程度 μ 较为敏感时（通常是技术结构和治理结构复杂的企业）增加 μ 会降低工人分享收益的比例，即$\frac{\partial\theta}{\partial\mu} < 0$，反之，则会增加工人分享收益的比例，即$\frac{\partial\theta}{\partial\mu} > 0$。②

当 $\mu = 0$ 时，即培训为完全特殊培训时，工人无法分享培训收益，当

---

① $\rho'\frac{\mu}{\rho}$为 ρ 对 μ 的弹性，即 ρ 对 μ 的敏感性。

② 关于这一结果的推导，可参见附录三关天定理9.1的证明。

$\mu=1$ 时，即培训为完全一般培训时，工人分享的培训收益为$\frac{1}{\rho}$时，只要培训形成的人力资本产出不为0，工人仍然可以分享到培训收益，收益的大小取决于人力资本的产出水平，产出水平越高，工人分享的培训收益越小，企业获利越高，反之则越低。而技术结构和治理结构越复杂的企业，ρ 对 μ 的敏感度越高。因此技术结构和治理结构越复杂的企业，越有积极性开展一般培训。之所以工人在辞职率为0时，依然具有谈判力，是因为企业依然有通过提高 μ 吸引具有优秀潜质的工人、淘汰不合格员工和鼓励工人工作积极性的要求。

更进一步，考虑包括工人辞职可能性在内的情况时，当我们将 t^* 做为常数看待时，依然有：当$\frac{\rho'}{\rho}>\frac{1}{\mu}$时，即 $\rho'\frac{\mu}{\rho}>1$ 时，也即当人力资本产出 ρ 对人力资本的一般性程度 μ 较为敏感时（通常是技术结构和治理结构复杂的企业）增加 μ 会降低工人分享收益的比例，即$\frac{\partial\theta}{\partial\mu}<0$。反之，则会增加工人分享收益的比例，即$\frac{\partial\theta}{\partial\mu}>0$。

由公理9.1和9.2及以上论述，我们给出定理9.1—9.3：

定理9.1 在培训为混合培训（即一般培训和特殊培训搭配进行）的条件下，以追逐培训收益最大化为标准来衡量，工人分享培训收益的比例取决于培训形成的人力资本的一般性程度 μ 与培训形成的人力资本产出水平 ρ 之比：当 ρ 对 μ 较为敏感时，增加 μ 会降低工人分享收益的比例，反之，则会增加工人分享收益的比例。敏感度差异越大，工人分享收益的比例差异越大。①

引理9.1 在培训为混合培训（即一般培训和特殊培训搭配进行）的条件下，以追逐培训收益最大化为标准来衡量，给定培训的一般性水平，人力资本的产出水平越高，则工人分享的收益比例越低，企业获利越大。②

定理9.2 在培训为混合培训（即一般培训和特殊培训搭配进行）的

① 详细的推导，可参见附录三：关于定理9.1的证明。

② 详细的证明，可参见附录四：关于引理9.1的证明。

条件下，以追逐培训收益最大化为标准来衡量，在企业解雇工人的可能性为 0 时，工人将获得全部的培训收益。①

定理 9.3　在培训为混合培训（即一般培训和特殊培训搭配进行）的条件下，以追逐培训收益最大化为标准来衡量，当工人的辞职可能性为 0 时，工人仍然可以获得部分培训收益②。

由于根据最优投资原理，培训收益的现值应等于培训总成本（总投资），因此有：

$$V_w = R_w - \gamma C = 0$$

$$V = R - C = 0$$

可推出：

$$\gamma = \frac{R_w}{C} = \frac{R_w}{R} \tag{19}$$

由式（19），我们给出定理 9.4：

定理 9.4　在培训为混合培训（即一般培训和特殊培训搭配进行）的条件下，以追逐培训收益最大化为标准来衡量，工人的培训收益占比仍然要与培训投资占比相同。③

根据定理 9.1 和 9.4，我们给出定理 9.5：

定理 9.5　在培训为混合培训（即一般培训和特殊培训搭配进行）的条件下，以追逐培训收益最大化为标准来衡量，当人力资本产出 ρ 对人力资本的一般性程度 μ 较为敏感时（通常是技术结构和治理结构复杂的企业），增加 μ 会减少工人对培训成本的承担比例，反之，则会增加工人对培训成本的承担比例。④

由公理 9.1、9.2 及定理 9.4，我们给出定理 9.6：

定理 9.6　在考虑制度收益的情况下，工人承担的培训投资份额小于单纯只考虑技术收益的投资份额。⑤

---

① 由于本定理的原理已在前面的分析中得到明确的证明，因此不再专门证明。

② 这里的关键在于，提供一般培训在一定程度上既是企业基于技术和制度因素所必须的，也是通过提高 μ 吸引具有优秀潜质的工人、淘汰不合格员工和鼓励工人工作积极性的要求。而 μ 的提高则势必增加工人的谈判力。由于与定理 2 相同的原因，不再专门证明。

③ 由于本定理的原理已在前面的分析中得到明确的证明，因此不再专门证明。

④ 同③。

⑤ 证明见附录五：关于定理 9.6 的证明。

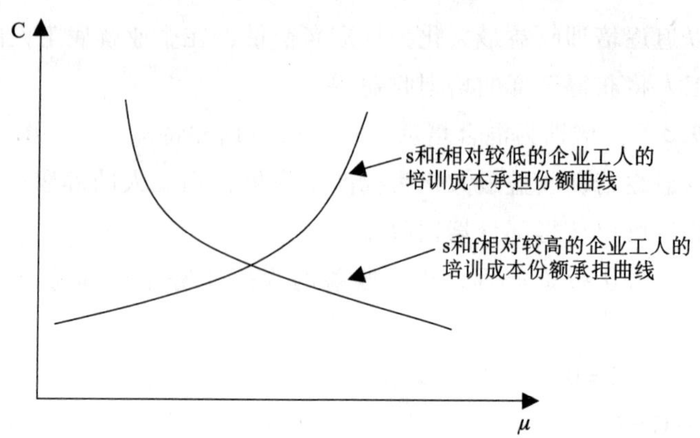

图 9.2　企业特性与工人培训成本负担比例的关系

根据等式（15）及公理 9.1 和 9.2，我们给出定理 9.7。

定理 9.7　企业最优培训量与企业的技术层次及治理结构的复杂性呈正相关。①

等式（16）反映了 μ 的变化对培训收益的影响。考虑包括等式不等于 0 情况在内的一般情况，等式的第一、三、四、五项为正，第六项为负，而等式第二项具有不确定性。当$\frac{(\theta\rho)'}{\rho} > \frac{1}{\mu}$时，也即$(\theta\rho)'\frac{\mu}{\theta\rho} > 1$时，即 θρ 对 μ 的变化较为敏感时，第二项为正，反之，则为负。因此，当 θρ 对 μ 的变化较为敏感时，等式第一至五项皆为正，第六项为负。当 θρ 对 μ 的变化不敏感时，第二项为负，第一、三、四、五项为正，第六项为负。②

设 R_1、V_1、μ_1^* 分别为$\frac{(\theta\rho)'}{\theta\rho} < \frac{1}{\mu}$时，培训总收益、培训净收益和最大化一般培训比例，$R_2$、$V_2$、$\mu_2^*$ 分别为$\frac{(\theta\rho)'}{\theta\rho} > \frac{1}{\mu}$时的培训总收益、培训净收益和最优一般培训比例，则有 $R_2 > R_1$，$V_2 > V_1$ 并且有 $\mu_2^* > \mu_1^*$。

因此，我们给出定理 9.8：

定理 9.8　培训总收益、培训净收益和最优一般培训比例与企业的技术层次及治理结构的复杂性呈正相关。③（见图 9.2）

---

① 证明见附录六：关于定理 9.7 的证明。

② 关于上述分析的数学表述，见附录二：关于等式（16）各项正负性的讨论。

③ 证明见附录七：关于定理 9.8 的证明。

由以上讨论，并根据定理9.5—9.8，我们给出定理9.9及引理9.2。

定理9.9　在培训为混合培训（即一般培训和特殊培训搭配进行）的条件下，以追逐培训收益最大化为标准来衡量，在一定范围内，培训的净收益与培训的一般性程度呈正相关，也与企业的技术层次及治理结构的复杂性呈正相关。①

引理9.2　在培训为混合培训（即一般培训和特殊培训搭配进行）的条件下，以追逐培训收益最大化为标准来衡量，对一般培训进行投资的积极性与企业的技术层次及治理结构的复杂性呈正比。②

依照定理9.7及引理9.1—9.2，可以部分解释大企业愿意为一般培训进行投资，而小企业特别是低端企业较少为一般培训投资的事实。

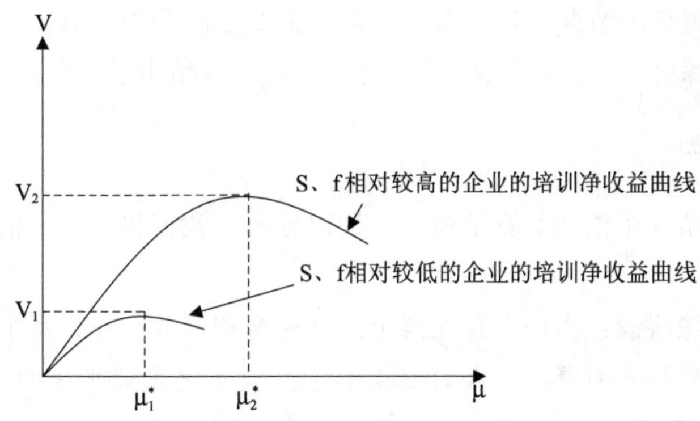

图9.3　不同企业的培训净收益曲线

第三节
合作还是竞争：对企业联合办学现象的解读

一、大企业的联合办学现象

20世纪80年代以来，从国际范围来看，企业内部办学特别是联合办

① 证明见附录八：关于定理9.9及引理9.2的证明。

② 同①。

学成为企业人力资本生产制度变迁中呈现的新趋势。在美国，同行业兴资办学的模式甚为流行，第二次世界大战以前，可以授予学位的企业学院只有4所，到1987年仅可授予硕士学位的学院就达到121所，如享有声誉的弗吉尼亚州的夏博兹维尔纺织技术大学、IBM学院、科罗拉多的全美市场信息技术学院都是由多家企业联合出资兴办的共同培训内部员工的企业学院。企业跨国联合办学的趋势也十分引人注目，1996年10月，原欧共体国家（现欧盟）已联合成立了125个企业培训中心和学校，正在执行400个培训交流项目，美法德等23个国家联合签署了“相互承认高等企业教育资格公约”，规定签约国必须对其他签约国提出的关于承认其高等企业教育文凭或资格的申请予以公正的审批或评估。[①] 为什么会出现企业联合办学越来越热的情况，为什么一般是大企业之间开展联合办学活动，这些问题值得探讨，本文从企业之间人才竞争的角度给出了一个尝试性解释。

二、模型

我们借用一个伯特兰竞争模型来加以分析，我们将其称为伯特兰培训竞争模型：

我们首先假设：市场上存在两个产品完全相同的企业，每个企业生产中唯一的要素是人力资本，人力资本的生产成本是企业唯一的生产成本，并且两家企业所需的人力资本在性质上完全相同，每个工人的培训费用相同并完全由企业承担。消费者对产品质量是高度敏感的，产品价格由外生因素给定，产品质量与企业的人力资本存量正相关。在每一期生产开始前，企业没有工人，需要到劳动力市场上招聘。工人在进入企业前只具有培训潜质，没有实际的劳动生产率，也不考虑工人接受培训付出的努力成本。企业将培训作为积累人力资本的唯一途径。这里培训起到两种作用：一是直接增加工人的人力资本，二是通过培训吸引更多具有较高潜质的工人加盟企业，从而提高人力资本的积累效率。并且培训越多，对高潜质员工越有吸引力，这里的培训量与发展机会和工资水平正相关。[②]

---

① 佘逸群：“国外企业办学热”，《中国人才》1998年第5期，第48页。

② 我们注意到这样一个事实，许多公司在招聘员工时，将提供一般培训作为吸引优秀人才加盟的条件之一，“提供多种技能培训”“有机会出国深造”的字眼经常见诸于招聘广告”，因此在我们的模型中，将提供一般培训作为企业之间人才竞争的一个策略。

从某种意义上说，企业市场竞争主要表现在培训竞争上，也就是说，只有提供更多的培训量（或者说采取更高的培训标准），才能吸引更有潜质的工人加盟并生产出更多的人力资本，从而提高产品质量，在产品市场取得竞争优势，即产品市场的竞争取决于在劳动力市场的竞争。工人在每个生产周期中生产一件产品。

在以上假设下，企业 i 面临的市场需求函数为 $Q_i = a + b(h_i - h_{-i})$，他同时所面临的收益函数①如下：

$$\pi_i = [a + b(h_i - h_{-i})](p - sh_i) \tag{1}$$

其中 a 为市场需求常数，p 为产品价格，b 为市场对质量差异的敏感度，h 为每个工人接受的培训量（以单位人时衡量，可理解为培训标准），同时也代表产品质量（或每件产品中包含的人力资本量），当 $h_i > h_{-i}$时，企业 i 将在劳动力市场取得优势，吸引到更多工人，从而能在产品市场上因产品质量高而取得竞争优势。s 为每单位人时的培训的成本，并且 s 与培训人数负相关，a、b、s 及 p 均大于 0。由于制度和技术因素的客观要求，$h > 0$。

在以上如果两家企业各自为政，则存在以培训为手段的市场竞争，此时要使 h_1 和 h_2 组合为纳什均衡，则必须满足：

$$h_1 = \frac{bp + bsh_2 - as}{2bs} \tag{2}$$

$$h_2 = \frac{bp + bsh_1 - as}{2bs} \tag{3}$$

由式（2）、式（3）得：

$$h_1^* = h_2^* = \frac{bp - as}{2bs - as} \tag{4}$$

$$\pi_1^* = \pi_2^* = a\left(p - \frac{bp - as}{2b - a}\right) \tag{5}$$

该纳什均衡的含义是，当每家企业都明白如果对手的培训水平高于本企业，将在市场竞争中处于劣势，因此会采取与对手相同的培训量。在价格给定的情况下，该培训量由市场对产品质量的敏感度和培训成本共同决定。

① 这里假定每个企业面临的市场需求函数相同，并且忽略产品价格对市场需求的影响。

如果双方达成协议，采取相同的培训量，从而实现共同垄断市场，则每家企业面临的市场需求函数为：

$$\pi = (a + bH)(p - sH) \tag{6}$$

利润最大化要求：

$$\pi' = b(p - sH) - s(a + bH) = bp - bsh - as - bsh = bp - as - 2bsH = 0$$

由此得到利润最大化的培训量为：

$$H_m^* = \frac{bp - as}{2bs} \tag{7}$$

每家企业从市场垄断中获得的利润为：

$$\pi_m^* = (a + \frac{bp - as}{2s})(p - \frac{bp - as}{2b}) = a(p - \frac{bp - as}{2b}) + \frac{(bp - as)^2}{4bs} \tag{8}$$

将式（4）、（5）与式（7）、（8）比较可知，两企业在竞争时的培训量高于在合作时的培训量，在竞争时的利润低于在合作时的利润。这是由于每个企业在未达成合作时，仅考虑从各自的利益出发采取行动，而不会考虑自己的行动给对方造成的影响，是典型的“囚徒困境”式的次优选择。

在一次性的静态博弈的条件下，以上不合作的竞争策略为唯一稳定的均衡，但如果博弈为无限重复的动态博弈，并且双方采取冷酷战略①的话，则在以下情况下，双方将采取合作的策略：

$$\begin{aligned}&(a + \frac{bp - as}{2s})(p - \frac{bp - as}{2b}) + \delta(a + \frac{bp - as}{2s})(p - \frac{bp - as}{2b}) \\ &\quad + \delta^2(a + \frac{bp - as}{2s})(p - \frac{bp - as}{2b}) + \cdots > (a + \frac{bp - as}{2s})p \\ &\quad + \delta[a(p - \frac{bp - as}{2b - a})] + \delta^2[a(p - \frac{bp - as}{2b - a})] + \cdots\end{aligned} \tag{9}$$

即 $\frac{1}{1 - \delta}(a + \frac{bp - as}{2s})(p - \frac{bp - as}{2s}) > (a + \frac{bp - as}{2s})p + \frac{\delta}{1 - \delta}a(p - \frac{bp - as}{2b - a})$

（10）

其中 $(a + \frac{bp - as}{2s})p$ 为博弈某方率先采取不合作策略时可获得的短期

① 所谓冷酷战略是指只要博弈任何一方采取不合作策略，另一方就将永远采取不合作策略。

利润，δ为贴现率。由式（10），

$$当\delta > \frac{(a+\frac{bp-as}{2s})(\frac{bp-as}{2b})}{(a+\frac{bp-as}{2s})p-a(p-\frac{bp-as}{2b-a})}时，$$

（这里设 bp - as 及 2b - a 均大于 0）

在无限重复动态博弈中，当双方采取冷酷战略时，各方采取合作的策略是均衡的策略选择。

如果我们将δ视为各方达成合作的监督和讨价还价成本的话，则δ越低，双方达成合作的可能性越高。毫无疑问，当双方的谈判成本较低并且对对方履行承诺有足够信心的话，双方将采取合作行为，统一培训量标准，实现市场垄断，变次优选择为最优选择。这里 H_m^* 为在劳动力市场上工人所能接受的最低培训标准或产品市场上消费者能接受的最低质量标准。

如果我们进一步假定，市场上的企业为 n(n≥2)，则 n 越大，δ越高，要达成合作协议就会越困难，因为企业数量越多，彼此的信息透明度越低，双方实现合作的谈判成本和监督成本越高，信任度越差，采取合作行为的风险越高（一旦企业 i 选择合作而采取低培训标准，而其他方选择不合作，提高培训标准，该企业将面临损失）。

由于 s 与培训人数负相关，在各方合作的前提下，采取联合办学的方式，扩大培训规模，会进一步降低培训成本，提高培训收益。另一方面，由于采取联合办学的方式，使每家企业工人受到的培训量完全相同，消除了由于信息不透明而发生培训标准差异的可能性，巩固了合作的基础，因此这种方式成为双方合作垄断市场的最优选择。

根据我们以上分析，当劳动力市场竞争主要在若干寡头之间进行，或虽有广大中小企业参与，但由几个主要厂商占据明显的市场优势时，几个主要厂商采取联合培训的人才培养策略是一个均衡选择。因此，我们看到，通常是同行业或相近行业的大企业之间采取联合办学进行员工培训，而很少有中小企业联合办学。

从社会效用的角度看，大企业之间的联合办学有利于形成人力资本生产的规模效益，节约了社会资源，扩大了对社会的正外部影响，弥补了部分正规教育的不足，应合理地规范和积极鼓励。

三、企业将一般培训成本作为人才竞争策略的实例[①]：

吉列公司的跨国管理人员培训

吉列公司（总部位于马萨诸塞州的波士顿市）是一家主要生产和销售小电器、装饰产品、文具以及大型消费品公司。该公司总销售额和营业利润的70%以上都来自于国际业务。除了已经在西欧和中美洲牢牢站稳脚跟外，该公司现在正在向新兴市场的国家扩展业务。为了填补在这些地区所出现的越来越多空缺的初级管理职位，吉列公司的管理层在20世纪80年代中期决定对下属公司所在国的当地人员进行培训，从而不再严重依赖代价高昂的母公司管理人员外派。于是，吉列创建了一个国际实习生计划，即把那些在各个国家中已经为吉列工作的聪明、年轻以及职业定位为管理工作的大学毕业生们送到公司总部接受为期18个月的培训。

在受训期间，公司每月向每位实习生支付1000美元的津贴，同时提供免费的住房。在每位实习生中配备一名资深管理人员做导师的情况下，这些实习生在公司总部从事五大业务领域——市场营销、财务管理、生产管理、人事管理以及市场研究中的一到两种工作。于是，这些实习生不仅学到了这些一般性业务领域的一些知识，而且还学会了如何在吉列公司内有效地工作。根据公司高层管理人员的分析，这种培训计划极大地提高了受训雇员们的生产率（从而也提高了他们成功的可能性）。

吉列公司实际上同时向这些实习生们提供了一个既开发一般性技能，又开发特殊性技能的机会。结果，为了能够补偿公司所付出的培训成本，实习生们在见习期间所得到的工资与他们的生产率相比明显要低得多。然而，培训的成本和收益在某种程度上是在公司和实习生们之间分摊的（也就是说，实习生们的工资差别并没有反映出所有的培训费用），因为受训过程中所获得的有些技能具有企业的特殊性。显然，这些激励结构看来是很有效的：在毕业的113名受训学员中，有53%最终留在了吉列。此外，这些所在国雇员所填补的管理职位，如果是用公司的外派人员来填补的话，公司就需要支付10倍以上的成本。

---

① 见E. 拉齐尔著，刘昕译：《人事管理经济学》，中国人民大学出版社2000年版，第154—155页。

本章小结

企业的人力资本的生产是在企业既有的制度结构和技术结构下的包含一般培训和特殊培训的混合生产，人力资本的生产性投资决策包括对投资量、一般培训与特殊培训的占比、企业与工人对投资的分担份额和培训收益分享的决策。决策状况是企业与接受培训的工人之间利益博弈的均衡结果。决定双方收益和成本划分的因素有企业治理结构复杂度、技术等级，培训的实际效果或企业的实际培训能力、培训形成的人力资本的外部价值等等。部分一般人力资本因素不仅作为专用性人力资本生产的要素被纳入企业的人力资本生产，而且这种生产作为企业吸引优秀人才和淘汰不合格人才的重要策略被企业运用。上述结论与有关学者的实证研究结论相吻合，Badroodien（2005）的研究认为，通常正规的有组织的培训与企业规模或企业的技术等级之间存在明显的正相关关系。往往是规模较大的企业，具有较强的研发创新特征的企业或资本密集型的企业及其他需要雇佣具有较高的技术和技能的员工企业。另外，非家族企业比家族企业提供更多的正规在职培训。

从某种意义上说，大企业之间联合开展培训活动是双方在产品市场和劳动力市场上进行竞争中的均衡策略选择，通过联合，避免了过多的资源消耗，实现了人力资本的集约化生产，降低了生产成本，实现了利润最大化，是多赢的结果。

附录：

关于模型二中有关等式的推导

一、模型二中等式（14）—(16）的推导

$$V=(1-d)(1-g)E(w)+(1-d)gE(\bar{y}\mid t>t^*)+dE(\bar{y})+(1-d)(1-g)E(\bar{a}\mid\delta>\delta^*)-H-C$$

$\because E(\bar{u}\mid\delta>\delta^*)=E(w)+E(\bar{a}\mid\delta>\delta^*)$

$\therefore\ V=(1-d)(1-g)E(\bar{u}\mid\delta>\delta^*)+(1-d)gE(\bar{y}\mid t>t^*)+dE(\bar{y})-H-C$

$\bar{u}=H+(\rho+\delta)h=H+\rho h+\delta h$

$\bar{y}=H+(1+t)\mu h=H+\mu h+tuh$

$E(\bar{u}\mid\delta>\delta^*)=H+\rho h+E(\delta\mid\delta>\delta^*)h$

$E(\bar{y}\mid t\geqslant t^*)=H+\mu h+E(t\mid t\geqslant t^*)\mu h$

1. 关于等式（14）的推导

（1）关于 $E(\bar{u}\mid\delta>\delta^*)$

根据假设条件，$d=E(d)=\int_{min}^{\delta^*}\omega(\delta)d\delta$，

$$1-d=1-\int_{min}^{\delta^*}\omega(\delta)d\delta=\int_{\delta^*}^{max}\omega(\delta)d\delta d'=\omega(\delta)\frac{\partial\delta^*}{\partial\theta}$$

又 $E(\delta)=\int_{min}^{\delta^*}\delta\omega(\delta)d\delta+\int_{\delta^*}^{max}\delta\omega(\delta)d\delta=0$

所以 $\int_{min}^{\delta^*}\delta\omega(\delta)d\delta=-\int_{min}^{\delta^*}\delta\omega(\delta)d\delta$

令 $A=\int_{min}^{\delta^*}\delta\omega(\delta)d\delta$，则 $E(\delta\mid\delta\leqslant\delta^*)=\dfrac{\int_{min}^{\delta^*}\delta\omega(\delta)d\delta}{\int_{min}^{\delta^*}\omega(\delta)d\delta}=\dfrac{A}{d}$

$$= \frac{-\mu h\lambda(t^*)\frac{\partial t^*}{\partial\theta}}{g}\left[t^* + \frac{B}{g}\right] = \frac{-\mu h\lambda(t^*)\frac{\partial t^*}{\partial\theta}}{g}\left[t^* - \frac{-B}{g}\right]$$

$$= \frac{-\mu h\lambda(t^*)\frac{\partial t^*}{\partial\theta}}{g}\left[t^* - E(t|t \geqslant t^*)\right]$$

$$= \frac{g'\mu h}{1-d}\left[\delta^* - E(t|t \geqslant t^*)\right] \qquad 1-②$$

) 关于$\frac{\partial R}{\partial\theta}$

$E(\bar{u}|\delta \leqslant \delta^*) = E_1$ $E(\bar{y}|t < t^*) = E_3$

$\bar{u}|\delta > \delta^*) = E_2$ $E(\bar{y}|t \geqslant t^*) = E_4$

时，已知 $E(\bar{y}) = gE(\bar{y}|\delta \leqslant \delta^*) + (1-g)E(\bar{y}|\delta > \delta^*)$

$$\frac{\partial R}{\partial\theta} = -d'(1-g)E(\bar{u}|\delta \geqslant \delta^*) - g'(1-d)E(\bar{u}|\delta \geqslant \delta^*)$$

$$+ (1-d)(1-g)\frac{\partial E(\bar{u}|\delta \geqslant \delta^*)}{\partial\theta} - d'gE(\bar{y}|t \geqslant t^*)$$

$$+ g'(1-d)E(\bar{y}|t \geqslant t^*) + (1-d)g\frac{\partial E(\bar{y}|t \geqslant t^*)^*}{\partial\theta})$$

$$+ d'[gE(\bar{y}|t \geqslant t^*) + (1-g)E(\bar{y}|t < t^*)] = -d'(1-g)E_2$$

$$-g'(1-d)E_2 + (1-d)(1-g)\frac{\partial E_2}{\partial\theta} + d'(1-g)E_3 + g'E_4$$

$$-g'dE_4 + g(1-d)\frac{\partial E_4}{\partial\theta} = -d'[1-g][E_2 - E_3] - g'(1-d)$$

$$[E_2 - E_4] + (1-d)(1-g)\frac{\partial E_2}{\partial\theta} + g(1-d)\frac{\partial E_4}{\partial\theta} \qquad 1-③$$

1－①、1－②代入1－③

有

$$\frac{\partial R}{\partial\theta} = -d'(1-g)[E_2 - E_3] - g'(1-d)[E_2 - E_4] - d'(1-g)$$

$$[\delta^* - E(\delta|\delta > \delta^*)]h + g'(1-d)[t^* - E(t|t \geqslant t^*)]\mu h$$

$$= -d'(1-g)[E_2 - E_3 + \delta^* h - E(\delta|\delta > \delta^*)h] + g'(1-d)$$

$$[t^*\mu h - E(t|t \geqslant t^*)\mu h - E_2 + E_4] \qquad 1-④$$

$E_2 = H + \rho h + E(\delta|\delta > \delta^*)$, $E_3 = H + \mu h + E(t|t < t^*)$, $\delta^* = -(1-\theta)\rho$

$$E(\delta|\delta > \delta^*) = \frac{\int_{\delta^*}^{max} \delta\omega d\delta}{\int_{\delta^*}^{max} \omega(\delta) d\delta} = \frac{-A}{1-d}$$

所以

$$\frac{\partial E(\bar{u}|\delta > \delta^*)}{\partial\theta} = -\frac{A'(1-d)-(1-d)'A}{(1-d)^2}h$$

$$= -\frac{\delta^*\omega(\delta^*)\frac{\partial\delta^*}{\partial\theta}(1-d)+\omega}{(1-d)^2}$$

$$= \frac{-h\omega(\delta^*)\frac{\partial\delta^*}{\partial\theta}}{1-d}[\delta^* + \frac{A}{1-d}] =$$

$$= \frac{-h\omega(\delta^*)\frac{\partial\delta^*}{\partial\theta}}{1-d}[\delta^* - E(\delta|\delta$$

$$= \frac{-d'h}{1-d}[\delta^* - E(\delta|\delta > \delta^*)]$$

（2）关于 $E(\bar{y}|t \geqslant t^*)$

根据假设条件，$g = E(g) = \int_{t^*}^{max} \lambda(t)dt$，

所以 $1 - g = 1 - \int_{t^*}^{max^*} \lambda(t)dt = \int_{min}^{t^*} \lambda(t)dt$

又 $E(t) = \int_{min}^{t^*} t\lambda(t)dt + \int_{t^*}^{max} t\lambda(t)dt = 0$

所以 $\int_{min}^{t^*} t\lambda(t)dt = -\int_{t^*}^{max} t\lambda(t)dt$

令 $B = \int_{min}^{t^*} t\lambda(t)dt$，则 $E(t|t \geqslant t^*) = \frac{\int_{t^*}^{max} t\lambda(t}{\int_{t^*}^{max} \lambda(t}$

所以

$$\frac{\partial E(\bar{y}|t > t^*)}{\partial\theta} = -\frac{B'(1-g)-(1-g)'B}{g^2}\mu h$$

$$= -\frac{t^*\lambda(t^*)\frac{\partial t^*}{\partial\theta}(1-g)+\lambda(t^*)\frac{\partial}{\partial}}{g^2}$$

因此 $E_2 - E_3 + \delta^* h - E(\delta \mid \delta > \delta^*)h = [\frac{\theta\rho - \mu}{\mu} - E(t \mid t < t^*)]\mu h$

又 $t^* = \frac{\theta\rho - \mu}{\mu}$

因此 $E_2 - E_3 + \delta^* h - E(\delta \mid \delta > \delta^*)h = [t^* - E(t \mid t < t^*)]\mu h$ 1－⑤

同理，因为 $E_4 = H + \mu h + E(t \mid t > t^*)$

因此 $E_4 - E_2 + \mu h t^* - \mu E(t \mid t \geqslant t^*)h = [-(1-\theta) - E(\delta \mid \delta \geqslant \delta^*]$

$= [\delta^* - E(\delta \mid \delta > \delta^*)]h$ 1－⑥

将1－⑤、1－⑥代入1－④

则有 $\frac{\partial V}{\partial \theta} = -d'(1-g)[t^* - E(t \mid t < t^*)]\mu h + g'(1-d)[\delta^* - E(\delta \mid \delta > \delta^*)]h$

$=0$

证毕。

2. 关于等式（15）的推导

$R = (1-d)(1-g)E(\bar{u} \mid \delta > \delta^*) + (1-d)gE(\vec{y} \mid t \geqslant t^*) + dE(\bar{y}) + C$

$$\frac{\partial R}{\partial h} = (1-d)(1-g)[H + \rho h + E(\delta \mid \delta > \delta^*)h]' + (1-d)g[H + \mu h + E(t \mid t \geqslant t^*)\mu h]' + d\frac{\partial E(\bar{y})}{\partial h} - C' = (1-d)(1-g)[\rho + E(\delta \mid \delta > \delta^*)] + (1-d)g[\mu + \mu E(t \mid t \geqslant t^*)] + d\frac{\partial E(\bar{y})}{\partial h} - C'$$ 2－①

又因为：

$$E(\bar{y}) = gE(\bar{y} \mid t \geqslant t^*) + (1-g)E(\bar{y} \mid t < t^*) = g[H + \mu h + \frac{-\int_{min}^{t^*} t\lambda(t)dt}{g}h] + (1-g)[H + \mu h + \frac{\int_{min}^{t^*} t\lambda(t)dt}{1-g}\mu h] = g[H + \mu h] - \int_{min}^{t^*} t\lambda(t)dt + H + \mu h - g(H + \mu h) + \int_{min}^{t^*} t\lambda(t)dt = H + \mu h$$

所以：$\frac{\partial E(\bar{y})}{\partial h} = \mu$ 2－②

将2－②代入2－①，则有：

$$\frac{\partial R}{\partial h}=(1-d)(1-g)[\rho+E(\delta|\delta>\delta^*)]$$

$$+(1-d)g[\mu+\mu E(t|t\geqslant t^*)]+d\mu-C'$$

3. 关于等式（16）的推导

（1）关于 $E(\bar{u}|\delta>\delta^*)$ 和 $E(\bar{y}|t\geqslant t^*)$

根据假设，$d=\int_{min}^{\delta^*}\omega(\delta)d\delta$，则 $1-d=\int_{\delta^*}^{max}\omega(\delta)d\delta$

令 $\int_{min}^{\delta^*}\delta\omega(\delta)d\delta=C$，则 $\int_{\delta^*}^{max}\delta\omega(\delta)d\delta=-\int_{min}^{\delta^*}\delta\omega(\delta)d\delta=-C$

则 $E(\delta|\delta>\delta^*)=\dfrac{\int_{\delta^*}^{max}\delta\omega(\delta)d\delta}{\int_{\delta^*}^{max}\omega(\delta)d\delta}=\dfrac{-C}{1-d}$

$$E(\bar{u}|\delta>\delta^*)=H+\rho h+E(\delta|\delta>\delta^*)h=H+\rho h-\frac{C}{1-d}h$$

又根据假设，$g=\int_{t^*}^{max}\lambda(t)dt$，则 $1-g=\int_{min}^{t^*}\lambda(t)dt$

令 $\int_{min}^{t^*}t\lambda(t)dt=D$，则 $\int_{t^*}^{max}t\lambda(t)dt=-D$

则 $E(\bar{y}|t\geqslant t^*)=H+\mu h+E(t|t\geqslant t^*)\mu h=H+\mu h-\dfrac{D}{g}\mu h$

因为 $\dfrac{\partial E(\bar{u}|\delta>\delta^*)}{\partial\mu}=\rho'h-[\dfrac{C}{1-d}]'h$

而 $[\dfrac{C}{1-d}]'=\dfrac{C'(1-d)-C(1-d)'}{(1-d)^2}$

$$=\frac{\delta^*\omega(\delta^*)\frac{\partial\delta^*}{\partial\mu}(1-d)+\omega(\delta^*)\frac{\partial\delta^*}{\partial\mu}C}{(1-d)^2}$$

$$=\frac{\omega(\delta^*)\frac{\partial\delta^*}{\partial\mu}}{1-d}[\delta^*+\frac{C}{1-d}]=\frac{\omega(\delta^*)\frac{\partial\delta^*}{\partial\mu}}{1-d}[\delta^*-\frac{-C}{1-d}]$$

$$=\frac{\omega(\delta^*)\frac{\partial\delta^*}{\partial\mu}}{1-d}[\delta^*-E(\delta|\delta>\delta^*]$$

因此，$\dfrac{\partial E(\vec{u}|\delta>\delta^*)}{\partial\mu}=\rho'h-\dfrac{\omega(\delta^*)\frac{\partial\delta^*}{\partial\mu}}{1-d}[\delta^*-E(\delta|\delta>\delta^*)]h$

$$=\rho' h-\frac{d'}{1-d}[\delta^*-E(\delta|\delta>\delta^*)] \qquad 3-①$$

(2) 关于 $E(\bar{y}|t\geqslant t^*)$

根据假设条件，$g=\int_{t^*}^{max}\lambda(t)dt$，

则 $1-g=1-\int_{t^*}^{max^*}\lambda(t)dt=\int_{min}^{t^*}\lambda(t)dt \quad g'=-\lambda(t)\frac{\partial t^*}{\partial\mu}$

令 $D=\int_{min}^{t^*}t\lambda(t)dt$

则 $\int_{t^*}^{max}t\lambda(t)dt=-\int_{min}^{t^*}t\lambda(t)dt=-D$

则 $E(t|t\geqslant t^*)=\frac{\int_{t^*}^{max}t\lambda(t)dt}{\int_{t^*}^{max}\lambda(t)dt}=\frac{-D}{g}$

又因为

$$\frac{\partial E(t|t\geqslant t^*)}{\partial\mu}=h-(\frac{D}{g})'\mu h-\frac{D}{g}h$$

$$而(\frac{D}{g})'=\frac{D'g-g'D}{g^2}=\frac{t^*\lambda(t^*)\frac{\partial t^*}{\partial\mu}g+\lambda(t^*)\frac{\partial t^*}{\partial\mu}D}{g^2}=\frac{\lambda(t^*)\frac{\partial t^*}{\partial\mu}}{g}[t^*+\frac{D}{g}]$$

$$=\frac{\lambda(t^*)\frac{\partial t^*}{\partial\mu}}{g}[t^*-\frac{-D}{g}]=\frac{\lambda(t^*)\frac{\partial t^*}{\partial\mu}}{g}[t^*-E(t|t\geqslant t^*)]$$

$$=\frac{-g'}{g}[t^*-E(t|t\geqslant t^*)]$$

因此

$$\frac{\partial E(t|t\geqslant t^*)}{\partial\mu}=h-(\frac{D}{g})'\mu h-\frac{D}{g}h=h-\frac{\lambda(t^*)\frac{\partial t^*}{\partial\mu}}{g}[t^*-E(t|t\geqslant t^*]\mu h$$

$$=h+\frac{g'}{g}[t^*-E(t|t\geqslant t^*)]\mu h+E(t|t\geqslant t^*)h \qquad 3-②$$

同样设

令 $E(\bar{u}|\delta\leqslant\delta^*)=E_1 \quad E(\bar{y}|t<t^*)=E_3$

$E(\bar{u}|\delta>\delta^*)=E_2 \quad E(\bar{y}|t\geqslant t^*)=E_4$

同时，已知 $E(\bar{y})=gE(\bar{y}|\delta\leqslant\delta^{*})+(1-g)E(\bar{y}|\delta>\delta^{*})$

则

$$\frac{\partial V}{\partial\mu}=-d'(1-g)E(\bar{u}|\delta\geqslant\delta^{*})-g'(1-d)E(\bar{u}|\delta\geqslant\delta^{*})$$
$$+(1-d)(1-g)\frac{\partial E(\bar{u}|\delta\geqslant\delta^{*})}{\partial\mu}-d'gE(\bar{y}|t\geqslant t^{*})+g'(1-d)$$
$$E(\bar{y}|t\geqslant t^{*})+(1-d)g\frac{\partial E(\bar{y}|t\geqslant t^{*})^{*}}{\partial\mu})+d'[gE(\bar{y}|t\geqslant t^{*})$$
$$+(1-g)E(\bar{y}|t<t^{*})]+d\frac{\partial E(\bar{y})}{\partial\mu}-C'=-d'(1-g)E_2-g'$$
$$(1-d)E_2+(1-d)(1-g)\frac{\partial E_2}{\partial\theta}+d'(1-g)E_3+g'E_4-g'dE_4$$
$$+g(1-d)\frac{\partial E_4}{\partial\theta}+d\frac{\partial E(\bar{y})}{\partial\mu}-C'\text{又 }d\frac{\partial E_4}{\partial\mu}=d(H+\mu h)'=dh$$

因此

$$\frac{\partial V}{\partial\mu}=-d'E_2+d'gE_2-g'E_2+g'dE_2+(1-d)(1-g)\frac{\partial E_2}{\partial\mu}+d'E_3$$
$$-d'gE_3+g'E_4-g'dE_4+g(1-d)\frac{\partial E_4}{\partial\mu}+dh-C'=-d'(1-g)$$
$$[E_2-E_3]-g'[E_2-E_4]+(1-g)(1-d)\frac{\partial E_2}{\partial\mu}+g(1-d)\frac{\partial E_4}{\partial\mu}$$
$$+dh-C' \qquad 3-③$$

将3－①、3－②代入3－③，经整理后得到

$$\frac{\partial V}{\partial\mu}=-d'(1-g)[E_2-E_3+\delta^{*}h-E(\delta|\delta>\delta^{*})h]$$
$$+g'(1-d)[\mu ht^{*}-\mu hE(t|t\geqslant t^{*})-E_2+E_4]$$
$$+(1-d)(1-g)\rho'h+(1-d)g[1+E(t|t\geqslant t^{*})]h+dh-C' \qquad 3-④$$

而

$$E_2-E_3+\delta^{*}h-E(\delta|\delta>\delta^{*})h=[\theta\rho-\mu-\mu E(t|t<t^{*})]h$$
$$=[\frac{\theta\rho-\mu}{\mu}-E(t|t<t^{*})\mu h$$
$$=[t^{*}-E(t|t<t^{*}]\mu h \qquad 3-⑤$$

$$\mu ht^{*}-\mu hE(t|t\geqslant t^{*})-E_2+E_4=-(1-\theta)\rho h-E(\delta|\delta>\delta^{*})h$$

$$= [\delta^* - E(\delta | \delta > \delta^*)]h \qquad 3-⑥$$

将 3－⑤和 3－⑥代入 3－④，得到

$$\frac{\partial V}{\partial \mu} = -d'(1-g)[t^* - E(t|t<t^*)]\mu h + g'(1-d)[\delta^* - E(\delta|\delta>\delta^*]h + (1-d)(1-g)\rho' h + (1-d)g[1+E(t|t\geqslant t^*)]h + dh - C' = -d'(1-g)[t^* - E(t|t<t^*)]\mu h + g'(1-d)[\delta^* - E(\delta|\delta>\delta^*]h + (1-d)(1-g)\rho' h + (1-d)g[1-E(t|t<t^*)]h + dh - C'$$

证毕。

二、关于等式（16）各分项正负性的分析

等式（16）为：

$$\frac{\partial V}{\partial \mu} = -d'(1-g)[t^* - E(t|t<t^*)]\mu h + g'(1-d)[\delta^* - E(\delta|\delta>\delta^*)]h + (1-d)(1-g)\rho' h + g(1-d)[1-E(t|t>t^*)]h + dh - C' = 0$$

1. 首先，当解雇可能性和辞职可能性均大于 0 时，g、d、（$1-d$）、（$1-g$）、ρ'以及 h 均大于0，因此等式（16）的第三、四、五项均大于0。根据假设，$C'(\mu)$ 大于0。即等式第六项小于 0。

2. 再看第一项，由于$(1-g)[t^* - E(t|t<t^*)]$大于 0，因此该项的正负性主要看 d'的正负性。由于 $d = \int_{min}^{\delta^*} \omega(\delta) d\delta$，因此$\frac{\partial d}{\partial \mu} = \omega(\delta^*)\frac{\partial \delta^*}{\partial \mu}$，由于 $\omega(\delta) > 0$，因此 d'的正负性取决于$\frac{\partial \delta^*}{\partial \mu}$。

由于 $\delta^* = -(1-\theta)\rho$，因此有$\frac{\partial \delta^*}{\partial \mu} = -[(1-\theta)'\rho + \rho'(1-\theta)] = -[-\theta'\rho + \rho'(1-\theta)] = (\theta\rho)' - \rho' < 0$

因此$\frac{\partial d}{\partial \mu} = \omega(\delta^*)\frac{\partial \delta^*}{\partial \mu} < 0$

因此，第一项大于 0。

3. 再看第二项，由于$(1-d)[\delta^* - E(\delta|\delta>\delta^*)]h < 0$，因此该项的正负性主要看 g'的正负性。

由于 $1-g=\int_{min}^{t^*}\lambda(t)dt$，因此 $\frac{\partial g}{\partial\mu}=-\lambda(t^*)\frac{\partial t^*}{\partial\mu}$，g′的正负性取决于 $\frac{\partial t^*}{\partial\mu}$ 的正负性。

又由于 $t^*=\frac{\theta\rho-\mu}{\mu}=\frac{\theta\rho}{\mu}-1$，因此 $\frac{\partial t^*}{\partial\mu}=\frac{\mu(\theta\rho)'-\theta\rho}{\mu^2}$，显然，要使 $\frac{\partial t^*}{\partial\mu}>0$，必须 $\mu(\theta\rho)'-\theta\rho>0$，即 $(\theta\rho)'\frac{\mu}{\theta\rho}>1$，反之，要使 $\frac{\partial t^*}{\partial\mu}<0$，则必须 $\mu(\theta\rho)'-\theta\rho<0$，即 $(\theta\rho)'\frac{\mu}{\theta\rho}<1$。也即，当 $(\theta\rho)'\frac{\mu}{\theta\rho}>1$，即 $\frac{\partial g}{\partial\mu}<0$，也即第二项大于 0，反之，则 $\frac{\partial g}{\partial\mu}>0$ 也即第二项小于 0。

由此，可知，当 $(\theta\rho)'\frac{\mu}{\theta\rho}>1$ 时，即 $\theta\rho$ 对 μ 的变化较为敏感时，等式（16）的第一、二、三、四、五项均为正数，当 $(\theta\rho)'\frac{\mu}{\theta\rho}<1$ 时，即 $\theta\rho$ 对 μ 的变化不敏感时，等式（16）的第一、三、四、五项均为正数，第二项为负数。

三、关于定理 9.1 的证明

1. 在最大化的一阶条件下，当工人的辞职可能性为 0 时，

$$\theta=\frac{\mu}{\rho},\frac{\partial\theta}{\partial\mu}=\frac{\rho-\mu\rho'}{\rho^2}$$

要使 $\frac{\partial\theta}{\partial\mu}>0$，则必须 $\rho-\mu\rho'>0$，即 $\rho'\frac{\mu}{\rho}<1$，要使 $\frac{\partial\theta}{\partial\mu}<0$，则必须 $\rho'\frac{\mu}{\rho}>1$

因此，当 ρ 对 μ 的敏感度较高时，工人分享培训收益的比例与 μ 负相关，反之，则正相关。

并且，考虑 ρ 对 μ 的敏感度 E 是一个联系变量时，必有一个敏感度 $E^*=\rho'\frac{\mu}{\rho}$，当 $E>E^*$ 时，E 越大，θ 越小。当 $E<E^*$ 时，E 越小，θ 越大。

2. 考虑包括工人的辞职可能性不为 0 时的情况时，

由于$\frac{\theta\rho-\mu}{\mu}\equiv t^*$，因此有 $\theta=\frac{\mu(1+t^*)}{\rho}$，由于 t^* 取决于 θ 与 ρ，θ 对 t^* 求导相当于对自身求导，为简单起见，在 θ 对 μ 求导时，将 t^* 作为常数看待。因此有：$\frac{\partial\theta}{\partial\mu}=(1+t^*)\frac{\rho-\rho'\mu}{\rho^2}$，而$(1+t^*)>0$，当 $\rho-\rho'\mu>0$ 时，即 $\rho'\frac{\mu}{\rho}>1$ 时，$\frac{\partial\theta}{\partial\mu}<0$，反之，则$\frac{\partial\theta}{\partial\mu}<0$。结论同（1）。

四、关于引理 9.1 的证明

在培训为混合培训（即一般培训和特殊培训搭配进行）的条件下，以追逐培训收益最大化为标准来衡量，给定培训的一般性水平，人力资本的产出水平越高，则工人分享的收益比例越低，企业获利越大①。

ρ_1、θ_1、ρ_2、θ_2 分别为当 $\rho'\frac{\mu}{\rho}<1$ 和 $\rho'\frac{\mu}{\rho}>1$ 时，单位人力资本的产出及工人分享收益的比例，显然 ρ 对 μ 的敏感度差异越大，越有 $\rho_2>\rho_1$，根据定理 9.1，ρ 对 μ 的敏感度差异越大，越有 $\theta_2<\theta_1$，因此，引理成立。

五、关于定理 9.6 的证明

我们令 $\rho=\varphi\{[\mu(s)]f(\mu)\}$，其中 $f(\mu)(f>0)$代表由企业的技术层次和结构决定的单位人力资本的产出水平，$\varphi(s)(\varphi>1)$代表制度性收益系数（由企业的治理结构决定的人力资本的产出水平）。我们以 ρ_1、R_1、R_{w1}、γ_1、C_1 分别代表该企业只考虑培训的技术性收益 f 时的单位人力资本产出水平、培训总收益、工人收益、工人分担培训成本的份额及培训总成本，以 ρ_2、R_2、φ_2、R_{w2}、γ_2、C_2 分别代表该企业考虑制度性收益 φ 和技术性收益 f 的单位人力资本产出水平、培训总收益、制度收益系数、工人收益、工人分担培训成本的份额及培训总成本，则在培训收益达到最大化之前有：$\rho_2>\rho_1$，$R_2>R_1$，由于 $C_1=R_1$，$C_2=R_2$，显然有：

$$\gamma_1=\frac{R_{w1}}{C_1}=\frac{R_{w1}}{R_1}>\frac{R_{w2}}{C_2}=\frac{R_{w2}}{R_2}=\gamma_2$$

根据我们前面的分析，在现实中，企业培训是具有制度和技术双重收

① 相关结论已经在对定理 9.1 的证明中涵盖。

益，因此，在现实中，如果单纯以有形的技术收益来计算的话，企业承担的投资比例往往大于收益比例，并且企业越大，技术等级越高，这一状况越明显。这也间接说明了，尽管提供一般培训可能会增加企业的投资风险，但企业往往会对一般培训进行投资。

六、关于定理 9.7 的证明

根据等式（15），V（h）为具有最大值的凹函数。最优的人力资本生产量在培训折现后的边际预期收益与边际成本相等的数量时实现。存在一个最优的目标人力资本量 h^*。这里的预期收益已经考虑了培训的制度与技术双重收益（通过 ρ、μ 及 s 的正相关性）。由于 h 与 s 及 f 的正向关系，一般来说，s 及 f 越高，R（h）越大，设 h_1^*、h_2^* 分别为 s 及 f 较低和较高时的最优人力资本量，R_1、R_2 分别为 s 及 f 较低和较高时的培训总收益，则根据公理 9.1 和公理 9.2，$R'_2(h_1^*) > R'_1(h_1^*) = 0$，因此 $R'_2(h_1^*) > R'_2(h_2^*)$，而 R'_2（h）关于 h 单调递减，则 $h_2^* > h_1^*$，即 s 及 f 越高，最优培训量越大。

七、关于定理 9.8 的证明：

1. 由对 μ 与等式（16）各分项的正负性的关系的分析可知，$(\theta\rho)'\frac{\mu}{\theta\rho} < 1$ 时，等式（16）的第三、四、五项均为正数，第一、二项为负数，$(\theta\rho)'\frac{\mu}{\theta\rho} > 1$时，等式（16）的第一、三、四、五项均为正数，因此，一般来看，对一个给定的 μ 来说，$(\theta\rho)'\frac{\mu}{\theta\rho} < 1$ 时的 R 值小于$(\theta\rho)'\frac{\mu}{\theta\rho} > 1$ 时的 R 值。

2. s、f 越大，$(\theta\rho)'\frac{\mu}{\theta\rho}$越大，存在 s^*、f^*，当 $s \geqslant s^*$，$f \geqslant f^*$ 时，有 $(\theta\rho)'\frac{\mu}{\theta\rho} \geqslant 1$。设 R_1、R_2 分别为 $s < s^*$，$f < f^*$ 和 $s \geqslant s^*$，$f \geqslant f^*$ 时的培训总收益，则根据段落 1 的分析结论，有 $R_2 > R_1$。

3. 根据公理 9.1，$\frac{\partial\rho}{\partial\mu} > 0$，$\frac{\partial^2\rho}{\partial\mu^2} < 0$，因此 ρ 为凹函数。根据等式（8）、

(9)、(10) 及相关假设，ρ 与 R 曲线具有正向关系，因此 R 为凹函数。而根据假设，C (μ) 为凹函数，因此 $V=R-C$ 为具有最大值的凹函数，并且必然存在一点 μ^*，当 $\mu=\mu^*$ 时，V 达到最大值。设 R_1、V_1、μ_1^*、R_1^*、V_1^* 分别为 $s<s^*$，$f<f^*$ 时的培训总收益、培训净收益、最优一般性培训比例、培训总收益和培训净收益，R_2、V_2、μ_2^*、R_2^*、V_2^* 分别为 $s\geqslant s^*$，$f\geqslant f^*$ 时的培训总收益、培训净收益、最优一般性培训比例、培训总收益和培训净收益。根据公理 9.2，s、f 越大，ρ′越大，R′越大，因此有 $R_2'(\mu^*)>R_1'(\mu^*)$，由于 $V=R-C$，如果 s、f 的变化不影响 C，则对一个给定的 μ^* 点来说，$V_2'(\mu^*)>V_1'(\mu^*)$。同时，由于在 $\mu=\mu_1^*$ 点 $R_2'(\mu_1^*)>R_1'(\mu_1^*)$，而 $R_1'(\mu_1^*)=0$，因此，$R_2'(\mu_1^*)>R_2'(\mu_2^*)=0$，由于 $R_2'(\mu)$ 单调递减，因此有 $\mu_2^*>\mu_1^*$。

八、关于定理 9.9 及引理 9.2 的证明

1. 关于定理 9.9

根据等式 (8)、(9)、(10) 及相关假设，ρ 与 R 曲线具有正向关系，因此 R (μ) 为凹函数。而根据假设，C (μ) 为凹函数，因此 $V=R-C$ 为具有最大值的凹函数，并且必然存在一点 μ^*，当 $\mu=\mu^*$ 时，V 达到最大值。当 $\mu<\mu^*$ 时，V 随 μ 单调递增。

由于 s、f 与 ρ 正相关，因此 s、f 与 R 正相关。当 $\mu<\mu^*$ 时，V 随 s、f 单调递增。

证毕。

2. 关于引理 9.2

由于当 $\mu<\mu^*$ 时，V 随 μ 及 s、f 单调递增，因此给定一般培训比例水平 μ，s、f 越高，则 V 越高。因此 s、f 越高，企业投资于一般培训的积极性越高。

证毕。

第十章

结论、政策含义及需要进一步研究的问题

我在海潮和绿荫之间，做着与风雪搏斗的梦。

——舒婷《岛的梦》

第一节 结 论

企业的人力资本生产主要包括两种生产形式：一是正规培训；二是员工在生产实践活动中“干中学”。两种人力资本的生产活动都是在企业有目的、有计划、有组织的背景下进行的。我们将企业的人力资本生产功能视同为企业的教育功能。

1. 企业获取进行生产经营活动所需的人力资本的方式主要有两种：一是通过市场交易从企业外部获得（包括租赁企业外的人力资本和直接引进人力资本）；二是在企业内部根据需要进行生产。从企业制度的本质特征来考察，部分人力资本在企业内部进行生产具有内在合理性，换句话说，企业的教育功能内生于企业制度。这可以从以下两方面来理解：

（1）部分具有专用性特征（专用程度可能不同）的人力资本在内部进行生产具有生产成本和治理成本的比较优势。所谓人力资本的生产成本是指在人力资本生产过程中所花费的技术性费用，如生产人力资本所花费的人工（教育费）费、场地费、设备和能源及材料消耗费，因进行人力资本生产所损失的劳动产品等等。所谓治理成本是指在人力资本的产权交易中，因获取人力资本的信息、为人力资本进行定价和界定及保障交易各方相关权益所花费的成本。在资产具有专用性的情况下，人力资本的生产与企业特殊的制度和技术要求紧密相关，并且具有小规模和非规范性，因此在企业内部生产具有生产成本优势。同时，由于：①企业内部具有的团队生产特征，使得个体的人力资本价值（或者知识存量）之间，存在利益的互补性，可以提高知识的交流效率；②企业内部劳动力市场的存在，为人力资本的供需双方提供了长期合作的制度基础和保障，缓解了由于专用性人力资本的双边垄断造成双方的不安全感，提高了双方在内部进行人力资本生产的积极性，降低了双方围绕人力资本权益所进行的讨价还价成本。由于以上优势，部分具有专用性特征的人力资本在企业内部进行生产具有内在合理性。

（2）部分不具有专用性特征的人力资本在企业内部进行生产也具有治理成本和生产成本优势。首先，上述两种人力资本在企业内部进行生产也具有上述第①、②两点优势；其次，由于需要进行动态化的跟踪生产，并且具有不规范性和小规模性，因此在企业内部进行生产具有生产成本和治理成本优势。

（3）企业的人力资本生产过程是企业组织学习的具体实现过程，并且人力资本生产的具体制度安排可以作为促进组织学习效率的策略发挥作用。组织学习，从本质上说，是企业保持组织记忆和实现组织变革的过程，而组织记忆和实现组织变革是企业实现组织制度特征的延续性，并且在外部环境和内部环境的不断变换下，实现组织制度的不断演化和调整的基本要素，是企业维持生存和发展、保持生命力的基础，是参与市场竞争的核心能力。企业的人力资本生产过程通过促进员工个体的知识积累，群体的知识交流和互动，以及知识在代际之间的传递，促进了组织整体的知识积累和延续，构成了企业组织学习行为的基础和基本实现途径。同时，企业还可以通过采取一些强制与非强制性的激励措施，增加个体的知识互补性，促进个体的知识交流，提高组织学习的效率。比如集体培训制度、师徒制、强化专业分工、对培训效果实行“集体奖励或惩罚”等等。

2. 从生产和治理成本的角度看，企业的人力资本生产功能存在效率边界。企业所需的人力资本可以分为三个层次，第一个层次是各种能力要素构成的总体人力资本；第二个层次是各种专业知识要素形成的各种能力要素；第三个层次是各种专业知识要素，是最基础的层次。第一个层次的人力资本是与特定岗位相适应的人力资本，是在对第一、二个层次要素在程度和范围上加以取舍，并与人的先天要素相结合来整合而成，是企业人力资本的最终产品，并且由于具有较强的专用性而必须在企业内部进行生产，而第二、三个层次的人力资本作为生产第一层次的人力资本的中间要素，只有部分适宜在企业内部进行生产。在企业内部进行生产的人力资本要素与其他生产适宜在企业内部生产的要素一起，构成了企业生产的效率范围。

3. 企业人力资本生产的效率范围不是一成不变的。从历史的发展来看，人力资本生产的分工受到技术进步和专业分工水平的制约。在技术水平低下的中世纪以前，人力资本生产的方式主要是个体或家庭的自给自足，从中世纪开始，人力资本存在平等的市场交易，直到工业革命以后，才形成了企业的内部生产和学校教育的社会分工，从某种意义上说，规范意义上的企业的存在是专用性人力资本的内部生产需求推动的（专用性生产要素的垂直一体化要求）。随着技术进步的加快人力资本要素层次的增多和日益复杂化，企业和学校教育在功能上出现了部分重合。比如部分人力资本的要素具有持续生产的特性，不能一次生产完成，或者必须理论和实践相结合进行生产。在这种背景下，学校和企业的合作生产或重复生产就具有生产和治理成本上的合理性。因此，社会上企业与学校联合办学或企业独立办学的现象具有不断增加的趋势。

4. 企业的人力资本生产是在既有的制度结构和技术结构下的包含一般培训和特殊培训的混合生产，关于人力资本的生产量、企业与工人对生产成本和收益的分割的决策是双方利益博弈的结果。决定双方收益和成本划分的因素有企业治理结构复杂度、技术等级，培训的实际效果或企业的实际培训能力、培训形成的人力资本的外部价值等等。其中部分一般人力资本因素不仅作为专用性人力资本生产的必要要素被纳入企业的人力资本生产，而且这种生产作为企业吸引优秀人才和淘汰不合格人才的重要策略被企业运用。从某种意义上说，大企业之间联合开展培训活动是双方在人才竞争中的均衡策略选择，通过联合，避免了过多的资源消耗，实现了人力资本的集约化生产，降低了生产成本，是多赢的结果。

第二节 政策含义

我们的研究为我国构建现代企业教育制度提供了理论依据和现实指导。

1. 充分揭示了企业教育功能与企业制度的内在联系，进一步证明了企业教育对企业发展的极其重要性。

我们的研究证明，决定企业教育资源投入的，不仅仅是简单的直接的收益与支出的对比，而是更深层的制度机能因素。企业更多的，不是在教育投入的有与无之间做选择，而是在可能的方式之间做选择。越是技术和制度结构复杂的企业，教育的功能越强，教育的投入需求越多，采取的方式越正规和越多样。一个健全的、具有清晰的职能定位和范围的企业教育体系，是企业核心能力的重要基础，对企业在激烈竞争市场环境中，在技术知识和制度知识需求不断变化的条件下，保持充分的市场活力，实现持续发展发挥着至关重要的作用。

中国国有企业的现代企业制度改革还任重道远，与现代企业制度密切相关的企业教育制度的构建才刚刚起步，需要国家在政策上予以大力扶植。虽然我国国民经济有了飞速发展，企业职工的工资大幅度提升，但许多地区对国有企业职工教育经费比例的规定仍然较低，比如根据《北京市职工教育条例规定》：企业工资总额的 1.5% 用于职工教育日常办公经费，还停留在 20 世纪 70 ~ 80 年代的标准，全国其他地区的比例大体如此。从全国范围来看，实际的职工教育经费仍然偏低。如果按我国企业用于员工培训的法定比例计算（大体为工资总额的 1.5% ~2.5%），即使一个效益相当不错的、员工收入较高的企业，人均年培训费用也不过 240 元左右，而每人次培训的“上机费”就高达 100 多元。美国企业一般拿出销售收入的 1% ~5% 或工资总额的 8% ~10% 用于员工培训，1983 年全美国用于员工培训的费用高达 396 亿美元，到 1991 年又增加到 633 亿美元。[①] 对比之下，中国的差距很大。

有关统计表明，当前我国劳动人口的素质与经济发展的要求差距仍然较大，其中技能劳动者的短缺问题十分突出。

表 10－1　　2008 年第一季度按技术等级分组的供求人数

技术等级	劳动力供求人数比较										
	需求人数（人）	需求比重（%）	与上季度相比需求变化（百分点）	与去年同期相比需求变化（百分点）	求职人数（人）	求职比重（%）	与上季度相比求职变化（百分点）	与去年同期相比求职变化（百分点）	求人倍率	与上季度相比供求变化	与去年同期相比供求变化
职业资格五级（初级技能）	963966	19.2	+0.3	—	1001642	19.6	+0.9	-0.5	1.42	—	+0.02
职业资格四级（中级技能）	536900	10.7	+0.5	-0.3	519292	10.2	+0.2	+0.4	1.49	+0.05	-0.07
职业资格三级（高级技能）	180326	3.6	-0.6	-0.2	136833	2.7	-0.8	—	1.78	+0.18	-0.02
职业资格二级（技师）	100175	2.0	-0.5	—	56026	1.1	-0.2	—	2.25	-0.11	+0.05
职业资格一级（高级技师）	39011	0.8	-0.1	-0.2	28263	0.6	+0.1	+0.3	1.84	-0.52	-1.52
初级专业技术职务（技术员）	549441	10.9	-1.0	+1.1	501042	9.8	-1.1	-0.4	1.56	+0.05	+0.16
中级专业技术职务（工程师）	248969	5.0	-0.5	+0.2	213286	4.2	-0.3	+0.5	1.63	-0.01	-0.09
高级专业技术职务（高级工程师）	50687	1.0	-0.2	—	50665	1.0	+0.3	+0.4	1.46	-0.74	-0.61
无技术等级或职称	/	/	/	—	2608858	51.0	+0.9	-0.5	/	/	/
无要求	2348778	46.8	+2.2	-0.8	/	/	/	/	/	/	/
合计	5018253	100	/	/	5115907	100	/	/	/	/	

数据来源：中国劳动力市场信息网监测中心，2008 年第一季度部分城市劳动力市场供求状况分析。

上述数据一方面说明我国企业特别是广大民营中小企业的高技能人才和技术人才十分短缺，另一方面也说明，我国企业职工教育和培训的任务十分繁重。

要改变目前我国企业职工教育比较薄弱的现状，必须首先强化从政府到企业主管再到企业员工对企业教育重要性的认识。同时政府积极出台相关

---

① 杨可允、杨辉："关于企业教育培训现状和未来的思考"，《石油教育》2002 年第 1 期，第 1—5 页。

的政策加以支持，企业积极采取措施，构建科学规范的企业职工教育体系。

2. 进一步认识了制约企业教育发展的相关因素，为挖掘企业的教育资源，健全激励机制，促进企业教育的发展提供了依据。

制约企业教育发展的因素很多，但比较关键的因素是企业必须具有健全的经营管理机制，在现代企业制度的框架下运行。企业教育的优势主要在于可以节约部分人力资本要素的生产成本和交易治理成本，这些比较优势只有在健全的企业制度下才能显现出来。特别是，企业的教育功能对企业核心竞争力的构建，对企业发展的制度性贡献需要在长期的运作中才能体现出来，任何急功近利，只看眼前的付出，看不到显性和隐性的双重收益的短视的经营决策模式都将对企业教育功能的构建产生消极影响。企业的教育功能应被纳入企业的科学决策体系中去，作为企业制度的一个有机组成部分发挥作用。

企业和员工在企业的教育制度中的利益分配也直接影响到企业教育功能的发挥。因此，与职工教育制度相配套的劳动合同制度、技能考评机制、薪酬机制和奖励机制必须与职工教育制度紧密配合，相互依托，发挥互补作用。比如企业必须健全人才流动机制，建立相应的人才流动的赔偿机制；必须健全工资和职务晋升制度，与员工的培训紧密挂钩；对重要的技术人才和管理人才（包括技术工人），实行员工参股制度，享受更多的利益分配，进一步明确人力资本产权，形成强有力的激励机制，使员工乐于接受培训和长期留在企业工作。

在部分具备条件的企业建立终身雇佣的体制也是促进企业教育发展的可取举措，这不仅与我国特有的民族文化相适应，并且可以在很大程度上替代职业教育和正规教育资源不足的问题，充分发挥企业的教育资源优势。

此外，企业的教育职能还应该作为重要人才战略发挥应有的作用。近年来的研究表明，我国国有企业的人才流失严重，有的企业中高级主管、技术骨干的流失率达到60%，外资企业和民营企业70%的管理人员和技术工人来自国企。国企人才的大量流失，固然与薪酬体制僵化、工资报酬较低的现实关系密切，但也与国有企业技术与知识老化，新技术、新工艺采用不足，人员技术和知识构成偏低，不注意对职工的技术培训，人事管理体制落后等现实情况紧密相关，在这种状况下，部分职工（特别是技术层次较高的职工）感到在国企工作不能增加新知识，没有充分的个人职业发展空间。因此，加强企业培训，不断引进新知识、新思想、新技术，为员工创造充分的职业发展空间，是企业吸引和留住人才的重要策略。从另一个角度看，充分的培训，也增加了因各种原因离开企业的员工再就业的竞争力，减少了企业因实际需要合理裁减员工时的说服和安置成本，提高了企业“吐故纳新”能力，形成了人力资本的良性循环。

特别需要提到的是，根据我们的分析，由于治理结构相对简单、技术等级相对较低的中小企业从提供培训中获益较少，面临的工人流动性风险较高，因此培训的积极性不高。而中小企业承担了全社会70%的就业责任，中小企业发展和员工素质的提高关系着我国经济发展和就业的大局，提高中小企业的培训水平、增强其教育功能也是提高全社会职业培训水平的关键。因此国家必须加大对中小企业培训的财务支持，制定各种鼓励政策（如税收减免，向中小企业员工发放培训券，鼓励中小企业员工到正规教育机构、社会培训机构或与大企业合作对员工培训等等），提高中小企业进行职工培训。

3. 进一步加深对正规教育、职业教育和企业教育的社会分工的认识，为促进不同教育部门的合作，进一步优化全社会教育资源的合理配置提供了新的思路。

我们认为，在全社会总的教育职能分工中，企业教育承担着十分重要的职能。这可以从两方面来理解：第一，根据我们的分析，学校教育及其他教育形式所形成的人力资本只是投入社会生产过程的人力资本的构成要素，这些要素必须和个体的自然属性相结合，和个体在企业中的具体工作环境和岗位的具体要求相结合，和工作中所要求的特殊知识及技能相结合，才能最终形成企业生产经营活动中某一特定岗位最终使用的人力资本（即企业所需的完整的人力资本）；第二，部分人力资本必须在学校教育和企业教育（或者说理论和实践）相结合的条件下才能最终高质量的形成，企业教育在这部分人力资本的形成中扮演着重要角色，最典型的反映是在合格的临床医生培养中，医学院和医院的关系。德国职业教育中普遍采用的“二元制”结构是充分发挥学校教育和企业教育的双重优势，保证人才培养质量的合理制度值得我们借鉴和学习。韩国是在发挥大企业在社会职业培训中的核心角色方面树立和成功的典范。他们以高等教育为枢纽和依托，在诸如现代、三星、LG 等大企业和中小企业之间建立了稳定的人力资源开发合作关系，充分发挥了正规教育机构和大企业在社会培训方面的核心作用，使全社会的职业培训资源充分整合起来。

当前，刚刚经历了金融危机冲击的我国经济正处于一个重要的经济转型发展时期。伴随着劳动力成本的不断上升和低端外需市场的拓展空间受到限制，促进产业升级、提高产品的附加值成为推动经济持续发展的重要选择。提高劳动人口的素质是顺利实现这一转变的重要保证。当今世界部分新兴经济体发展的正反两方面经验也表明，在努力发展基础教育的同时着力加强职业教育和职业培训，全面提高劳动者的职业素质是避免一个经济体陷入“中等收入陷阱”获得经济社会持续发展的关键因素。快速的工业化是伴随着农村剩余劳动力的大规模向第二、第三产业转移的过程来实现的。在提高劳动者素质方面，当前最重要的任务是迅速提高数以亿计的进城农民工和每年新成长的城镇劳动力的职业素质。除去正规教育外，对这个数量庞大的劳动力群体进行职业培训的成本巨大，是国家和社会的巨大负担。从已有的经验来看，脱离企业环境由政府和社会主导的职业培训存在种种不足，培训资金的使用效率不高。因此，一方面，强化企业的教育功能，在企业中普遍建立健全的在职培训体制，为工人进行职业转换进行一定的知识和技能储备，可以在相当程度上减少社会的再就业培训成本，降低企业改制难度，形成良性的人员流动和工作转换机制；另一方面，可以充分发挥大企业在全社会职业培训中的重要作用，面向社会开展多种多样的职业培训服务，带动全社会职业培训资源的整合和效率的提高。

2008 年，党中央从我国经济社会发展的迫切需要出发，提出了“面向全体劳动者的职业培训体系”的战略构想。从总体来看，我国企业的潜在培训资源是十分巨大的，只要政策到位，措施合理，就能促进企业成分利用潜在资源，为全社会提供多种培训服务，成为当前国家倾力构建的面向全体劳动者的职业培训体系的核心环节和基本力量。

根据我们的分析，基础教育和一般性职业培训是提升劳动者职业能力的关键因素。如前所述，对农村剩余劳动力进行系统的职业培训是保障我国经济顺利实现产业升级和可持续发展，缓解就业市场的总量和结构性压力的重要途径。但当前农村剩余劳动力转移培训普遍存在短期化和只重单一实用技能、忽视基础知识和技能的倾向，使大量农民工的职业素质难以真正提高，难以实现稳定和高质量就业。因此，应特别注重对农民工的基础教育和基础性职业培训。为改善这一状况，除了在广大农村地区加强基础教育、特别是扩大高中阶段教育的覆盖范围外，必要时，可以由政府、社会和大企业合作，兴办一批专门针对农民工的职业培训机构，根据外来就业的需要，对农民工进行系统的基础文化知识、基础职业技能和专门性职业技能的综合性培训，全面提高农民工的综合性素养，为农民工掌握专用性职业技能、成为合格的符合社会需要的技能型人才打好基础。

另外，当前我国企业办学、企业合作办学、企业和高校联合办学活动（在职学位教育、博士后流动站等）正显现出积极发展的势头。在我们的论文中，对这些现象存在的原因给出了自己的分析。总体来看，这种趋势是社会发展、技术进步和企业对人力资本要素的多层次需求的结果，具有内在的合理性。国家和社会应积极加以鼓励和引导。但在这种趋势中，也存在着社会教育资源重复投入、合作各方片面追求经济利益忽视教育质量甚至学术腐败的现象，比如在当前大量存在的企业与高校合作培养在职研究生的活动中，部分存在质量偏低的情况（对这种现象我在其他论文中曾做过分析），应认真规范和治理。

4. 在建立学习型企业的目标下建立企业的教育培训体系。

从世界范围看，建立学习型企业的理论探讨与实践探索受到广泛关注。彼得·圣吉提出的“五项修炼”理论、史平多利尼总结提炼的适用于任何组织的“标杆学习”共通模型，都是致力于建立“学习型企业”的成功探索。

我国部分优秀企业在以往的企业教育培训实践中，创造、摸索出了许多独特的经验、方法，其中很多都带有学习型组织的特征。但大多数企业还缺乏对终身教育思想的认识，没有建立系统的、科学的、动态的、多元的职工教育体系。因此，应采取措施，推广国内外企业建立学习型组织的成功经验和先进理念，推动更多的企业积极开展实践探索，努力使企业教育体系不断健全和完善。

第三节
需要进一步研究的问题

企业的人力资本生产问题是一个涉及面相当广泛的课题，本文研究仍有待深入和拓展。就我有限的视野和理解来说，关于企业家人力资本的生产问题，如企业家人力资本形成的背景、条件和机制，特别是在企业内部生产企业家人力资本的优势和不足等很多值得思考和讨论的问题。再有，关于中国企业人力资本生产状况、问题和政策的实证研究对于促进中国企业现代企业制度的完善，增强企业教育功能，充分利用中国企业巨大的教育资源服务社会于具有十分重要的意义，还有，关于中国企业中农民工所受的职业培训对其收入、就业稳定性、劳动力市场配置能力的影响，其不同层次的正规教育对其培训效果的作用如何也可以深入研究，并且这一研究对促进农村劳动力转移、理清提高农村劳动力的关键要素意义十分重大，而这对处于农村劳动力大量转移、二元经济结构逐步瓦解、技术进步和产业升级成为必然选择的我国经济改革和发展来说，也颇具价值。另外，本书关于企业和学校在教育功能上的边界问题的研究只是提出了一个初步框架，需要更深入的研究。

主要参考文献

中文文献

1. ［美］爱德华·拉齐尔，刘昕译：《人事管理经济学》，中国人民大学出版社2000年版，第154—155页。

2. 安应民："论企业人力资本投资结构问题"，《兰州大学学报》（社会科学版），2003年第5期，第69—75页。

3. 陈凯编："美国企业对在职员工的职业教育"，《上海企业》，1998年第1期，第48页。

4. 陈凌：《德国劳动力市场与就业政策研究》，中国劳动社会保障出版社2000年版，第160—175页。

5. 陈明宪："企业人力资源开发风险及其防范"，《重庆工学院学报》，2003年第3期，第50—52页。

6. 董国平、刘力："构建企业人力资本投资效益指标体系初探"，《学术交流》，2003年第7期，第80—82页。

7. 杜育红：《教育发展不平衡研究》，北京师范大学出版社2000年版，第64—112页。

8. ［美］道格拉斯·诺斯，陈郁等译：《经济史中的结构变迁》，上海三联书店、上海人民出版社1998年版，第88—100页。

9. ［美］道格拉斯·C. 诺斯等，罗仲伟译：《制度变革的经验研究》，经济科学出版社2003年版，第6—27页。

10. 樊建芳："认知风格与组织学习：影响与管理干预"，《经济管理》，2003 年第 8 期，第 24—30 页。

11. 冯子标：《人力资本运营论》，经济科学出版社 2000 年版，第 39—47 页。

12. ［美］加里·S. 贝克尔，梁小民译：《人力资本》，北京大学出版社 1987 年版，第 5—33 页。

13. 郭维维：《从组织学习看企业培训》，浙江大学硕士论文，2002 年，第 1—37 页。

14. 高勇强、唐昭明："论企业人力资本投资的风险与管理"，《科技进步与对策》，2000 年第 7 期，第 96—97 页。

15. ［美］哈罗德·德姆塞茨，梁小民译：《企业经济学》，中国社会科学出版社 1999 年版，第 18—111 页。

16. ［美］赫伯特·西蒙：《西蒙选集》，首都经济贸易大学出版社 2001 年版；第 440—444 页。

17. 黄津孚（编）：《现代企业组织与人力资源管理》，人民日报出版社 1994 年版，第 1—30 页。

18. 吉利："非学历教育的个人收益率研究"，《河北师范大学学报》（教育科学版），2002 年第 2 期，第 52—56 页。

19. 江永洛："论企业教育的内涵、本质功能"，《继续教育》，1999 年第 5 期，第 18—21 页。

20. 蒋序标、唐元虎："知识型人力资本定价研究"，《价格理论与实践》，2003 年第 2 期，第 8—9 页。

21. 赖德胜：《教育与收入分配》，北京师范大学出版社 2001 年版，第 16—57 页。

22. 兰邦华："再论国企业人力资本投资缺乏症"，《中国社会科学院研究生院学报》，2001 年第 6 期，第 95—99 页。

23. 李保元：《人力资本与经济发展》，北京：北京师范大学出版社 1996 年版，第 47—149 页，第 25—308 页。

24. 李桂林（编著）：《中国教育史》，上海：上海教育出版社 1989 年版，第 52—142 页。

25. 李新春等："企业家精神、企业家能力与企业成长"，《经济研究》，2002 年第 1 期，第 89—92 页。

26. 李元春："信息不对称假设下的企业人力资本积累理论综述"，《外国经济与管理》，2003 年第 10 期，第 18—21 页。

27. 李忠民：《人力资本——一个理论框架及其对中国一些问题的解释》，北京：经济科学出版社 1999 年版，第 7—12 页。

28. 刘刚：《企业的异质性假设》，中国人民大学出版社 2005 年版，第 57—82 页，第 121—123 页。

29. 连玉明（主编）：《学习型组织》，北京时代经济出版社 2003 年版，第 1—35 页。

30. 凉夏："日本企业的员工培训"，《中国质量》，2004 年第 6 期，第 21 页。

31. 刘云鹏："企业家理论的历史沿革"，《经济科学》，1997 年第 2 期，第 78—81 页。

32. 陆铭、陈钊："内部劳动力市场理论评述"，《经济学动态》，1998 年第 6 期，第 69—73 页。

33. ［英］罗素，张金言译：《人类的知识》，商务印书馆 1983 年版，第 9—15 页。

34. ［美］罗素·W. 库帕，张军等译：《协调博弈——互补性与宏观经济学》，中国人民大学出版社 2001 年版，第 22—29 页。

35. 马威、陈宝峰："我国企业人力资源发展存在的主要问题及对策探讨"，《中国农业大学学报》，2001 年第 3 期，第 46—51 页。

36. 马骥雄：《外国教育史略》，人民教育出版社 1991 年版，第 180—301 页。

37. ［美］曼萨尔·奥尔森，陈郁等译：《集体行动的逻辑》，上海三联书店、上海人民出版社 2003 年版，第 64—79 页。

38. ［美］明兹伯格等，柯雅琪译：《组织学习》，台湾天下远见出版股份有限公司 2003 年版，第 1—50 页。

39. ［德］迈诺尔夫·迪尔克斯等主编：《组织学习与知识创新》，上海人民出版社 2001 年版，第 63—85 页。

40. 毛礼锐、沈灌群：《中国教育通史》（第一卷），山东教育出版社 1986 年版，第 1—11 页。

41. ［美］Martin Caraoy（主编），闵维方等译：《教育经济学国际百科全书》，高等教育出版社2000年版，第33—64页，第210—220页，第233—237页。

42. 曲恒昌、曾晓东：《西方教育经济学研究》，北京师范大学出版社2000年版，第26—75页。

43. ［美］R. 科斯、A. 阿尔钦等：《财产权利与制度变迁——产权学派与新制度学派译文集》，上海三联书店、上海人民出版社1994年版，第201—232页。

44. 余逸群："国外企业办学热"，《中国人才》1998年第5期，第48页。

45. 藤大春：《外国教育通史》，山东教育出版社1989年版，第155—363页。

46. 汪丁丁：《海的寓言》，中信出版社2003年版，第123—125页。

47. 汪丁丁：《永远徘徊》，社会科学文献出版社2002年版，第199—210页。

48. 汪丁丁：《知识印象》，北京：中信出版社2003年版，第217—237页。

49. 汪丁丁：《制度分析基础——一个面向宽网时代的讲义》，社会科学文献出版社2001年版，第228—244页。

50. ［美］威廉·E. 夏普：《投资组合与资本市场》，机械工业出版社2001年版，第18—38页。

51. 王建民：《人力资本生产制度研究》，经济科学出版社2001年版，第64—68页。

52. 王善迈：《教育投入产出研究》，河北教育出版社1996年版，第1—24页。

53. 王新华："企业人力资本与物质资本互动博弈模型研究"，《科学管理研究》2003年第4期，第97—99页。

54. 王艳："日本企业人力资源管理模式的发展与启示"，《广西师范大学学报》2003年第4期，第74—77页。

55. ［美］奥利弗·E. 威廉姆森，段毅才等译：《资本主义制度——论企业签约与市场签约》，商务印书馆2002年版，第1—135页，第

247—248 页，第 336—346 页。

56. 吴泽宇：《中世纪西欧工商业学徒制度研究》，中国人民大学博士论文 2001 年，第 7—52 页。

57. ［美］杰克·赫什莱佛、约翰·G. 赖利，刘广灵等译：《不确定性与信息分析》，中国社会科学出版社 2000 年版，第 10—11 页，第 304—313 页。

58. ［美］R. 科斯、A. 阿尔钦、D. 诺斯等：《资产权利与制度变迁——产权学派与新制度学派译文集》［M］，上海人民出版社 1994 年版，第 3—113 页，第 166—200 页，第 201—265 页，第 371—440 页。

59. ［英］托马斯·霍布斯，黎思复等译：《利维坦》，商务印书馆 1985 年版，第 128—132 页。

60. ［美］西奥多·W. 舒尔茨，蒋斌、张衡译：《论人力资本投资》，商务印书馆 1990 年版，第 30 页。

61. ［美］熊彼特，杨敬年译：《经济分析史》（第 1—3 卷），商务印书馆 1994 年版，第 213—238 页。

62. 荀厚平："企业人力资本投资博弈分析"，《预测》，2001 年第 2 期，第 16—22 页。

63. 原献学：《组织学习管理》，海南出版公司 2003 年版，第 195—218 页。

64. 杨大楷、杜新乐、肖烨等：《资产定价理论》，上海财经大学出版社 2004 年版，第 3—32 页。

65. 杨刚等："企业人力资本投资的理论分析"，《河北经贸大学学报》2000 年第 2 期，第 58—61 页。

66. 杨可允、杨辉："关于企业教育培训现状和未来的思考"，《石油教育》2002 年第 1 期，第 1—5 页。

67. 杨其静：《企业家的企业》，中国人民大学出版社 2004 年版，第 186—188 页。

68. 杨小凯、黄有光：《专业化与经济组织》，经济科学出版社 1999 年版，第 23—103 页，第 208—228 页。

69. 杨瑞龙主编：《企业理论：现代观点》，中国人民大学出版社 2005 年版，第 149—150 页。

70. 杨其静：《企业家的企业》，中国人民大学出版社 2004 年版，第 186—188 页。

71. ［英］亚当·斯密，杨敬年译：《国富论》（上卷），陕西人民出版社 2001 年版，第 319 页。

72. ［美］雅各布·明塞尔，张风林译：《劳动供给研究》，中国经济出版社 2001 年版，第 139—285 页。

73. ［美］雅各布·明塞尔，张风林译：《人力资本研究》，中国经济出版社 2001 年版，第 123 页，第 149—150 页，第 162—170 页，第 186—234 页，第 300—328 页，第 336 页。

74. ［美］伊兰伯格等，潘功胜等译：《现代劳动经济学》，中国人民大学出版社 1999 年版，第 256—298 页。

75. 杨可允、杨辉："关于企业教育培训现状和未来的思考"，《石油教育》，2002 年第 1 期，第 1—5 页。

76. 尤瑞姆·巴泽尔，费方域等译：《产权的经济分析》，上海三联书店、上海人民出版社 1997 年版，第 3 页，第 58—84 页。

77. 约翰·伊特韦尔等编：《新帕尔格雷夫经济学大词典》（第 2 卷），经济科学出版社 1992 年版，第 736 页。

78. 鹰光进、杜中文："契约理论与企业本质的再思考"，《清华大学学报》（哲学社会科学），2000 年第 6 期，第 45—50 页。

79. 张维迎：《企业的企业家——契约理论》，上海三联出版社、上海人民出版社 1995 年版，第 10—37 页，第 49—150 页。

80. 张五常，易宪容等译：《经济解释》，商务印书馆 2002 年版，第 351—379 页。

81. 张兴祥："在职培训市场失灵问题研究评述"，《经济学动态》，2009 年第 10 期，第 105—111 页。

82. 张正明：《晋商兴衰史》，山西古籍出版社 2001 年版，第 154—155 页。

83. 赵宏斌：《人力资本投资风险与决策方法》，北京师范大学博士论文，2004 年，第 17 页，第 30—34 页，第 35 页，第 114—121 页。

84. 周辉："企业生命模型研究"，《中国博士后理论与管理前言论坛》2002 年，第 1—11 页。

85. 张立富："马歇尔与熊彼特企业家理论的比较与借鉴"，《河北学刊》2001 年第 1 期，第 79—82 页。

86. 赵立卫："非人力资本积累追求：大学生就业难的新视角"，《北京师范大学学报》（社会科学版），2005 年第 4 期，第 144—149 页。

87. 赵增耀："内部劳动市场的经济理性及其在我国的适用性"，《经济研究》2002 年第 3 期，第 76—82 页。

88. 赵愚：《组织学习和知识创新对提升企业能力的研究》，华中理工大学管理科学与工程学院博士论文，2003 年，第 9—15 页。

外文文献

1. Aghion, Philippe and Bolton, Patrick (1992), An Incomplete Contracts Approach to Financial Contracting [J], *Review of Economic Studies*, 59: 473—494.

2. Altonji J G. Shacotco R A (1987), Do wages rise with job seniority? [J], *Review of Economic Studies*, 54 (3): 437—52.

3. Aoki M (1990), Toward an economic model of the Japanese firm [J]. *Journal of Economic. Literature*, 28: 1—27.

4. Arriagada A M (1990), Labor market outcomes of non – formal training for male and female workers in Peru. [J], the *Educational Review*, 9 (4): 331—42.

5. Arrow K J (1973), Higher education as a filter [J], *Journal of Political. Economy*, 2: 193—216.

6. Becker G. S. (1962), Investment in human capital: A theoretical analysis [J], *Journal of Political. Economy*, 70 (5, Part 2): 9—49.

7. Bikhchandani, S., Hirschleifer, D. and Welch, I. (1998), Learning from the Behavior of Others: Cibfirnity, Fads, and Informational Cascades [J], *Journal of Economic Perspectives*, 12 (3): 151—170.

8. Bishop J, on the training of new hires, paper presented at Symposium on job Training [M], *Madison*, *Wisconsin*, *May* 1989.

9. Booth and Chatterji (1998), Union and efficient training, *the Economic Journal*, 108 (447): 328—343.

10. Booth (2003), Union work - related training and wages evidence for British men, *Industrial and Labor Relations Review*, 57 (1): 68—91.

11. Blanchard, P. N. (2000), Training Methods in Marilyn M. Helms (eds), encyclopedia of Management [M], *Farmington Hills, MI: Gale group*, 962—68.

12. Brown J N (1989), Why do wages increase with tenure? On the job training and life - cycle wage growth observed withinfirms [J], *American. Economic Review*, 79 (5): 971—91.

13. Daron Acemoglu and Jörn - Steffen Pischke (1998), Why Do Firms Train? Theory and evidence [J], *Quarterly Journal of Economics*, 113 (1): 79—119.

14. Autor, D. H. (2001), Why Do Temporary Help Firms Provide Free General Skills Training?, *The Quarterly Journal of Economics*, 116 (4): 1409—47.

15. Doeringer, P. B. and Piore, M. J. (1971), Internal Labor Markets and Manpower Analysis [M], *D C Heath, Lexington, Massachusetts*: 13—92.

16. Dow, Gregory K., (1993a), Democracy versus Appropriability: Can Labour - Managed Firms Flourish in a Capiralist World?, in Samuel Bowles, Herbert Gintis, and Bo Gustafsson, eds., Democracy and Markets: Problems of Particpation and Efficiency [M], *New York: Cambridge University Press.*

17. Dow, Gregory K. (1993b), Why Capital Hires Labour: A Bargaining Perspective [J], *American Economic Review*, 83 (1), 118—134.

18. Duncan G J, Hoffman S (1979), On the job training and earnings differences by race and sex [J], *Review of Economic. Staisticst*, 61 (4): 603—953.

19. Lazear, Edward P. (1981) Agency, earnings profiles, productivity, and hours restrictions [J], *American. Economic Review*, 71 (4): 606—20.

20. Lazear, Edward P. (2003), Firm - Specific Human Capital: A SkillWeights Approach [DB/OL], Edward Lazear, Discussion Paper No. 813: 1—11.

21. Lazear, Edward P. (1998), Personnel Economics for Managers

[M], *John Wiley & Sons, Inc.*

22. FitzRoy, Felix R. and Dennis Mueller (1984), Cooperation and Conflict in Contractual Organization [J], *Quarterly of Economics and Business*, 24 (4).

23. Knight, Frank, Risk, Uncertainty and Profit [M], *Houghton Mifflin Company*, *Boston and New York*, 1921: 20.

24. Garvin, D. A. (1993), Building a Learning Organization [J], *Harvard Business Review*, *July - August*: 78—91.

25. Garvin, D. A. (1998), The Process of Organization and Management [J], *Sloan Management Review*, *Summer*: 33—50.

26. Garvin, D. A. (2001), industry report 2001 [J], *Training*, October: 40—48.

27. Gherardi, S. (1997). Organizational learning, in Malcolm Wapner (eds), Concise International Encyclopedia of Business and Management [M], *London*: *International Thomson Business Press*, 230—31.

28. Grossman, Sanford J. and Oliver Hart, (1982), Corporate financial structure and managerial incentives [M], *in J. McCall*, *ed.*: *The Economic of Information and Uncertainty*, *University of Chicago Press*, *Chicago.*

29. Hartog J (1981), Wages and allocation under imperfect imformation [J], *De Economist* 12, 311—23.

30. Hartog J (1983), To graduate or not: Does it matter? [J], *Economics Letters* 12, 193—99.

31. Hart, Oliver and Moore, John (1989), Default and Renegotiation: A Dynamic Model of Debt [DB/OL], *Working Paper*, *MIT*, *August.*

32. Hart, Oliver and Moore, John (1990), Property Rights and the Nature of the Firm [J], *Journal of Political l. Economy*, 98 (6), 1119—1158.

33. Hart R A, Moutos (1997), Human capital employment and bargaining [M], *Cambridge Universisty Press*, 77—95.

34. Hashimoto, Masanori (1979), Bonus Payments, On The Job Training, and Lifetime Employment in Japan [J], *Journal of Political Economy*, 87, 1086—104.

35. Hashimoto, Masanori and B. T. Yu (1980), special capital, employment contracts and wage rigidity [J], *the Bell Journal of . Economics*, 2, 536—49.

36. Hashimoto, Masanori (1981), Firm - Specific human capital as a sharee investment [J], *The American Economic Review*, 71 (3), 475—482.

37. Hashimoto, M, Raisian J (1985), Employment Tenure and Earnings Profiles in the United States and Japan, *The American Economic Review*, 75 (4), 721—35.

38. Hodaka Morita (2001), Choice of Technology and Labour Market Consequences: An Explanation of U. S. - Japanese Differences [J], *The Economic Journal*, 2001, 111 (1), 29—50.

39. Jovanovic B (1979a), Job matching and the theory of turnover [J], *Journal of Political Economy*, 87 (5), 972—90.

40. Jovanovic B (1979b), Firm - specific capital and turnover [J], *Journal of Political Economy*, 87 (6), 1246—60.

41. Jovanovic B (1984), Matching, turnover, and unemployment, *Journal of Political l. Economy*, 92 (1), 108—22.

42. Katz E, Ziderman A (1990), Investment in general training: The role of information and labour mobility [J], *The EconomicJournal*, 100, 1147—58.

43. Karl Popper and John Eccels (1977), The Self and Its Brain, routledge and kegan paul, 1—23.

44. Keen ariga, Giorgio Brunello and Yasushi Ohkusa (2000), Internal Labor Markets in Japan [M], *Cambridge Unicersity Press*, 187—243.

45. Mincer J. (1958), Investment in human capital and personal income distribution [J], *Journal of Political Economy*, 66 (4), 281—302.

46. Mincer J. (1962), on - the - job training: Costs, returns and some implications [J], *Journal of Political Economy*, 70 (5 Part 2), 50—79.

47. Mincer J. (1974), Schooling, Experience, and Earnings [M], Columbia University Press, New York, 1—11.

48. Osterman P (ed.) (1984), Internal Labor Markets [M], *MIT*

Press, *Cambridge*, *Massachusetts*: 1—21, 109—161.

49. Piore M J (1968), On the job training and adjustment to technological change [J], Journal of *Human Resources*, 3 (4), 435—49.

50. Psacharopoulos G (1979), On the weak versus the strong version of the screening hypothesis [J], *Economics Letters*, 4: 181—85.

51. Psacharopoulos, G. & Patrions, H. A. (2002), Returns to Investment in Education: A Futrther Update [DB/OL], *World Bank Policy Research Working Paper* 2881, *September* 2002, 1—8.

52. Riley J (1976), Information, screening and human capital [J]. *the American Economic Review*, 66, 254—60.

53. Riley J (1979), Testing the Educational Screening Hypotheses [J], *Journal of Political Economy*, 87 (5): 227—52.

54. Rosen, S. (1972), Learning by Experience as Joint Production [J]. *Quartly Journal of Economics*, 86: 366—382.

55. MacDonald G (1980), Person - specific information in the labor market [J], *Journal of Political Economy*, 88 (3): 578—97.

56. MacDonald G (1982), A, market equilibrium theory of job assignment and sequential accumulation of information [J], *the American Economic Review*, 72 (5): 1038—55.

57. Mone and Asa Rosen (2004), Does poaching distort training? *The Review of Economic Studies* 71 (14): 1143—1162.

58. Munoz - Bullon, F. (2003), Training provision and regulation, *University Calos III de Madrid*, *Business Economic Series*, *Working Paper.*

59. Salop S C, Salop J (1976), Self - selection and Turnover in the Labor Market [J], *Quartly Journal of Economics*, 90 (4): 619—28.

60. Simon, H. A. (1976b), Models of Man: social and rational; Mathematical Essays on Rational Human Behavior in a Social Setting [M], *New York*: *Wiley*: 1—12.

61. Simon H A (1991), Organizations and markets [J], *Journal of Economic Perspectives*, 5 (2): 25—44.

62. Spence M (1973), Job market signaling [J], *Quartly Journal of*

Economics, 87, 355—74.

63. Spence M (1974a), Competitive and optimal responses to signals: An analysis of efficiency and distribution [J], *Journal of Economic Theory*, 7, 296—332.

64. Spence, M (1974b), market signaling: Information Transfer in Hiring and Related Screening Process [M], *Havard University Press*, *Cambridge*, *Massschusetts*, 1—55.

65. Stiglitz, J E (1975), The theory of "screening", education, and the distribution of income [J], *the American Economic Review*, 65, 283—300.

66. Stevens, M. (2001), Should firms be required to pay for Vocational Training? *The Economic Journal*, 111 (473): 485—505.

67. Taylor, p. (2000), Training in Malcolm Wapner (eds), Concise International Encyclopedia of Business and Management [M], *London*; *Boston*: *International Thomson Business Press*, 1—11.

68. Tracey, W. R. (1991), Organization Memory [J], *Academy of Management Review*, 16, 57—91.

69. Walsh, J. P and ungion, G. R. (1991), Organizational Memory, *Academy of Management Review*, 16: 57—91.

70. Williamson, O. E. (1975), Markets and Hierarchies: Analysis and Antitrust Implications [M], *The Free Press*, *New York.*

71. Williamson, O. E, Wachter, M. and Harris, J (1975), Understanding the Employment Relation [J], *the Bell Journal of Economics*, 6, 250—278.

72. Williamson, O. E, Wachter, M. and Harris, J (1975), Understanding the Employment Relation [J], *the Bell Journal of Economics*, 6, 250—278.

73. Williamson, O. E (1979), Transaction - Cost Economics: the Governance of Contractual Relations [J], *Journal of Law and Economics*, 22, 233—261.

后记

博士毕业后，一直想对自己的研究成果做进一步的扩展和挖掘，但直到五年后的今天，才终于拨冗如愿，使之以更丰满的内容付梓出版。

置笔之际，八年前那个阳光明媚、天高气爽的初秋上午，我带着异样的兴奋，走进师大报到的情景历历在目。对我来说，那一天如同节日，它使我重新呼吸到久违的校园的清新气息，重新燃起近乎迟来的梦想和憧憬。一年多后，我毅然辞去银行公职，全身心投入学业。不惑之年，这样的选择多少有些另类。但为着心中的一份偏爱和执着，我还是义无反顾地选择了。清苦而快乐，劳顿而充实，徘徊而振奋，三年的岁月，将成为我心中质朴而隽永的画卷，常忆常新，永不褪色。而那个五年前初夏的上午，从钟秉林校长手中接过毕业证书的情景更令我终身难忘。从毕业典礼结束的那一刻起，师大已成为我生命的一部分，成为与我息息相关、魂牵梦绕的所在，在心中和师大永远在一起。

本书的选题是我人生实践经历和学业经历交汇的结果。长期的企业工作，使我对与企业相关的选题情有独钟，三年专注于教育与劳动力市场研究方向的求学经历，令我自然地选择了有关企业培训问题的研究。这本书是我的兴趣、思考和心血的结晶。但它只是一个起点，其所涉及的许多相关问题，还留待日后更深入的探索。

成为恩师赖德胜教授的学生是我一生的荣幸。是他的不弃，圆了我终身求学之梦。导师知识渊博丰厚，治学专注严谨，思维敏锐独到，待人宽厚友善，在学界成绩斐然。回首其间，课堂上，导师精彩细致的讲授；研讨中，导师高屋建瓴的点拨；交谈中，导师殷切的激励，让我在钦佩其高超学识的同时，更赞叹其为师的过人风范。导师的言传身教，使我们在不经意之间，增长了学识和研究能力。导师在百忙之中，对我的博士论文进行了悉心指导。不仅论文的选题及基本框架是在导师的启发和鼓励下确定的，书中的许多观点和研究方法更是在他的指点下形成的。大到谋篇布局，小到措辞遣句，符号格式，处处都熔铸了导师的心血。恩师对我生活上、就业上点点滴滴的关心更是令我终身难忘。任何语言，都无法表达我对他的感激之情。毕业离校后，由于忙于工作，主动回校看望恩师的次数并不多，但导师对我及同门师弟妹的关心和记挂丝毫未减，时时过问我们的工作和生活，还每每主动召集大家聚会座谈，进行学术交流。令我感动又歉疚。唯有今后在学术和工作上加倍努力，以不负恩师的殷切希望。

感谢王善迈教授，作为教育经济学界的领军人物，王老师讲授的相关课程，使我从深度和广度上增强了对教育经济学专业的理解和认识，在感受他渊博知识和深刻思想的同时，也让我深刻领悟到前辈严谨的治学风范。感谢杜育红老师，他的授课，不仅使我们眼界顿开，并且学习到了先进的研究方法和理念。感谢张永林老师、袁强老师、钟宜老师，他们精彩的授课，精深的经济学素养，不仅拓展和深化了我的经济学知识，更使我领悟到经济学思想和方法的精髓和真谛，提升了理解和分析问题的境界。感谢曲恒昌教授，他为我的论文提出了中肯的意见和建议，他的学术思想也为本书提供了重要的启发和借鉴。感谢刘泽云老师、孙志军老师及其他许多老师，他们的课程使我受益匪浅。

感谢我的同门学友吉利博士、毛军博士、孙百才博士，与他们一起的研讨交流，切磋互动，使我深深受益，他们给予我的诸多帮助将和那些难忘的相处时光一起，永存我心。感谢前届同门学友赵宏斌博士、武向荣博士，他们为本书的写作提供了许多参考资料和研究方法上的重要帮助，同时，他们的研究成果也为本书提供了重要的启发和借鉴。感谢孟大虎博士、吴克明博士及所有的同门和同界学友们以及原单位的有关领导和同事们，他们都曾在我三年学生生涯、本书的写作及毕业后的工作中，直接和间接地给我许多帮助。

感谢那些创造非凡分析范式和工具的大师们，以及本书所有参考文献的作者们，是他们先期的劳动，赋予了这本书生命。

我不知该用怎样的语言描述和感谢家人对我的支持和帮助。我的爱妻逯遥，坚定地支持了我辞职投身学业的选择，并以她脱俗的境界、见地、品味和乐观爽朗的性格时时感染着我去追求，我长期不挣分文，是她以瘦弱的双肩支撑着整个家庭，与我一起承受清苦，还在勤奋工作之余，为我完成学业提供各种帮助。母亲年近八旬，身体渐衰，本该安享生活，却一直为我们操持家务，全力支持我完成学业，老人无尽的记挂和操劳，使身为人子的我在心中流血，更为自己的不孝深深自责。哥哥和侄子为我查录资料、校对文稿、验算数学模型，没有他们的得力支持和帮助，我按时完成论文是难以想象的。想到家人的付出和牺牲，我存无尽的内疚和感恩之情。

最后，我还要深深感谢中国财政经济出版社对本书的出版给予的宝贵机会，并由衷感谢赵力主任及其他编辑们为本书付出的辛勤劳动。是他们的付出，使这份果实终于蒂落，尽管它远非成熟。这份浸透着大家共同劳动的温馨果实，它将永远温暖我的心。

从毕业典礼后走出师大的那个宁静的初夏的正午再到本书完成的这又一个初夏的早晨，经历了五年的时光，在这五年的时光中，我经历了生命的又一次蜕变和成长。佛法说：狂心顿歇，歇即菩提。对我来说，在充满纷扰的世界上，守住这种专一而淡泊的状态，让思考和学习成为一种习惯，把宝贵的时光用来做一点有益社会、愉悦自己的事情，是让人幸福的生活。为了这份幸福，我要永远感恩于以上提到的和未提到的，在学业、生活和成长中给我无私帮助的老师、亲人、同窗和朋友们。并愿以学术和生活上百倍的努力和进步回报他们。

赵立卫

2010 年 6 月 19 日于海淀区家中